教育部人文社会科学研究规划基金项目（10YJA630232）
国家自然基金重点项目（71132007）
研究成果

《中国非公有制经济人士统战研究基地丛书》
主编 范柏乃

网络嵌入视角下的子公司演化成长机制研究

朱顺林 著

中国财经出版传媒集团
中国财政经济出版社

图书在版编目（CIP）数据

网络嵌入视角下的子公司演化成长机制研究/朱顺林著．—北京：中国财政经济出版社，2017.2

（中国非公有制经济人士统战研究基地丛书）

ISBN 978-7-5095-7275-7

Ⅰ.①网…　Ⅱ.①朱…　Ⅲ.①子公司-网络结构-研究　Ⅳ.①F276.6

中国版本图书馆CIP数据核字（2017）第028174号

责任编辑：周桂元　　　责任校对：李　丽

封面设计：楠竹文化　　　责任印制：张　健

中国财政经济出版社 出版

URL：http：//www.cfeph.cn

E-mail：cfeph@cfeph.cn

社址：北京市海淀区阜成路甲28号　邮政编码：100142

营销中心电话：88190406　北京财经书店电话：64033436　84041336

北京京华虎彩印刷有限公司印刷　各地新华书店经销

787×1092毫米　16开　16.5印张　262 000字

2017年4月第1版　2017年4月北京第1次印刷

定价：39.80元

ISBN 978-7-5095-7275-7

（图书出现印装问题，本社负责调换）

本社质量投诉电话：010-88190744

打击盗版举报热线：010-88190492，QQ：634579818

总　序

党的十八届三中全会明确提出，要“支持非公有制经济健康发展”。《中共中央关于全面深化改革若干重大问题的决定》明确指出，“公有制经济和非公有制经济都是社会主义市场经济的重要组成部分，都是我国经济社会发展的重要基础。必须毫不动摇鼓励、支持、引导非公有制经济发展，激发非公有制经济活力和创造力。”改革开放以来，非公有制经济为中国经济社会发展做出了巨大贡献，在促进经济增长、激发创新、扩大就业、增加税收等方面发挥了重要作用。2013 年“两会”期间，全国工商联负责人披露，非公有制企业在城镇基础设施投资中所占的比重超过 60%，税收的贡献率超过了 50%，GDP 所占比重超过了 60%，就业贡献率超过 80%，在新增就业中，其贡献率达到了 90%。

在中国经济加快转型发展和进入“新常态”的背景下，非公有制经济的发展形态正由传统工业化向新型工业化转变，发展动力从资源消耗为主向创新驱动为主转变，发展体系由外向型经济向统筹内外、内外结合转变，发展业态由传统集聚为主向现代产业集群为主转变，管理体制从家族管理为主向现代管理为主转变，发展目标从商品输出为主向资本输出为主转变。

非公有制经济的转型升级，离不开非公有制经济人士的智力支持。我国的非公有制经济人士，是适应社会主义初级阶段解放和发展生产力的需要，在改革开放、发展社会主义市场经济过程中出现的一个新的社会群体。经过 30 多年的发展，非公有制经济人士的构成主体已发生巨大变化：由过去的主要以农民和城镇待业人员为主，发展到包括从党政机关、国有企事业单位、大专院校、科研单位分流出来的行政干部和中高级知识分子在内的庞大队伍，并且这支队伍仍处于不断发展壮大之中。非公有制经济人士具有较强的社会责任感，为经济建设和社会发展作出了很大贡献，已成为我国社会主义现代化建设的一支积极力量、统一战线的重要成员。然而，一些非公有制经济人士也存在缺点、弱点和某些不法行为，其自身素质还有待于进一步提高。

非公有制经济的蓬勃发展以及非公有制经济人士的健康成长、队伍壮大更加离不开围绕非公有制企业、人士的体制机制和制度环境的建设，尤其是政府职能的转变、行政体制的改革以及法治环境、市场环境和资本环境的优化。

正是基于以上背景，在中国统一战线理论研究会非公有制经济人士统战工作理论浙江研究基地的资助下，吸收宁波大学、浙江大学等省内高校和科研机构，长三角乃至全国范围内的非公有制经济和非公有制经济人士中的专家学者，以及实际工作部门人员，精心组织并撰写了《中国非公有制经济人士统战研究基地丛书》。丛书主要围绕非公有制企业、非公有制人士以及相关体制机制和制度改革等三大内容进行深入的系统研究，包括非公有制企业的市场拓展、技术创新、企业传承、文化建设、社会责任，非公有制经济人士的成长环境、成长动力、成长瓶颈、成长机制，以及相关的政府服务环境、法治环境、市场环境和资本环境等一系列重要问题。

《中国非公有制经济人士统战研究基地丛书》的出版，可以为促进中国非公有制经济健康发展提供理论政策依据，为党和政府提供决策参考，为非公有制企业转型提供咨询，为研究非公有制经济发展和非公有制经济人士成长提供丰富的个案材料，更好地服务于政府和地方经济发展。

目　录

第1章

绪 论

按照提出问题、分析问题、解决问题的一般研究逻辑，在研究所有问题之前，必须面对的问题就是，研究的对象和目的是什么？该问题研究的理论和实践的必要性如何？如何建立研究的逻辑框架和结构？使用什么理论分析工具和方法？对于本书而言，本章的任务就是回答研究“基于网络嵌入视角下子公司演化成长”这一主题时所面对的这些问题。

1.1 研究问题的提出

1.1.1 现实背景

企业是社会经济的存在形式和基础，是各种有形和无形资源按照一定规则连接的集合体。一个企业在成长、扩展等过程中，在公司本体（母公司）之外通过一定方式，设立子公司或附属机构，从事研发、生产、营销等经营活动，则企业就成长演变成为母子公司关系的企业组织，这种企业组织被称为母子公司关系，母公司和其子公司、附属机构（分公司、办事处等）形成以母公司为核心的企业联合体，这种企业联合体称为企业集团。当企业的子公司或者企业附属机构在国外设立，则企业成为跨国公司（multinational company，简称 MNC，下同）企业，国外企业成为母国企业的海外子公司。作为配置要素资源和企业扩张成长的方式，母子公司是当前企业的主要存在形式和成长方式。无论是加工制造企业还是商业流通、金融保险等企业，通过母子公司关系形式配置企业资源，以获取整体利益最大化，成为当前世界上最重要的企业组织方式。跨国公司及其子公司无论在销售和贸易方面还是在技术创新方面都占据举足轻重的地位。

国际上，母子公司是跨国企业的主要组织形式和存在形式，无疑是最普遍的一种跨国企业的组织形式，同时，子公司在性质和规模方面的变化，也是子公司演化成长的表现形式。20 世纪 90 年代随着冷战时代的结束，全球政治社会环境发生深刻变化，加上信息技术等高科技迅猛发展，经济全球化分工协作的格局更加明显。以寻求新市场、获取生产资源、降低产品成本、绕过贸易壁垒等目的设立的跨国公司在数量上、规模上呈现突破性的趋势。《2006 年世界投资报告》显示，2005 年共有 7.7 万个母公司和超过 77 万个国外子公司，这些子公司创造增值 4.5 万亿美元，雇用员工 6200 万人。从世界范围来看，跨国子公司的数量是随着外国直接投资（FDI）增加而迅速上升的，2007 年之前全球外国直接投资流入量经过四年的连续增长，2007 年再增长 30%，达到 1.8 万亿美元，远远高于 2000 年创下的历史最高水平。尽管 2007 年下半年开始出现金融和信贷危机，但在发达国家、发展中国家以及转型期经济体（东南欧国家和独立国家联合体）中，外国直接投资的流入量都在继续增长。2007 年，发展中国家的外国直接投资流入量创下新高（5000 亿美元），比 2006 年上涨 21%，最不发达国家吸引外国直接投资 130 亿美元，也达历史最高水平。统计表明，2007 年大约 7.9 万家跨国公司及其 79 万家外国子公司继续加大了商品和服务生产，跨国公司的销售总额达到 31 万亿美元，比 2006 年增加 21%。2007 年，全球外国子公司的附加值（总产值）约占全球国内生产总值的 11%，雇员人数增加至约 8200 万人。受 2008 年次贷危机从金融到产业的冲击，国际投资和跨国公司曾经一度全面萎缩，但从《2016 年世界投资报告》来看，2015 年全球外国直接投资强劲复苏，FDI 流入总量跃升了 38%，达 1.76 万亿美元。而且，跨国公司呈现出一些新的特点：一是跨国公司通过涉及多个实体的多层次的所有权结构网络控制其海外分支机构。数据显示，跨国企业超过 40% 的子公司及其他海外企业通过复杂的跨境所有权链条、第三地控股以及交叉持股、循环持股等手段，形成复杂跨境所有权结构。其中约 30% 的外资子公司或分支机构由跨国公司通过东道国当地子公司间接持有，超过 10% 的分支机构系由跨国公司在第三国的子公司持有，即经过第三国的所谓中转投资（transit investment）。另外，约 1% 的“外资企业”通过所谓的返程投资（round - tripping）也实际上最终由本国实体所有和控制，即本国公司通过海外子公司以“外资”的形式在本国设立子公司。二是跨国公司通过多国多层级所有权网络进行设立，跨国公司子公司“国籍”日益模糊。联合国贸发组织全球跨国企业海外分支机构数据库（涵盖 450 万家外资企业）显示，全球跨国企业超过 40% 的海外分支机构是由其母公司（最终所有人）通过复杂的跨境股权机构所持有，跨境股权链平均涉及 3 个国家或地区（司法管辖区）。外国投资者“国籍”变得日益模糊。

外国直接投资的增长主要反映了世界许多地区较快的经济增长和强劲的公司业绩。由于特别是发展中国家的外国子公司的利润增长，收益再投资约占外国直接投资总流入量的 30%①。就美国来看（见图 1.1），2000 年以后，美国的海外子公司稳定地保持在 2 万家以上，其中的典型包括全球性的跨国母子公司如通用汽车（GM）、福特汽车（Ford Motor）、通用电器（GE）、花旗银行（Citibank）等著名企业，这些企业在各自的产业领域里举足轻重，不但引导着技术创新、产品制造方式、盈利模式的变革和发展，还深刻地影响了所在产业、地区的经济和技术的发展。

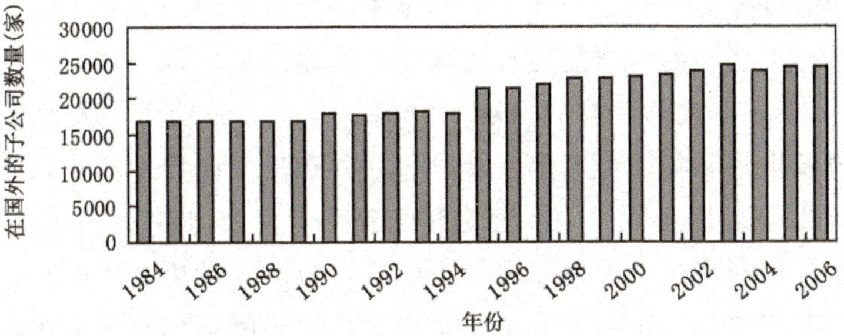

图 1.1　1984—2006 年美国海外子公司数量图

数据来源：根据 UNCTAD FDI/TNC database 整理。

---

① 相关数据参见 http：//www.unctad.org/ch/docs/wir2008overview_ch.pdf，UNCTAD（联合国贸易和发展委员会）发布的《2008 世界投资报告》、《2016 世界投资报告》。

从中国国内看，母子公司也在国民经济中占据重要地位。在中国大陆地区，母子公司是以企业集团或者控股集团公司的形式存在的。根据中国国家统计局的定义，企业集团为“以母公司为主体，通过投资及生产经营协作等多种方式，与众多的企事业单位共同组成的经济联合体”。企业集团与跨国公司的组织结构具有很大的相似性。两者同样需要处理母公司（总部）与下属（地区分部或者海外子公司）的关系，需要解决控制与下属企业自主决策有关的问题。在研究组织结构和内部协调关系方面，包括内部市场和资源分配体制等问题。

在工业制造业领域，由集团公司（母公司）及其子公司、关联公司等共同形成企业集团是最为普遍的企业组织形态。从中国工业制造业实际看，2005 年全国特大型工业企业集团数量为 398 个，占被统计工业企业总数的 0.2%，但其总产值为 17626.20 亿元，占被统计全部工业总产值的 15.91%；而 2015 年中国企业联合会公布的中国企业 500 强的营业收入总额达 59.5 万亿元，占当年 GDP 的 87.9%，这些 500 强企业中企业名称冠名“集团”共 410 家，占 82%。这些大型企业集团主要的组织关系就是母子公司关系。国务院把提升中国企业集团的竞争力提升到国家产业竞争力的高度。20 世纪 90 年代中期，江泽民同志就指出：“一个国家的经济发展，工业化的实现，经济整体素质的提高，主要依靠大型企业和企业集团。有了一批大型企业和企业集团，就能有效地带动一大批中小型企业健康发展，对危困企业的调整余地就大了”[①]。因此，母子公司（企业集团）的发展，决定着中国经济发展的规模和质量，子公司的成长发展、子公司的竞争能力，成为集团企业乃至中国经济发展的微观载体，提升子公司及其母子公司的竞争能力是当今企业战略发展的核心任务。

经过 30 多年改革开放的发展，中国民营企业经历了自发萌生、定向发展、规模扩张和集团经营的发展阶段，并迈出了向异地产业转移以及向国外“走出去”的步伐。国际理论和经验表明，人均 GDP 超过 4500 美元后对外直接投资将进入加速发展拐点阶段。自次贷危机发生以来，全球经济处于深度调整中，世界工业生产低速增长，国际市场持续低迷，但全球外国直接投资保持较快增长，说明全球化驱动下的跨国公司、跨国经营成为推动经济复苏增长的重要力量。随着中国经济持续增长和加速国际化增

① 参见王忠禹：《实行两个根本性转变，建立起三个机制》（1995.11.09）。

长，中国对外直接投资、企业跨国经营和海外子公司呈现出爆发式增长。据商务部统计显示，2002—2015年中国对外直接投资年均增幅为35.9%。2015年中国对外直接投资实现连续13年快速增长，创下了1456.7亿美元的历史新高，占全球FDI流量份额的9.9%，同比增长18.3%，金额仅次于美国的2999.6亿美元，首次位列世界第二，并超过同期中国实际使用外资1356亿美元，实现资本项下净输出①。特别是一些沿海省份和地区，企业跨国经营和国际化水平开始通过境外投资海外子公司已经实现质的演进和量的扩张。浙江省商务厅统计显示，2016年浙江省26家主要民营跨国公司平均跨国指数为33.57%，超过全国100大跨国公司的平均跨国指数的13.60%；其中吉利控股集团的跨国指数达63.67%，在全国100大跨国公司中居第一②。位于沿海的宁波市2014年境外直接投资实际流出12.1亿美元，同比大幅增长80.2%，累计设立境外企业（机构）2048家，约占浙江全省总量的三分之一，也是中国在境外设立企业和机构最多的城市之一。2015年，中国企业共实施对外投资并购579起，涉及62个国家和地区。

当前，随着我国经济国际化开始进入从“引进来”到“走出去”的国际化经营的第二阶段（吴中南，2004；王晓辉，2004），我国企业从国有控股企业到民营企业开始在国外建立跨国经营的子公司，其中通过海外并购设立海外企业是成立母子型跨国公司的重要形式。比如TCL收购阿尔卡特和汤姆森、联想收购IBM的PC业务、中国化工橡胶有限公司52.9亿美元收购意大利倍耐力集团公司60%股份等等，还有春和集团公司要约收购加拿大上市公司MAG、中海油尝试收购美国优尼科、中石油收购新加坡石油、均胜集团收购德国普瑞、中国石化收购瑞士Addax石油公司、苏宁电器入主日本LAOX以及民企竞买法国服装名牌皮尔·卡丹等。从科技、石油、石化、汽车到家电零售、皮革服装，从国有企业到民企，中国企业通过海外收购开始进入企业跨国经济发展的加速期。2015年中国企业共实施对外投资并购579起，涉及62个国家和地区，实际交易金额544.4亿美元。总体上看，近年来我国对外投资形成的海外子公司主要呈现以下特点：一是境外设立子公司数量增长较快。至2015年底，中国

① 商务部、国家统计局和国家外汇管理局：《2015年度中国对外直接投资统计公报》。

② 《浙江日报》2016年5月24日第18版。

2.02 万家境内投资者在国（境）外设立 3.08 万家对外直接投资企业，分布在全球 188 个国家（地区）。二是制造类跨国企业引领带动信息服务业增长。中国对外直接投资制造业、金融业、信息传输/软件和信息服务业同比分别增长了 108.5%、52.3%、115.2%，其中流向装备制造业的投资 100.5 亿美元，同比增长 158.4%，占制造业投资的 50.3%。三是以获取技术和营销网络为目的的境外子公司成为新亮点①。我国企业根据全球价值链分工网络资源，配置企业资源，开始在发达国家进行投资，例如浙江华立、万向等中国民营企业在境外投资设立了子公司（见表 1.1）。获取国际市场营销网络和国际品牌资源也是中国企业海外收购和跨国经营的重要动因。2015 年浙江海外并购项目中有 40 个集中在批发行业，主要是为获得海外市场网络和国际知名品牌。浙江哈尔斯真空器皿公司收购瑞士 SIGG Switzerland AG 的 100% 股权，把历经百年的瑞士制造业品牌收入囊中；宁波华翔集团收购具有 85 年历史的英国著名汽车内饰件公司劳伦斯公司，获得了为宝马、路虎配套的营销网络和知名品牌资源。这些实践为本研究提供了现实基础。四是民营企业成为中国设立跨国公司、海外子公司的重要力量。2015 年非公经济占对外投资的 65.3%，年末存量非公经济占比达到 35.6%。其中民营企业对外并购金额占当年境外并购金额的 75.6%，在数量和金额上均首次超过了公有经济的企业，民营企业海外投资的影响力不断加大。大连万达、华为公司、泛海控股、福耀玻璃、万向集团、三一重工、吉利控股等民营企业都是中国对外直接投资存量前 100 的中国企业。

表 1.1　部分中国企业境外研发型子公司

企业	行业	R&D 机构（设立时间）
华立	通讯	美国华立通信集团　（硅谷，2001）
万向	机械	万向北美技术中心　（芝加哥，2001）
华为	通讯	华为硅谷研究院（1993）、华为瑞典研究院（1999）、华为俄罗斯研究院（1999）

① 中华人民共和国商务部网站，http：//www.fdi.gov.cn/pub/FDI/wztj/jwtztj/t20090722_108774.htm.

续表

企业	行业	R&D机构（设立时间）
TCL	电子	TCL德国研发中心（2004）、TCL美国研发中心（2004）
中兴通讯	电子通讯	中兴美国研究中心（1998）、中兴韩国研究中心（2000）

资料来源：笔者调研和根据资料整理。

关于发达国家跨国公司对外投资的理论解释，主要包括海默（Hymer，1960）的垄断优势理论、弗农（Vernon，1966）的产品寿命周期理论和巴克莱和卡森（Buckley & Cason，1976）的内部化理论等传统理论。垄断优势理论认为在市场不完全的情况下，企业才能够以自己的各种垄断优势，如技术优势、资金优势、规模经济优势等，对其他国家进行直接投资，并且依托这种优势进行扩张和成长。产品周期理论揭示了对外直接投资的基础不仅取决于企业拥有的特殊优势，而且还取决于企业在东道国所能够获得的区位优势。内部化理论则认为世界市场的不完全性和中间产品特别是知识产品异质决定了为克服外部市场障碍或弥补市场机制的内在缺陷，跨国公司才用公司内部交易来替代外部市场交易。对发展中国家海外投资设立跨国公司的开创性研究是易斯·威尔斯（1983）提出的“小规模技术理论”，他认为发展中国家的跨国公司虽然在技术上无法与发达国家相比，但其拥有的与有劳动密集型和灵活性较高相匹配的小规模制造技术，存在着特别适合小批量生产的特有优势。英国学者拉奥（Lall，1983）的“技术地方化理论”进一步认为发展中国家的跨国公司包含着与企业自身相适应的规模小和劳动密集型特征的创新活动，也具有自己的“特定优势”。

可以看出，上述无论是发达国家还是发展中国家的企业设立海外子公司的驱动原因解释可以归结为“优势论”，即认为从事跨国经营的企业应当拥有某种特定的优势（Firm－Specific Advantage，FSA）。但在实践上，很多企业对外直接投资设立跨国公司，并不拥有特定的优势，而是为了获取当地的一些优势资源、优势技术等。表1.1所列举的中国民营企业“走出去”设立海外子公司，并非具有特定优势（FSA），而是逆向嵌入国际全球产业网络，通过各种方式获取国外的优势技术资源。

上述实践表明，在全球经济一体化、国内区域经济交往日益频繁的背景下，通过一定的组织方式，进行跨国或跨区域投资发展，形成母子公司的组织形式，已经成为企业成长的主要途径之一。从实践看，子公司成长呈现以下几个方面的特征：第一，母子公司结构的企业越来越多、规模越来越大、地位越来越高。通过全资子公司、控股子公司、参股子公司以及虚拟企业、战略联盟等方式形成复杂的母子公司集团。当前以母子公司为主的跨国公司占据着世界最主要的国际制造、国际贸易和技术创新，例如美国通用汽车、美国波音公司、日本本田汽车等，无不成为各自领域的技术引领者和市场巨头。从中国国内看，以母子公司集团为特征的国有企业集团和民营企业集团也成为产业龙头，例如万向集团、海尔集团、联想集团等，引领着本行业的生产、销售和产品创新。第二，跨国和跨区域投资和经营成为子公司成立和成长的主要形式。由于经济一体化、产业分工协同的发展，企业进行跨国、跨区域的生产价值链分解和配置，以达到资源寻求、市场拓展、成本降低的目的。第三，子公司面临着更加动态复杂的经营环境，特别由于跨国、跨地域导致的经济、文化、技术等方面的差异，以及产品周期缩短、技术创新速度加快的驱动，企业越来越多元化经营和改善组织柔性，以提升企业适应环境变化的能力，提升企业竞争能力。

从企业成长和演化过程来看，子公司的成长也发生了以下三个方面的深刻变化：

首先，企业的成长环境愈来愈网络化。基于是市场还是企业内部化的两分法逻辑在实践中愈来愈受到挑战，基于市场和企业之间治理组织即网络型组织受社会、技术和经济变迁的内生驱动大量地涌现。自 20 世纪 90 年代以来，随着知识经济时代的来临，全球化、信息化、网络化带来企业组织变革的深刻变化，企业与企业、企业与市场、企业与环境之间的边界、关系日益模糊化和复杂化，这些变化要求子公司不断具有适应当地市场变化的柔性以规避市场的风险，从而要求子公司更加具有自主权并通过组织变革来适应上述变化，推动企业关系不断地从纵向控制向扁平化的横向关系变化，产生许多如虚拟企业（V. C）、供应链网络等企业网络组织。例如，NIKE（耐克）等企业的虚拟外包模式、企业集群、总部经济等企业网络形态就是企业网络化的表现形式，也是企业成长的环境网络化的形式。

其次，通过嵌入网络联系获取资源成为子公司成长的主要方式。子公司除了从母公司得到一些资本、技术等资源之外，一些驱动企业成长的资源如创新知识等必须从子公司嵌入的网络中获得。在社会网络观看来，子公司和企业、中介机构、政府之间的关系不再是简单的竞争关系、交易关系，而是一种新型嵌入网络的“竞争合作”关系。子公司通过嵌入网络环境，并通过建立各种网络联系，不断地调整子公司与商业网络中的关系，并依托这种网络关系进行要素、商品、技术和知识的交易。例如，总部经济就是企业把财务、决策等总部职能机构向网络资源丰富的大城市转移的形式；一些企业把研发功能部门通过合作的方式向利于研发的网络环境转移，也是研发型子公司的成长方式。

最后，子公司成长的本质是演化成长。子公司在成长过程中首先表现为资产规模和交易规模的扩大，同时也是不断复制并适应网络环境的过程，这改变了子公司的角色、职能、交易边界等性质，改变了公司的核心竞争力和子公司资源的配置效率，因而从动态的视角看，子公司的成长其实是一种演化成长。

因此，从实践上，跨国公司、企业集团的经营管理不但面临着母子公司关系、子公司角色等问题，在网络环境下，子公司与网络之间的关系是如何影响子公司的演化成长的问题，也是子公司管理理论和实践提出的新课题。

1.1.2 理论背景

从理论研究背景看，随着科斯的企业性质理论和潘罗斯等人的企业资源理论的开创性研究及其理论发展，企业研究众说纷纭，形成了“企业理论丛林”。关于子公司的研究理论也不断丰富和发展，子公司研究从以母公司为焦点和出发点来研究母公司的跨国投资、子公司成因等转向了以子公司为问题焦点，探讨子公司的核心竞争力、子公司角色等。随着跨国公司的对外扩张和不断动态地调整职能、角色和控制方式，静态地分析子公司已经不足以揭示子公司的本质，同时，随着社会网络理论、演化经济学的兴起和发展，从企业生命动态周期视角研究子公司长期的组织成长变化、竞争能力越来越成为新热点。

梳理母子公司理论研究历程，学术界经历了研究焦点、研究角度和研究范式的不断转换和演进。

首先，子公司成为母子公司理论的研究焦点。对于母子公司理论的研究是随着企业理论的发展和子公司所处的科技、社会和市场的环境变迁而发展演化的。子公司研究首先集中于子公司的成因、优势识别、区位选择和企业边界等。近 20 年来，以跨国公司海外子公司为中心的母子公司研究成为一个热点问题，其中 Las Otterbeck（1981）的《跨国公司母子关系管理》是最早研究的文献之一，其主要研究跨国公司的母子关系如何协调和控制，以确保母公司的利益。

在母公司和子公司关系理论中，母公司是核心，子公司是从属于母公司的，子公司的结构和行为必须依赖于母公司。子公司扮演着执行母公司任务的角色（Doz and Prahalad，1981）。随着跨国公司海外子公司地位的提升，研究子公司的战略作用逐渐受到研究者的重视。1986 年巴特利特（Bartlett）和戈夏尔（Ghoshal）开创性地提出了海外子公司角色理论，将研究的对象从以母公司为核心的母子公司关系转为以子公司为核心，并从跨国公司海外子公司担任的角色入手进行研究。子公司角色根据一定的分类逻辑进行划分，明确对子公司角色的划分是在母公司或跨国公司（MNC，下同）整体层次进行分类，之后开始以子公司为研究焦点，研究子公司在整个 MNC 中扮演的战略角色，自此理论研究的视角也从总部转向到子公司。

其次，子公司成长研究成为新的研究领域。在新古典经济学中，企业被视为质点，企业和其他企业之间是简单的竞争关系或交易关系，企业研究关注的是在成本约束的条件下，企业如何实现利润最大化的问题。马歇尔认识到新古典经济学的静态分析存在着忽视企业内生成长的缺陷，转而从企业的内部分工和专业化生产协调来分析企业成长。科斯的企业理论打开了企业黑箱的秘密，之后的制度经济学者主要的理论贡献也在于探索企业的基本性质，研究企业成长在于考察企业与市场的关系和企业治理的边界，并考察企业的横向扩张和纵向一体化的边界问题。潘罗斯（Penrose，1959）从知识、资源和能力的视角研究企业内在竞争优势的源泉，开创了企业内生成长研究的新领域。

1997 年，美国学者波金绍（Julian Birkinshaw）和福德（Neil Hood）在总结子公司理论基础上，把各种研究大致分为三大学派，即母子公司关系学派、子公司角色学派、子公司发展学派。2001 年波金绍进一步研究了跨国公司的成长，并从国际时期、全球时期、跨国时期、内部市场时期等时间维度划分了海外子公司的四个成长阶段。子公司成长理论最有代表性的研究是 Birkinshaw（1998）的子公司角色演化的“能力—

特许”模型，该分析框架将子公司演化与能力（competence）及特许（charter）相联系，基本出发点是认为子公司资源和能力的积累导致子公司委托自主权的扩大，并提出子公司演化的路径选择。此外，赵景华（2001）认为，子公司在跨国公司网络内部成长与发展，主要是完成资源配置和重新分配的过程，子公司与母公司之间、子公司和其他子公司进行着资源交互输出与输入，在交互成长的过程中进行着资源的共享与竞争。影响子公司成长的外部机制主要指东道国的环境因素所导致的作用，子公司的成长与发展要适应复杂动态的外部环境。子公司的成长机制确定了子公司的角色并使子公司的角色不断地发生演进；子公司的战略选择与子公司的角色相协同，才能获得跨国公司网络内部的资源优势。杨桂菊（2004）引入子公司网络资本的概念，构建了基于“网络位置”与“嵌入性网络资源”两个维度的子公司网络资本的分析框架，认为子公司角色演化的实质就是子公司在网络利益最大化动机驱使下，复制与重构网络关系，增加网络资本，积累资源与能力，调整自身在网络中位置的过程。

最后，网络理论不断被应用于母子公司理论研究中。钱德勒（Chandler，1962）从研究经济发展历史分析框架中发现，从19世纪到第二次世界大战结束后的历史表明，每一次生产率的突飞猛进都伴随着企业组织的创新和演变。20世纪80年代，由于文化、技术、社会的发展，企业之间、企业与社会中介组织之间的关系，并非简单的市场关系或内部化关系，而是存在于复杂的网络之间的竞争和合作的关系。关于网络组织虽然没有一个明确而统一的定义，但基本含义是一种超市场的组织间协调关系。网络组织具有降低风险、增强企业之间信任、增加企业柔性和资源共享等特征，企业之间通过网络合作使企业网络的整体价值不断增长。

网络组织的出现推动了母子公司网络结构理论的产生（Permutter，1969；Ghoshal and Bartlett，1988），促使跨国公司母子公司关系从科层范式向网络范式转化，将子公司视为MNC全球价值网络节点。在网络理论看来，子公司与总部以及子公司与其他子公司之间的优势互补、合作竞争和资源共享，有利于提高子公司的战略地位以及母子公司的战略柔性和运营柔性。子公司通过在当地积累资源和开发能力，子公司成为母公司竞争优势的重要源泉，母子公司的关系从纵向科层结构转化为更民主、更平等和更有自主性的网络结构。

波兰尼（K. Polanyi）提出嵌入性（embeddedness）概念分析人类的经济行为，认为经济活动和行为是“嵌入”不同的制度之中的，这实际上突破了简单的原子观的企业行为，人类的经济行为不仅仅是要么外部交易要么内部化的简单二元类型，而是受社会、文化等制约的。

格兰诺维特（Granovetter，1985）拓展了波兰尼的嵌入性概念，并将之用于分析社会经济生活和社会结构，进一步将嵌入分为关系性嵌入（relational embeddedness）和结构性嵌入（structureal embeddedness），这两种嵌入性产生的信任与互动，有利于限制经济行动者的机会主义行为，从而确保经济行为的顺利进行。网络嵌入理论还将商业网络拓展至社会关系网络，广义的网络嵌入是一种企业网络嵌入关系，也属于社会关系网络，网络嵌入既包括了联盟关系、契约联盟、特许经营等等正式网络关系，也包括了与网络成员的情感互动等社会网络关系。

网络组织理论及网络嵌入理论的出现，改变了子公司研究范式，使研究从传统的视角向网络视角转变。基于网络组织和网络嵌入理论的子公司组织形态、子公司角色演变和子公司成长发展的研究，成为母子公司理论方兴未艾的新研究领域。

此外，经济演化理论成为企业研究的新工具。

处于主流地位的新古典经济学深受牛顿物理学的影响，一直被均衡思想和范式所支配，并由此建立了以均衡分析为核心的经济分析体系。企业理论研究一直遵循阿罗—德布鲁范式的静态均衡分析，与此同时，受达尔文演化思想的影响，一些学者试图从演化思想的角度建立经济和企业行为的分析框架①，1950 年阿尔钦发表《不确定性、演化和经济理论》标志着企业研究的经济演化观点的正式提出。20 世纪 80 年代后，演化思想又促使人们在主流经济体系之外发展起来了经济演化理论，纳尔逊（Nelson）和温特（Winter）发表的里程碑式的论文《经济变迁的演化理论》提出了以“惯例（routine）”为核心的探讨企业演化发展的过程。因此，企业成长理论发展过程是首先从古典的原子观研究企业生产规模增长，再到根据企业性质理论研究企业的边界扩张，然后是从资

---

① 凡勃伦开创了经济演化思想的先河，此外马歇尔、熊彼特和哈耶克在早期也作出了重要的贡献。吴光飙著：《企业发展的演化理论》，上海财经大学出版社 2004 年版，第 14 页。

源观、能力观、知识观来研究企业的内生成长；演化经济学将企业视为动态的具有选择、复制和变异功能的自学习组织，这为研究企业成长提供了新的分析视角。

如上所述，子公司成为当前跨国公司研究的焦点，子公司成长研究也逐渐重新被重视，但是网络嵌入理论和演化经济学理论运用于探索和分析子公司成长的研究还是很欠缺的，以网络嵌入的视角来分析研究子公司演化成长的机理和路径，对于子公司的理论发展和管理实践具有重要意义。

1.1.3 问题的提出

在上述子公司背景分析的基础上，本书结合相关理论的综合思考，在实践和理论方面提出以下问题：

(1) 关于实践中的问题

在当前实践中，企业通过子公司的设立、子公司的扩张是企业成长的主要方式。子公司的设立、成长和变化采取的组织样式和路径有多样性，但根本目的是母子公司获取整体价值的最大化和整体的竞争优势。

从实践的角度看，企业在空间区域或管理环境异质性条件下，会通过成立子公司的方式对外扩张，子公司成为企业对外扩张、成长的主要方式之一。但是，随着社会经济技术的深刻变革和发展，子公司受市场机制的驱动，通过市场交易获取资源，扩张企业边界和扩大企业规模。同时，企业获取人力资本、金融资本和技术资本等资源，不仅受市场交易法则的驱动，而且企业与其他企业、机构之间的社会关系的特征属性的影响，这种关系型属性如信任构成了企业与其他企业、机构之间形成的一种社会网络关系，这种社会网络的亲密度、网络位置、网络联结特征等会影响企业和其他企业、机构之间的机会主义行为发生的概率和程度，也就会影响其获取成长资源的交易成本。所以，企业的发展不但是市场规则下的发展，也是嵌入网络受社会网络制约下的发展。既然网络结构特征会影响企业的子公司的成长，那么自然会存在以下问题：一是子公司应当如何嵌入企业网络，这个嵌入网络不是指子公司成立的形式，而是指子公司成立后如何与当地的企业、机构建立起各种关系，进行建构和管理自身的商业网络和社会网络，从而实现企业的最优化成长？二是子公司嵌入网络成长方面的问题，即子公司的网络嵌入的差异是如何影响子公司在企业商业和社会网络环境中萌生、演化、成长？三是在子公司与当地网络形成网络关系后，其母公司是如何影响子公司与当地网络关系的？母公司应当如何进行合理的资源配置，以促进子公司成长和发展？

（2）关于理论的问题

从理论研究的历史演进路径看，子公司理论研究正在从以子公司为焦点的子公司角色研究开始转向子公司成长理论研究，网络嵌入理论和企业演化成长理论为研究子公司成长提供了新的分析范式。网络嵌入理论将子公司的规模扩大的量变和竞争力提升等属性的质变置于网络环境下来考察，理论上要求我们观察和分析子公司演化成长必须建构一个子公司嵌入网络的结构模型，并从网络嵌入结构的视角研究子公司成长动力和路径。网络中的成长和变化，一方面是子公司销售规模、资产规模等“量”的扩展和成长；另一方面，也是子公司在竞争力、资源配置效率等方面表现出来的“质”的变化，这种变化是在企业历史形成的惯例、基因基础上完成的，表现出变化中的路径依赖性，这表明了子公司成长具有其内在的演化成长特征。因此，提出以下理论问题：

问题一：子公司是如何嵌入到外部网络并形成子公司网络嵌入结构的？子公司网络嵌入的动因是什么？网络嵌入的特征、形式是怎样的？

问题二：子公司网络嵌入是如何影响子公司网络演化成长的？

问题三：母公司控制是如何影响子公司网络演化成长的？

根据上述实践和理论问题，提炼出本书研究的目标——“基于网络嵌入的子公司演化成长机制”。为探索和分析研究目标，本研究遵循以下理论逻辑：

第一，获得超额的经济租金（超额利润）是企业成长的核心动力，而经济租金来源于企业的异质性，这些异质性包括了技术研发、物流、制造、营销、品牌等企业各方面的异质性，其中也包括企业制度和企业的组织形态及其演变，也就是说，企业的组织形态及其演化的异质性是企业租金的来源之一。

第二，子公司嵌入网络是企业组织形态的变异和创新。子公司通过各种网络联结形成网络结构，但这种网络存在着差异性和动态性。网络结构的规模也就是参与网络的各种企业、机构主体的数量和多元性导致了网络资源的多样性和丰富性，而子公司在网络结构中的位置、网络联结的形式、网络交互的频率、网络关系的持久性，形成子公司与嵌入网络关系的差异，也是企业组织异质性的表征。子公司的网络嵌入结构的异质性也将给子公司带来“网络嵌入租金”，子公司将寻求最优化的网络嵌入结构并建立最优的网络嵌入关系，以获取自身利益和价值的最大化，并在这种网络嵌入利益的驱动下寻求最优化的演化成长方式和路径（见图 1.2）。子公司嵌入企业网络形成网络结构的过程，在提高企业的网络的整体价值的同时，也获取了网络嵌入利益并提高了自己的核心竞争能力。

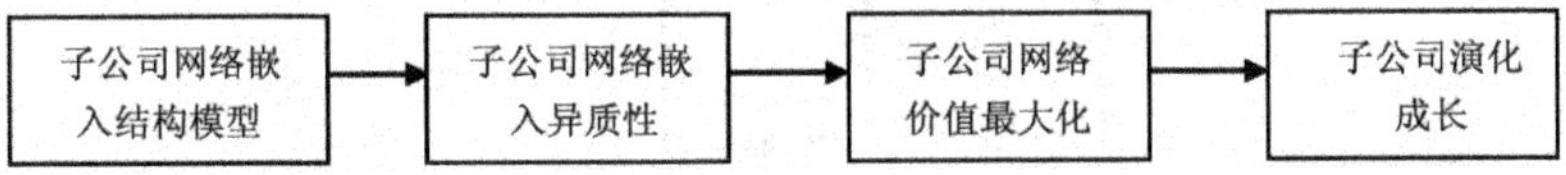

图 1.2　本书的研究逻辑图

因此，本书的研究逻辑可以概括为子公司嵌入网络结构的差异，导致了子公司网络嵌入结构的异质性，这种结构的异质性将为子公司带来“网络嵌入租金”，提升了企业的网络价值，子公司为获取网络价值最大化，不断地调整自身的网络位置，扩展自身的规模边界，变异自身的能力等，从而实现规模和性质上的演化成长。

从上述分析中，也得到了本研究的总体目标就是从理论问题和实践问题出发，在综合分析子公司理论、网络嵌入理论和演化经济学理论的基础上，建构子公司网络的理论模型，然后分析子公司网络嵌入影响其演化成长的机理、母公司控制与子公司演化成长的关系。

1.2 研究思路和关键问题

1.2.1　研究思路

本研究主要思路是进行收集和梳理关于子公司的现实问题和理论问题

的基础上提炼出研究问题，并以母子公司理论、网络嵌入理论和企业演化理论的视角建构子公司嵌入网络理论模型，然后分析子公司嵌入网络特征、母公司控制对子公司演化成长探讨子公司嵌入网络中的演化成长机理。具体如图 1.3 所示。

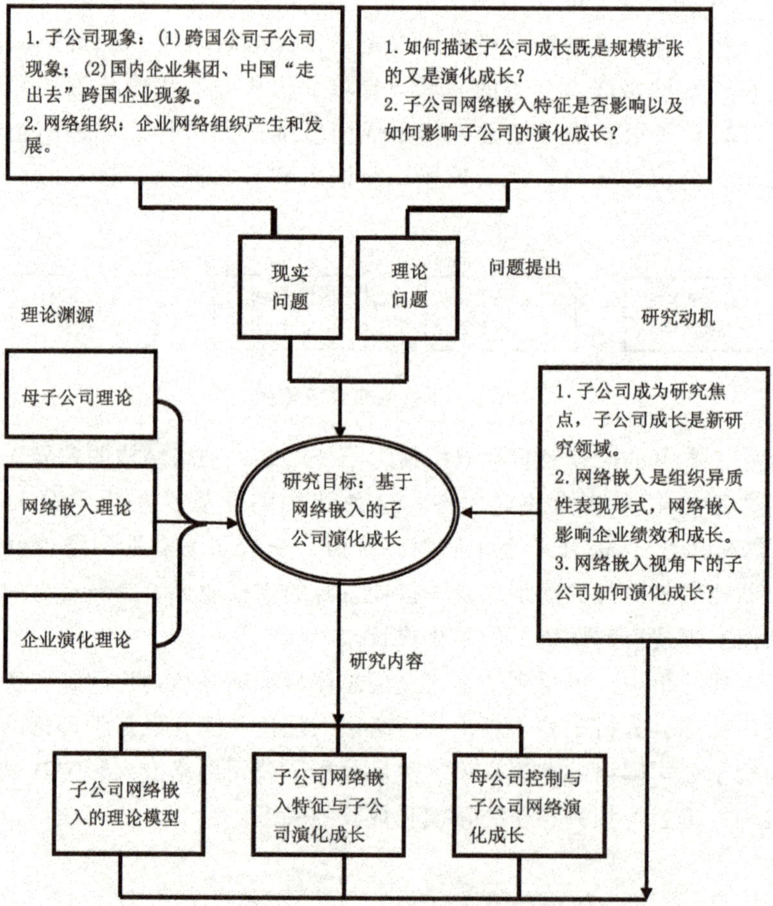

图 1.3 研究思路

1.2.2 关键问题

研究子公司嵌入网络条件下的演化成长机理，一是探析子公司是如何嵌入网络以及嵌入网络结构关系，探讨子公司嵌入结构的分类逻辑和类型；二是研究子公司和网络嵌入关系的演化的动力、演化成长的模式和过程；三是研究子公司网络演化成长路径及其影响因素。上述三个核心内容存在着一些深层次的内生性理论问题，只有把其中的关键问题剖析清楚，才能把子公司嵌入网络的过程、影响因素解释清楚，并得到检验和证实。这些关键问题包括以下三个方面：

第一，在对以往的研究文献评述的基础上，建立子公司网络嵌入结构理论模型。本书在梳理有关母子公司网络、网络嵌入性概念的基础上，建立子公司网络嵌入结构模型，根据网络嵌入强度、网络嵌入位置、网络嵌入关系密度、网络嵌入规模等维度研究嵌入关系和嵌入结构的特征，并从不同的视角提出子公司的纵向嵌入和横向嵌入等网络嵌入方式的类型。

第二，基于网络嵌入资本和网络嵌入租金，分析子公司网络嵌入的成长动力和模式。运用子公司网络嵌入结构模型，本书从子公司网络嵌入结构特征、嵌入关系特征和母公司控制特征三方面研究子公司演化成长模型和路径。

第三，根据网络嵌入与子公司演化成长的理论分析结果，通过案例分析和统计分析检验理论假设，以分析影响子公司网络嵌入因素以及这些因素对子公司演化成长的影响。

1.3 研究内容和期待的创新

1.3.1 研究的内容

根据研究所拟解决的问题和研究目标，本书研究内容具体如图 1.4。

本书共分 7 章：

第 1 章是绪论。主要介绍研究背景、研究目标、研究思路与主要内容，以及论文研究方法与技术线路、概念定义。

第 2 章是对相关理论文献的综述。主要对企业成长理论和子公司成长理论、网络嵌入理论的研究成果进行总结，分析以往对子公司演化成长理论研究的不足，引导本书的研究问题。以往对子公司成长研究存在问题包括：①研究母子公司关系、子公司角色的文献较多，而对子公司成长研究较少；②从研究企业销售、资产等量的方面研究企业成长较多，从子公司性质的演化成长研究少；③基于网络环境、基于网络嵌入公司的角度对子公司演化成长的研究不足。

第 3 章介绍了子公司网络嵌入结构的理论模型。本章作为本书研究的基础，首先在网络组织理论、母子公司网络关系理论的基础上，从网络嵌入的视角构建子公司网络嵌入结构模型；其次，从网络嵌入规模、网络嵌入位置、网络嵌入界面等角度分析子公司网络嵌入结构特征，从网络嵌入类型、嵌入网络强度、嵌入网络密度、嵌入网络周期分析嵌入网络关系特征；再次，将子公司和外部网络的关系进行分类，把子公司与网络伙伴的关系分为横向嵌入网络结构、纵向嵌入网络结构和混合嵌入网络结构，并区分实践中子公司嵌入网络的市场导向型、研发导向型、资源导向型、生产导向型四种类型。

第 4 章介绍了网络嵌入的子公司演化成长动因与模式。本章是本书的核心部分，首先在文献梳理基础上揭示和界定子公司演化成长的过程和含义、特征；其次，建构子公司嵌入网络资本概念，揭示嵌入性网络资本的特征，分析嵌入网络资本对于子公司演化成长的作用；再次，以网络嵌入租金视角，分析子公司演化成长的动力，并在此基础上，分析子公司网络嵌入后横向成长、子公司嵌入网络后纵向成长、嵌入网络多元成长的模式与类型；最后，用元胞自动机模型模拟分析子公司网络嵌入后资源积累和成长的过程，并从实物期权理论分析网络嵌入行为的博弈过程。

第 5 章是对网络嵌入影响子公司演化成长的过程分析。本章任务在前面研究基础上，分析子公司网络嵌入结构特征、嵌入关系特征和母公司控制与子公司演化成长关系，然后提出研究假设。

第 6 章是对网络嵌入对子公司演化成长影响的实证研究。通过问卷收集和统计分析，运用主成分分析和多元回归方程检验网络嵌入结构特征和子公司嵌入关系特征、母公司控制对子公司的成长的影响。

第 7 章是结论与展望。本章概括了本研究的主要成果，分析本研究的理论贡献与实际意义，提出研究存在的不足和后续研究的方向及其建议。

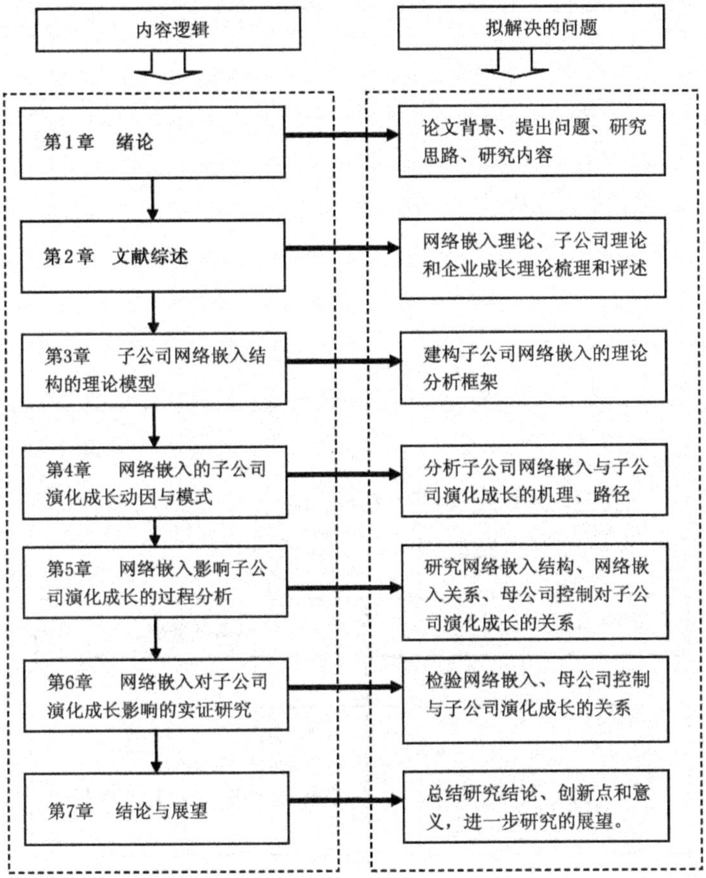

图 1.4　研究内容

1.3.2　期望的创新

第一，作者根据母子公司网络理论和企业成长理论建立子公司嵌入网络结构模型和子公司网络嵌入演化成长理论框架，将子公司网络嵌入结构划分为纵向嵌入结构、横向嵌入结构和混合嵌入结构，为分析子公司演化成长提供理论前提。

第二，基于网络嵌入视角，引入网络嵌入租金，分析子公司网络嵌入租金对子公司演化成长的作用，分析子公司网络演化成长的模式。

第三，建立子公司网络嵌入结构影响子公司演化成长的分析框架，研究子公司网络嵌入结构特征、网络嵌入关系特征和母公司控制三方面对子公司演化成长的影响，并对之进行实证检验。

1.4 研究技术路线和研究方法

1.4.1 研究技术路线

研究的技术路线是引导研究从文献阅读、实践问题识别到选题、构思、理论分析、结论验证到研究结论的系统性的规划。总体上本研究的技术路线是在文献阅读、实践问题考察的基础上，提出问题并进行理论分析和实证分析，具体的技术路线图如图 1.5 所示。

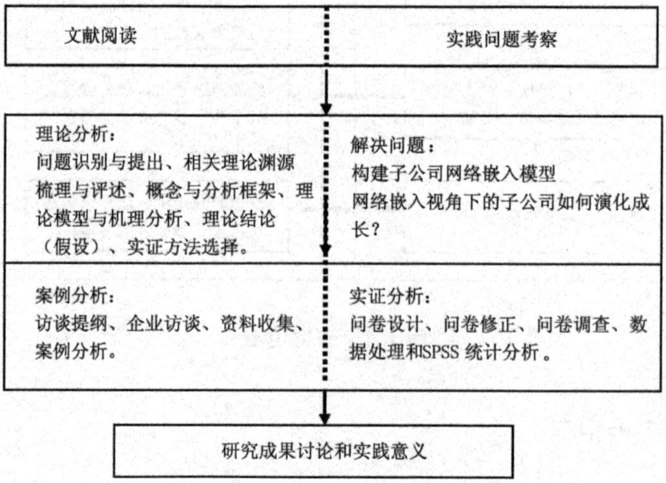

图 1.5　研究技术路线图

1.4.2 研究方法

研究方法是进行分析的工具，选择科学和适当的研究方法是分析问题的必然途径。美国《哲学词典》（朗内斯编著）将方法论定义为“对那些总是指导着科学探索的推理和实验原理及过程的一种系统分析和组织……也称之为科学的方法。因而，方法论是作为一门科学的特殊方法的总称。”苏联《简明哲学辞典》（罗森塔尔等编著）认为研究的方法论有两种含义，即“（甲）关于研究的方法、方式的学问；（乙）在某一门科学上所采用的研究方式、方法的总和”。可见，研究方法论的共同特征是它提供了组织、计划、设计和实施研究的基本原则，并构成了完成一项研究的一般途径、路线或方法之间的关系。科学哲学家拉卡托斯（Lakatos）认为，一种理论研究的纲领或范式可以分为内核和保护带两个部分，其中内核是不同范式的区分标志，保护带是基于内核基础上的环境条件设置。只有内核要素变了，才是新范式的形成。因此，笔者努力遵循科学研究方法的选择逻辑，为在问题提出、问题分析等研究环节进行创新研究，选择科学适当的研究方法，以对子公司成长从网络嵌入的视角进行探索和分析。

本书的研究思路是以网络嵌入理论为基础，同时借鉴经济学、社会学等理论成果，在分析和评述现有子公司相关研究文献的基础上，提出子公司演化成长的研究命题，并从网络嵌入的视角来对子公司演化成长的方式、路径和影响因素进行理论分析，然后对相关理论结论进行实证验证。概括地讲，本书的研究方法主要为理论分析、实证分析这两种。

（1）理论分析

本研究不是应用研究，而是对网络嵌入视角下的子公司演化成长的机理进行理论分析和探索。为此，笔者在搜集、检索、梳理和阅读大量相关专著、文献的基础上，回顾了子公司问题研究的历史渊源、企业成长理论的主要观点、网络理论与网络嵌入理论等问题，在此基础上，提出研究问题，并按照科研问题的分析逻辑，对问题进行深入的理论分析，并推理出相关的理论结论（假设）。特别是子公司演化成长的研究必须从某时点的静态截面和长期的动态变化来揭示其规律，因此本研究结合了静态均衡和动态演化的分析方法来研究子公司网络嵌入关系动态变化过程。

（2）实证分析

除了进行一般的理论分析之外，本书还采用了案例分析和统计分析的实证分析方法，以对理论分析进行佐证和检验。在案例分析方面，笔者通过文献查阅和实地跟踪数个子公司的演化成长过程，获取了较为丰富的子公司的网络嵌入关系与企业成长关系方面的资料。特别是近年来，除了大量国外跨国公司纷纷在华直接投资设立子公司或企业分支机构，也有大量的中国企业“走出去”对外投资和向中国中西部地区进行产业转移，这些海外直接投资或产业转移实际上都是以在东道国或在一国内跨区域设立子公司的途径实现的，这为本研究提供了大量的实践基础。

1.5 基本概念的界定

科学研究首先需要界定基本概念，本研究的概念的内涵和外延是在梳理各种定义的基础上按照本研究的视角和研究目标进行界定。本书的第一个概念，也是研究的焦点问题，即是子公司（subsidiaries）。一般地，子公司从母公司（parent）控制角度分成控股权比例的界定和从实际控制权出发的界定，其基本原则是按照母公司是否能够影响和管理子公司来界定。子公司是相对于母公司而言的，按照联合国贸易和发展会议(UNCTAD)① 定义，跨国公司的母公司指拥有股本金来控制其他实体的企业，拥有联合企业10%或10%以上的普通股或表决权的股本金，通常被认为是控制这些企业的资产门槛值，也就是被母公司持有10%以上的表决权股本的联合企业，就可以视为子公司。从我国实践来看，国家工商行政管理总局关于印发《企业集团登记管理暂行规定》中界定“子公司应当是母公司对其拥有全部股权或者控股权的企业法人；企业集团的其他成员应当是母公司对其参股或者与母子公司形成生产经营、协作联系的其他企业法人、事业单位法人或者社会团体法人”。根据1998年国家体改委《关于企业集团建立母子公司体制的指导意见》以及国家财政部《合并会计报表的暂行规定》主要是从可计量的会计上权益资本可以对子公司实际拥有控制权来定义子公司的。此外，从母子公司理论研究的角度，许多

① UNCTAD, World Investment Report 2006. 参见UNCTAD官方网站的研究报告。

研究文献定义母公司持股50%以上的子公司才视为子公司（Jarillo and Martinez，1990）。

本书研究的是子公司的演化成长，因此子公司的定义还包括了子公司资源、子公司边界变化、子公司控制等组织形态和关系的含义，本研究对子公司内涵定义为：(1) 能够从事、承担相对独立的业务或职能；(2) 拥有和控制独立的人员、资产；(3) 进行独立绩效考核和财务核算。因此在本研究中对子公司的界定，并不追求子公司与母公司的法律含义，而是从组织活动边界视角进行定义的。如上定义子公司的目的是为了研究子公司组织的演化和成长，事实上，从法律责任上定义的分公司到子公司都具有组织演化成长的连续性。因此，本研究定义的子公司与从股权控制角度所定义的子公司在内涵上是兼容的，同时也是后者的扩展和深化，具体从组织形态来看，包括母公司能够调整和影响的办事处、分公司、参股子公司、控股子公司和全资子公司等不同形态。

第二个关键概念是网络嵌入性（network embeddedness），网络嵌入性也是本研究力图创新的理论视角，即从网络嵌入性的角度探析子公司在网络中如何演化成长的。网络（network）是个众说纷纭的多层次的概念，不同的角度有不同的定义（Zahra，Gerard & Garvis，1999）。广义上，网络是指组织或个人之间的社会关系，而企业层面的网络定义为通过正式或非正式的联结（ties）的长期的关系形成的组织集合，其中联结通过如信息流动和资源流动的组织交流等方式（Larson，powell，1990，1991，1992）。20世纪80年代以来，随着国际市场和国际环境的巨大变化，企业的学习和创新能力成为跨国公司全球竞争的关键。为适应这一变化，跨国公司从早期单一纵向的科层组织形式，转化为以母子公司间横向多项的知识流动的网络结构。网络可以分为内部网络（internal network）和外部网络（external network），内部网络为组织内部的母子公司网络，外部网络为母子公司和外部企业和机构联盟形成的网络（Wenzhen Lu，2001）。本研究界定子公司网络为受母公司纵向和横向制约的、与其他外部企业和社会组织的联结关系，这种联结包括正式的制度性联系，如股权合资、战略联盟等网络关系，也包括非正式的社会关系，如关系网等。

与网络有关的一个概念是嵌入性（embeddedness），它是波兰尼（K. Polanyi）在《伟大的转折》（1944）一书中提出的。他认为，在工业革命以前，社会生活由互惠关系和再分配的方式主导，市场机制发挥作用有限，经济行为不是独立的活动，而是嵌入于当时的社会及其政治制度之中。格兰诺维特（1985）认为经济活动并不是如古典经济学中的行动者完全按照自利和最大化原则的理性行动，也不是如社会学家、历史学家所认为的任何行动完全受外部规范的制约，而是二者的适度融合。随后他进一步把嵌入性分为关系性嵌入（relational embeddedness）和结构性嵌入（structural embeddedness）。所谓关系性嵌入是指单个行动者的经济行为嵌入在与其他行动者所形成的关系网络之中，结构性嵌入是指行动者及其所在的网络嵌入于更大的社会网络之中，并因此受到社会结构的影响和决定。社会经济学家 Zukin（1990）、Halinnen（1998）等人对嵌入性概念还进行了进一步的发展和扩展，但基本上将“嵌入”理解为人或企业的经济活动受到经济行为之外的社会关系、制度文化等的“制约”作用。

网络嵌入是企业与各种网络的联结关系和依赖关系，企业通过彼此联结关系和依赖形成网络，并且通过位置（position）和直接和间接的关系（direct and indirect relationships）来定义其内涵，网络嵌入是目标子公司嵌入于外部网络的联结关系的总和。

子公司网络嵌入结构和子公司网络位置对于企业的成长有什么影响？早在1996年和1999年，Powellet al. 在总结文献的基础上，证明了网络结构（network structure）和网络位置（positions）对公司绩效（performance）和成长（growth）有明显的内在影响（influence）。Massimo Riccaboni 与 Fabio Pammolli（2002）把生命科学产业和信息通讯产业进行对比分析，从网络角度分析了网络成长和网络中的企业成长，重点分析了网络联结（connectivity）与企业成长的关系①。

最后的核心概念是演化成长（evolutionary growth）②。企业的演化成长的概念提出体现了人们对企业成长的认识不断深化的过程。从不同的角度、不同的研究目的，企业的成长有着不同的内涵。在新古典经济学

---

① Massimo Riccaboni, Fabio Pammolli. On firm growth in networks, Research Policy, 2002(31): 1405-1416.

② 有研究文献将企业成长的机制分为内部成长机制、外部成长机制和网络成长机制（邬爱其，2007），本研究主要研究企业从通过内部资源、企业内部功能的向外扩张、企业与外部交易量的扩大等内部演化成长机制，其中网络化成长也视为内部成长的形态和路径。

中，企业被视为一种在投入约束下追求利润最大化的生产函数，企业成长被视为生产规模和市场销售的扩大。而在新制度经济学中，科斯从交易性质的角度出发，将企业成长视为企业科层规制对市场交易机制的替代，企业的成长就是企业对市场交易范围的扩大。张五常则进一步认为，企业的本质是要素市场契约替代产品市场契约的产物，企业的成长是要素市场与产品市场节约费用的函数。威廉姆森（Williamson）在有限理性和机会主义的行为的基础上，引入资产专用性、交易频率、不确定性等交易维度，认为企业是交易属性与不同治理结构相匹配的结果，因而，企业的成长是不同交易维度下防范机会主义行为而进行资产的纵向一体化的结果。以贝恩（Bain）、波特（Porter）为代表的哈佛学派的产业组织理论学者认为，企业是作为环境条件下的战略行动者，企业成长就是选择和调整战略以获取竞争优势的过程。彭罗斯（Penrose）、沃纳菲尔德（Wernerfield）、拉梅尔特（Rumelt）等从企业内部寻找和研究企业成长的原因，认为企业成长是基于内部的知识和能力的积累，是企业竞争优势和企业成长的源泉，企业的成长边界取决于企业能力的整合边界。

上述各种对企业成长的观点为研究企业成长提供了不同的视角和理论起点，但是，将企业成长内涵归于产量增加、企业边界扩张、契约的变化或扩展、资源知识的积累都只是揭示了企业变化成长的某一方面的内在属性和机理。

虽然企业成长理论体系未有统一的观点，但是企业成长包括内在的质和规模的量的变化是客观存在的现象。为刻画这种现象，人们借助演化分析概念，提出了演化成长的观点，正如Schoeffler（1955）所认为，“经济学家们从物理学借用数学工具，从分类学和化学借用分类系统知识，从宇宙学和机械学借用模型建构知识”。“演化”是生物学概念，包括了物种的发展和展开，是相对于突变而言的变化过程。除此之外，演化还涉及变异机制、自然选择机制和遗传机制。将演化的观点导入经济学分析的是凡勃伦（1919）的《经济学为什么不是演化科学》，这在静态的均衡分析基础上开创了内在的经济学演化分析范式，阿尔钦（1950）也在《不确定性、演化和经济理论》中提出了企业演化的思想。企业演化的核心概念是惯例，惯例对企业而言是“对于一切规制的和可以预测的企业行为方式……起着基因在生物演化中的作用，是有机体的持久的特点，并可以决定它可能有的行为”（纳尔逊和温特，1997），惯例含义是企业在企业活动情境之下，为执行企业行为的一种功能相似的行为序列的积累性概括，是企业程序性知识的集合（吴光飙，2004），企业惯例的主要特征包括了默会性、实践性、学习性和情境性。因此，基于演化理论的视角，企业演化成长的实质是企业内部惯例的复制、选择、保留和变异的过程。为解析这种企业演化成长的现象，Joachim Kaldasch（2012）从静态和动态的需求与供给的角度建立数理模型，提出了企业规模和成长的演化模型①。Cheng - Hua Tzeng（2011）以中国联想集团 1984 到 2008 年的成长过程为例，分析其从创业到成为大型企业集团的过程，提出了企业演化制度分析框架②。

由于演化成长难以识别和把握，人们研究企业演化成长往往过滤掉企业成长在性质方面的变异，仅仅从操作性定义的需要主要从量变的角度定义企业成长，比如销售扩大、盈利增加、人员数量增加；而其他反映企业演化的质的变化如技术创新能力、企业制度创新、流程优化、配置效率等被忽略掉，或被假定为一个不变的前提。所以现有文献普遍地使用销售增长额来度量企业成长（Weizimmer，1998；邬爱其，2007）。

总结起来，本书认为企业的成长的过程具有以下基本特征：首先，企业的成长不仅是规模的扩张，同时也伴随着企业的内在本质属性的变化，因而是一个演化成长的过程；其次，企业在演化成长的过程中，企业内在性质具有延续性和变异性，这种内在性质是企业惯例的表现形式，规定了企业演化成长的方向、路径和过程；最后，在网络环境中的企业演化成长受到网络结构、网络关系的影响。因此本研究中子公司演化成长的含义是子公司通过网络环境和内部资源整合和互动，企业持续地扩大自身的规模并且伴随着企业性质的变化、提升的动态过程，前者主要指子公司资产增加、规模增长等量的扩张和变动，而后者则是指企业组织形态、核心竞争能力提升、角色转换、技术效率等企业内在规定性变动。

---

① Joachim Kaldasch. Evolutionary model of the growth and size of firms. Physica A 2012 (391): 3751 - 3769.

② Cheng - Hua Tzeng. An evolutionary - institutional framework for the growth of an indigenous technology firms: The case of Lenovo computer, Technology in Society, 2011 (33): 212 - 222.

1.6 小　结

本章从实践和理论两个方面介绍了研究背景，在此基础上提出了本研究的命题，提出子公司的成长是“质”和“量”的演化成长，以网络嵌入理论来研究子公司的演化成长的机制，探求子公司网络嵌入是如何影响子公司演化成长的动因、方式和路径。最后，介绍了本书研究思路、研究内容、研究方法和期望的创新点。

第2章

子公司成长和网络嵌入理论综述

正如丹尼尔·A. 雷恩（1994）曾经指出的“跨国企业的概念是随着技术与市场机遇的变化而演进的”[①]，人们对子公司含义的认知、对子公司与母子公司关系的探求以及对子公司成长的研究是一个不断演进的过程。如前一章所述，本书的研究任务是研究网络嵌入的子公司演化成长的现象，即通过网络嵌入理论，以网络嵌入、网络嵌入关系来探讨分析子公司演化成长的内在机理。因此，有必要梳理有关子公司理论、网络嵌入理论和企业演化理论的历史逻辑，这也是本章的主要任务。文献综述是对研究问题的理论背景和价值的阐述，是分析和描述前人在这个领域已经完成的工作和创新点（李怀祖，2004）。根据本书的研究目标，本章文献综述包括两个部分：第一是子公司理论及其成长的理论，第二是网络理论和网络嵌入理论，然后在梳理、评述上述文献基础上，引导出研究的主题。

---

① 丹尼尔·A. 雷恩在其著作中考察了重商主义时代的跨国贸易公司如荷兰东印度公司、哈德逊湾公司贸易型跨国公司，并以20世纪轮胎和橡胶工业发展过程中，美国、英国、德国、法国、意大利等轮胎制造工厂、销售机构等跨国子公司的演变过程。丹尼尔·A. 雷恩著：《管理思想的演变》，中国社会科学出版社2002年版。

2.1
子公司成长理论发展

2.1.1　企业成长理论

事实上，管理学家很早就考察过企业的成长。著名管理学家小艾尔弗雷德·D. 钱德勒从企业史考察了企业成长，在一些早期著作中，钱德勒追溯了各种公司的历史，描述了美国大型企业历史的四个阶段：（1）资金的初步扩大和积累；（2）合理使用资金；（3）发展新的市场和行业，以帮助保证继续充分利用资金；（4）与成长的恢复相适应的“新型结构的发展”。对于不同的公司，这些阶段的起止时间也不相同，取决于技术状况和公司对市场机会做出反应、向市场投入资本的能力。19 世纪后半叶，许多大公司正在形成，这个时期就是钱德勒所说的第一阶段，即资本积累阶段①。

研究企业成长，首先一个前提就是认识企业的性质，只有认识企业的本质属性才能对企业的成长进行判断和分析。由于出于不同的研究目的和

---

①　钱德勒进一步说明了工业发展的两个方面以及它们出现的时期：（1）1879—1893 年的横向发展时期；（2）1898—1904 年的纵向发展时期。横向发展是在同一领域的制造商通过合并、联营以及（或者）托拉斯等联合起来以便在制造业中获得大规模经济的好处时发生的。石油、牛奶、糖、烟草、橡胶、酿造业等等方面的公司大概就属于这种情况。合并成更大的企业，就能使公司或者某些公司有可能会控制它们的市场取得财政上某些有利条件和降低生产费用。纵向发展时期是公司在生产进程中出现“后向”或“前向”运动时出现的。“后向”运动指的是寻求原料来源或供应者；“前向”运动意味着为自己的产品打开市场的销路。比如，一家炼油厂为了进行勘探、获得石油开采权、钻井以及修建通向炼油厂的输油管，就会出现“后向”运动；为了找到批发代理商或者为了建立它自己的零售站，就会出现“前向”运动。

当然，大规模生产和销售的成本优势也有其限度。但是，在钱德勒的论文里，对大规模生产的这种解释，说明了企业的成长和对管理等级体制的需求。组织化成功的关键，并不在于能力（生产及销售的潜在能力），而在于合理管理产量的水平。在雇员、材料、供应等方面必定存在一种流入生产产品（完成产量）的工厂的平稳流动。因此，也需要一种协调良好的体系，使产品（成品）通过销售渠道，到达消费者。钱德勒对组织成长的解释，对协作组织工作需要管理等级制的解释，都具有深远而重要的意义。回顾 19 世纪后半叶的美国，我们可以看到：炼钢、食糖加工以及粮食生产、谷物磨面、罐头制造、包装的新生产过程和其他进步如何促进了企业的成长。丹尼尔·A. 雷恩著：《管理思想的演变》，中国社会科学出版社 2002 年版，第 111 页。

研究视角，关于企业的观点众多，企业理论纷繁复杂，形成了所谓的企业理论“丛林”，力图对企业理论的“丛林”进行梳理和评价也是件不容易的事情。从企业成长理论发展的历史路径来看，企业成长主要从基于费用、基于资源能力、基于分工理论和基于企业成长阶段四方面来阐述。

（1）基于交易费用的企业成长

在新古典经济学分析框架中，企业内部功能和属性被忽略，企业成长的含义就是在成本约束下的生产规模的扩大，这种观点没有涉及企业性质，自然就不能深入研究企业成长的实质。科斯的交易费用理论开创了分析企业性质及其企业成长的先河，之后的代表人物有威廉姆森（Williamson）、克莱因（Klein）、哈特（Hart）和格罗斯曼（Grossmam）等人。交易费用理论从企业与市场的边界视角来研究企业成长，科斯（Coase，1937）认为企业是内部科层机制对市场机制的替代，企业成长的边界是市场交易费用和企业内部交易费用的均衡结果。张五常进一步认为企业的实质是要素市场对产品市场的替代，企业成长的边界是由两个市场均衡决定的。威廉姆森在有限理性和机会主义行为假设的基础上，引入资产专用性（asset specificity）、交易频率和不确定性等交易维度，认为应当将治理结构的选择是由不同交易属性与不同治理结构匹配所决定，以节约交易费用。对于资产专用性强、交易频率高和不确定性较高的交易应当进行内部化和一体化，实际上这就反映了企业的纵向一体化成长。哈特（Hart）不完全契约理论认为，在不完全契约条件下，企业成长的边界由产权决定。

（2）基于资源能力的企业成长

交易费用理论解释了企业和市场的边界，企业成长取决于企业内部管理费用和市场交易费用的大小，但却忽视了企业的在资源能力基础上的生产能力。企业资源和能力理论从全新的视角来分析企业的本质、企业竞争优势和企业成长，相关的研究主要有潘罗斯（Penrose，1959）、理查德森（Richardson，1972）、Wernerfilt（1984）、Barney（1986）、Prahalad 和 Hamel（1990）。潘罗斯在 1959 年《企业成长理论》中通过构建“企业资源—企业能力—企业成长”的分析框架，认为企业是在特定管理框架之内的一组资源的组合，企业成长是由于企业有效地协调其资源和管理职能的结果，是企业能力的增长和变化。企业的成长边界在于当企业规模达到这样一个极限，即无法有效地实现其管理的计划、组织、指挥、协调和控制职能的时候，企业也就不可能继续成长。Wernerfilt（1984）、Barney（1986）等资源学派将企业看作是有价值的、稀缺的、不易模仿的和不可替代的资源集合体，企业的成长过程实际上是企业获取、整合资源的过程。Prahalad 和 Hamel（1990）等企业能力学派的观点认为企业是“能力的独特集合体”，理查德森（Richardson，1972）扩展了潘罗斯的企业内在成长理论，认为能力是企业积累的知识、经历和技能。从企业能力的视角来看，企业成长活动可以分为互补性活动和相似性活动，企业之间互补性活动的能力交流和整合就规定了企业成长的内在机制。Prahalad 和 Hamel（1990）认为企业成长不是单纯归因于企业拥有的资源，而是核心能力，即组织中独特的、异质的、路径依赖的、不为外界获取和模仿的积累性知识，企业成长过程就是企业的能力积累和能力边界扩展的过程。

（3）基于分工的企业成长

基于分工的企业成长理论将企业视为分工演化的过程和产物。英国古典经济学家亚当·斯密（Adam Smith，1776）的“斯密定理”最早分析了企业分工与成长的关系，认为“分工由市场决定”，由于交换的需要劳动分工得以产生，市场范围的扩大会导致更大范围的分工，因而产生专业化协调的发展，推动企业的成长。马歇尔（1925）认为，企业之间、产业之间存在着与各自技能和知识相关的差异分工，这必然产生协调和整合问题，而且分工所具有的报酬递增会强化企业成长的愿望，基于分工的企业的生产和协调推动了企业的不断成长。斯蒂格里勒（Stigler，1976）探讨了企业功能的分解和专业化过程，认为企业开始承担着各种各样的功能，随着产业扩张，这些功能逐渐分离和分立出去，企业则通过垂直非一体化的方式进行专业化成长和发展。杨格（A. Young，1928）的经典文献“报酬递增与经济进步”中阐述了所谓杨格定理（Young Theorem），提出了“迂回生产方法”（roundabout production method），阐述生产的实质是间接生产的过程，企业通过迂回生产提高了生产效率，从而使企业活动的链条拉长，分工进一步发展。杨格定理强调“获取递增报酬依赖于分工的不断演进”，市场不但具有配置资源的功能，还具有创造的功能，即能够促进交换、刺激需求，企业的成长实际上是企业的自我分工的繁殖和发展。杨小凯和黄有光（2003）[①] 等人开创性地运用超边际分析框架，论证了企业的分工、专业化和企业协调网络的正效应，认为专业化生产组织力量来源于分工，分工的演进导致了信息分散化和信息不对称，必须通过内部和外部的市场竞争来限制由于信息不对称产生的机会主义行为，而其中的市场参与者则能够分享到专业化所创造的生产能力，并通过市场协调机制达到内生的交易成本的降低。企业的分工成长是一个演进过程，决定企业分工成长演进的是交易成本[②]。

（4）企业成长的阶段论

企业成长阶段论将企业看做具有萌芽、发展、繁荣和衰退的生命过程的有机体，企业成长应当从各个企业生命阶段进行研究和分析。将企业成长从生命过程进行阶段划分的企业成长阶段论最早是 Leavitt（1960）在《哈佛商业周刊》发表的论文提出，在文章中他将企业成长分为导入期、成长期、成熟期和衰退期四个阶段。20 世纪 70 年代，有学者进一步细分，将企业成长划分为孕育期、婴儿期、学步期、青春期、壮年期、稳定期、贵族期、官僚化早期、官僚期和死亡期等 10 个阶段，企业成长是企业活力和企业生命关系作用的过程（Ichak Adizes，1989）。日本学者腾芳诚一（1978）提出“蜕变理论”，认为蜕变使企业成长能力实现了质的飞跃，企业的成长是企业不断和反复蜕变的过程。在企业成长阶段理论中，比较有影响的是格雷纳（Greiner）的企业五阶段论、佛莱姆茨的企业七阶段论和爱迪恩的企业成长十阶段论，另外，理查德（Richad，1983）、列温（Kurt Lewin）、陈佳贵（1998）和席酉民（1997）等对此也作了深入的研究。其中最具代表性的是哈佛大学教授 Greiner（1972）的企业生命周期五阶段理论，他在“组织成长的演变和变革”中提出企业成长过程可分解为进化和变革，其中进化是渐进的变化方式，变革意味着重大的变化；企业成长可分为创业、规范成长、分权、协调和合作五个生命周期

---

① 杨小凯等著：《新兴古典经济学与超边际分析》，社会科学出版社 2003 年版。

② 毛蕴诗等（2005）在企业成长和能力演进的理论框架指导下，对中国海尔、TCL 等大量企业成长方式进行了实地调研和深度访谈，并按照规范的案例研究方法对其进行了提炼和归纳，最终总结出对我国企业成长有益的启示和发现。毛蕴诗等：《中国优秀企业成长与能力演进：基于案例的研究》，中国财政经济出版社 2005 年版。江积海（2007）构建了“知识传导—动态能力—后发企业成长”的成长模型，研究知识流动和能力演化及其对企业成长的影响。江积海：《动态能力与企业成长》，经济管理出版社 2007 年版。

阶段，其中各个阶段都包含了一段相对稳定的进化成长期。在创业阶段，企业的成长主要表现为企业用产品来扩展生存空间，企业高速发展，到了高速发展带来企业危机的时候，企业为解决危机将通过制度等来规范企业成长。当制度对企业内部产生束缚和内部自主性积累到一定的时候，企业进入通过建立利润中心、费用中心、技术中心和投资中心等事业部、子公司等自主的分权发展阶段，从而使企业进入高速发展阶段。企业分权高速发展可能蕴含着失控，协调发展阶段是企业在分权时注意制约和协调，合作发展阶段是企业通过增强企业之间的信任和横向交流和合作，寻求企业控制和分权的平衡中的企业成长。

2.1.2　子公司成因理论

为探讨子公司演化成长的机制，需要梳理子公司产生动因理论和子公司发展理论，具体如下：

(1) 子公司产生动因理论

子公司作为母公司跨国界或跨区域经营的企业扩张的组织形式，对其研究最早是从动因开始的。对于跨国投资和跨国公司子公司产生的原因，有着众多的理论研究，主要包括：

垄断优势理论。海默（H. Hymer，1960）的垄断优势理论发现子公司的投资与市场不完善、与垄断的工业部门相关。海默认为，一个企业之所以要对外直接投资、形成国外分支机构能够与当地企业进行有效的竞争，并能长期生存和发展下去，是因为它有比东道国同类企业有利的垄断优势，这些优势包括了生产技术、管理与组织技能等无形资产在内的资产优势，也包括了生产规模优势。

地理区位差异理论。地理区位差异理论的代表人是索思阿德（Southard，1953），他认为，地理区位上的差异导致生产要素、市场规模、市场资源的差异是跨国子公司产生的原因，跨国公司为获取不同地理区域的生产要素，或者为了拓展市场销售区域，将从全球战略角度建构企业组织，从而产生了跨国公司。

产品生命周期理论。维农（Vernon，1966）从产品寿命周期阶段的变化入手，认为国际市场需求是不平衡成长的，企业的产品生产地域也会随产品的寿命周期的变化而从一个国家转移到另外一个国家，不同的生命周期阶段的产品，为满足处于不同阶段的市场需求，寻求最佳区位优势，因而产生对外直接投资，产生跨国公司及其子公司。

跨国公司内部化理论。自科斯的企业理论出现后，巴特利（Buckley，1976）和拉格曼（Rugman，1981）以科斯企业理论为基础，认为跨国公司的出现是内部化市场的结果。1976 年，邓宁（Dunning）折中产业组织理论、企业理论和金融理论，认为跨国公司的出现是企业所有权优势、内部化优势和区位优势共同驱动的结果。

边际产业转移理论。日本小岛清（1987）提出解释跨国公司出现的小岛清模型，认为跨国公司的出现是一国内趋于劣势的边际产业依次向外转移的结果。

（2）发展中国家的对外跨国子公司的研究

由于发展中国家的跨国公司与发达国家跨国公司在内部优势等方面的差异，其子公司海外成长具有很大的差异，对于发展中国家海外子公司动机的解释，主要包括以下观点：

第一，小规模技术的优势。哈佛大学刘易斯·威尔斯（1983）的“小规模技术理论”认为，发展中国家的企业拥有为小市场服务的生产技术，这些技术具有劳动密集型的特征，成本较低，灵活性较高，特别适合小批量生产，能够满足低收入国家制成品市场的需要，发达国家跨国公司拥有的大规模生产技术在这种市场无法获得规模效益。发展中国家商品市场的一个普遍特征是需求量有限，大规模生产技术无法从这种小市场需求中获得规模效益，许多发展中国家正是开发了满足小市场需求的生产技术而获得竞争优势，发展中国家海外子公司成长的优势在于拥有满足小市场需求的小规模生产技术、产品的特殊性和采购的当地化以及低价的销售策略；而且发展中国家对外投资主要是为服务于国外同一种族团体的需要而建立。

第二，本地技术变革的特定优势。拉奥（Sanjaya Lall，1983）提出了本地技术变革理论，认为发展中国家跨国公司的技术特征集中在规模小、技术标准化和劳动密集等方面，但这些技术的形成还是包含了企业内在的创新活动，从而形成了公司的特定优势。因此发展中国家对外投资成立海外公司的原因在于容易本地化的技术和知识、和同类型国家产品市场的相似性、小规模技术效应。

第三，技术创新产业升级。20 世纪 80 年代以后，随着发展中国家海外子公司数量加速增长的趋势，如何解释这种现象成为跨国公司理论面临的挑战。坎特维尔和托兰提诺（Cantwell and Tolentino，1990）提出了技术创新产业升级理论，认为发展中国家和发达国家一样，技术创新仍然是海外子公司出现和发展的根本原因，与发达国家相比，发展中国家企业的技术积累是建立在引进外国技术基础上的学习和吸收，并随着"特有的学习经验"进行自主创新而获得技术创新的优势。在海外子公司成长的产业方面，发展中国家海外子公司首先是以自然资源开发为主的纵向一体化生产投资，然后以进口替代和出口导向为主的横向一体化生产投资活动，从海外地理扩张看，海外子公司遵循"周边国家—发展中国家—发达国家"的"心理距离"规律。

（3）母子公司出现成因

在我国，企业集团是母子公司的主要表现形态。企业集团是经济体制改革的产物，出现于 20 世纪 80 年代中期，是指在广泛的经济联合的基础上，企业之间以资金、产品、生产协作、技术开发、销售服务等为纽带，形成的多层次的经济联合体①。企业集团本身不是一个独立的经济法人，而是企业之间的联合关系，其中最重要的是集团母公司和子公司、分公司的关系，集团公司是核心公司，即母公司。对于企业集团（母子公司）成因，从一般层面上解释，认为集团公司的成因主要是多元化经营、规模经济、范围经济、资源共享等的驱动所形成的；而从母子公司的形成的内在机理的方面解释，主要以交易费用理论和企业的资源观分析框架来进行分析和探讨，具体包括如下的研究：

---

① 在企业集团的研究中，日本的相关研究具有典型性，《有斐阁经济词典》、日本大阪市立大学经济研究所编的《经济学词典》、《MIT 日本经济百科全书》等对"企业集团"进行了定义，虽然有所不同，但是这些定义强调两点，一是企业集团是通过相互持股、技术协作、人员派遣、合作协议等手段形成的，二是企业集团不是单独的企业法人，而是一种企业群体或企业集中形态。在中国有关企业集团的第一个文件是 1987 年国家经济体制改革委员会和国家经济委员会联合发布的《关于组建和发展企业集团的几点意见》。1991 年 12 月国务院批准的国家计委、国家体改委、国务院生产办联合署名提出的《关于选择一批大型企业集团进行试点请示》中对企业集团的含义规定：企业集团必须有一个集团核心企业，除核心企业之外，必须有紧密层企业、半紧密层企业和松散企业，核心企业和这些企业通过资产联结纽带，所有企业各自都具有法人资格。

第一，交易费用理论的解释。对于母子公司成因的分析，最具有代表性的是以交易费用视角进行的研究。交易费用理论的出现，推动了母子公司理论分析范式的转换。从而母子公司的成立、母子公司的边界、规模等，都围绕降低交易费用、使得交易费用最低的逻辑展开，什么样的母子公司关系及其结构使得交易费用最低，那么这种母子公司关系就得以确立，并达到一种稳态的平衡。巴克利和卡森（buckley & casson，1976）最早运用以科斯和威廉姆森为代表的交易费用理论分析母子公司形成的原因。提斯（Teece，1981）运用交易费用理论分析框架，一方面，认为母子公司是典型的中间产品、知识和资本市场内部化的结果，也是内部交易费用和外部交易费用比较的结果。另一方面，知识产品的市场失效所导致的内部化，往往会形成水平一体化的母子公司关系，可以降低或避免签约成本和履约成本而提高效率。

国内有代表性的研究成果是徐金发（1992）的著作《企业集团成因论》[①]，他认为按照交易费用理论，企业的交易成本是企业边界的决定性因素，当市场交易费用大于企业内部治理成本，企业的边界将会对外扩张，由于母子公司可以视为市场内部化替代机制，当形成母子公司关系时这种内部化的治理成本，比通过外部市场交易费用较为节约，则会形成母子公司结构。该文献还特别针对垂直一体化的企业集团的母子公司关系进行了深入理论和案例的阐述，指出交易频率、资产专用性、不确定性等因素对我国企业集团和母子公司关系形成起决定作用。

第二，企业资源观理论的解释。企业资源观理论认为，企业是独特的有形资源和无形资源的集合体，资源的差异性和企业利用资源的独特方式是企业形成竞争优势的基础。在企业的整个资源体系中，知识被认为是最有价值的战略性资源。知识载体于个体并专业化于某一特定领域。企业的分工协作实际上是知识的分工协作，以实现创造企业价值的目标。有效的生产要求某一制度安排能起到协调个人知识的功能。然而，市场在协调过程中会因知识的隐含性和不可分割性等原因而失效。企业作为一种生产产品和服务的制度安排便出现了。上述观点也被扩展运用到母子公司的形成原因分析，其中最有代表性的是科格特和赞德（Kogut & Zander，1993）二位学者，他们认为母子公司这种组织形式可以更为有效地转移知识，也

① 徐金发著：《企业集团成因论》，同济大学出版社 1992 年版。

就是说母公司可以通过这种形式把其独特的知识转移给子公司，并创造价值。

随着研究视角进一步拓展，企业不仅是一种交易市场关系，而且这种交易市场关系是嵌入到交易关系、社会关系之中；企业之间的关系不仅仅仅是内部化或市场交易关系，还存在着信任、情感等社会关系。但是，上述研究对于社会网络中的母子公司关系的成因没有涉及，同时也没有研究母子公司关系的动态演化过程。

2.1.3　子公司成长研究

子公司成长研究经历了子公司从属于母公司的母子公司关系的研究、子公司成为研究焦点的子公司角色研究、子公司角色演化研究等三个阶段①。

（1）母子公司关系研究

自20世纪80年代以来，以跨国公司海外子公司为中心的母子公司研究成为一个热点问题。Las Otterbeck（1981）的《跨国公司母子关系管理》是最早的文献之一，他的研究集中于跨国公司的母子关系上，子公司从属于母公司没有独立成为研究的焦点，因而也不可能研究子公司的成长。例如母子公司研究的“战略—结构学派”认为，公司战略决定母子公司的关系结构，如图2.1，HQ是母公司，HS和SS

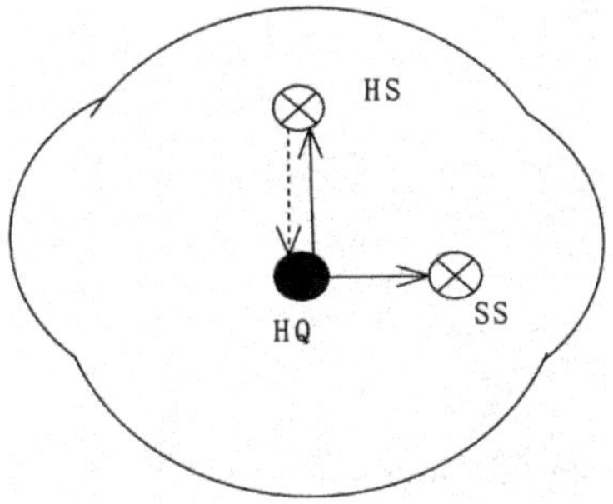

图2.1　“战略—结构”学派母子公司关系

① 1986年巴特利特（Bartlett）和戈夏尔（Ghoshal）开创性地提出了海外子公司角色理论，将研究的进行研究。1997年，美国学者波金绍（Julian Birkinshaw）和福德（Neil Hood）在总结大量子公司理论基础上，把各种研究大致分为三大学派，即母子公司关系学派、子公司角色学派、子公司发展学派。2001年波金绍（Julian Birkinshaw）对子公司理论研究按时间发展的维度进行总结和划分，把子公司理论研究划分为国际时期、全球时期、跨国时期、内部市场时期4个时期，相应地子公司的理论研究划分为战略—结构流派、母子公司关系学派、子公司角色流派、子公司发展流派五个阶段。

是子公司，在这个母子公司关系中，母子公司的战略地位是不平衡的，母公司是中心导向型的，其子公司局限于当地的生产和营销，没有其他的职能和自治权，母子公司治理遵循科层等级制度，子公司完全按母公司行政指示行事，而母公司无须考虑子公司的意愿和反对。

（2）子公司角色发展研究

随着跨国公司海外子公司地位的提升，研究子公司角色逐渐受到重视。早期子公司角色研究主要是根据一定的分类逻辑进行划分子公司角色，站在母公司或 MNC 整体层次上进行分类，之后开始以子公司为研究焦点，研究子公司在整个 MNC 中扮演的战略角色。1986 年巴特利特（Bartlett）和戈夏尔（Ghoshal）提出了海外子公司角色理论，开创了对海外子公司角色的研究，研究也从总部视角到子公司视角转变。关于角色的研究从不同的研究视角、为了不同的目标对子公司充当的角色进行分类，主要的角色研究包括以下几种：

Bartlett 和 Ghoshal（1989）根据 MNC 子公司所在东道国“当地环境的战略重要性”与“当地能力和资源水平”将子公司分成战略领导者、贡献者、黑洞与执行者四种类型，认为 MNC 通过这四种不同类型的子公司达到跨国组织的全球目标布局。

Jarillo 和 Martinez（1990）依据“子公司与 MNC 中其子公司整合程度”与“活动的当地化程度”两个维度，将 MNC 子公司划分为积极型、自主型、接受型三种。

Gupta 和 Govindarajan（1991）根据跨国公司知识流入程度和知识流出程度的高低，将子公司分为四种类型：全球创新者、整合实践者、本地创新者、任务执行者。

Taggart（1998）以“子公司与 MNC 整合程度”及“子公司当地响应程度”作为划分的两个维度，将 MNC 子公司分为四种类型：积极型（active）、自主型（autonomous）、接受型（receptive）与静止型（quiescent）。

赵景华（2001）依据战略动机，将 MNC 子公司分为资源获取型、生产基地型、销售市场开拓型。杨桂菊（2004）根据子公司与内、外部网络组织的资源交易关系为标准，将子公司分成三种不同的网络组织类型。

以上研究虽然目的不同，分类标准各异，但在子公司角色的划分上基本是以子公司行动的外在表现为标准，子公司作为独立的研究对象成为研究的焦点。

（3）子公司角色演化研究

子公司角色演化研究主要从子公司在企业集团或母子公司关系的基础上，研究子公司在跨国公司或集团公司内部的作用变化、地位转换、角色变化的路径和动因等。

子公司委托自主权生命周期的观点。Birkinshaw（1996）从子公司委托的自主权变化的周期来分析子公司角色的演化情形。子公司委托自主权指的是子公司受母公司委托的、可以自主承担的市场、产品等职权和职能，他认为子公司自主权随着企业生命周期分为委托自主权的取得、委托自主权发展和委托自主权的消失等三个生命周期阶段。在委托自主权的取得阶段，母公司从战略出发，将市场开发、产品制造等某一职责许可予子公司承担，子公司获得相关许可承担相关角色；子公司进入委托自主权发展阶段，相关的产品制造、市场开发、职能任务等方面扩展和扩张，或者重新获得、定义子公司的角色。在委托自主权的消失阶段，主要是通过分离新业务单元、并购等方式，子公司角色被剥离。以上三个阶段构成了子公司技术演化的路径。

子公司角色成长"能力—特许"模型理论。最有代表性的研究是Birkinshaw 和 Hood[①]（1998）的子公司角色演化的"能力—特许"模型（见图 2.2），能力是指企业组织过程、开发和利用资源以达到企业目标的能力，特许是母公司授予子公司的并由子公司实施或负责的市场服务、产品制造、技术开发等职能或其组合。该分析框架将子公司演化与能力（competence）和特许（charter）相联系，基本出发点是子公司资源和能力的积累导致子公司委托自主权的扩大和缩小，并提出五种子公司演化模式，即：①PDI：母公司驱动的投资（parent - driven investment）。母公司的特许扩大导致子公司能力的提升。②SDE：子公司驱动的特许扩展（subsidiary - driven charter extension）。子公司能力的提升导致特许的扩大。③SDR（subsidiary - driven charter reinforcement）：子公司驱动的特许

---

① 参见 Birkinshaw，J. and N. Hood. Multinational subsidiary evolution and subsidiary development. London. Macmillan Press Inc. 1998.

增强。④PDD（parent - driven divestment）：母公司驱动的撤资，这一过程与 PDI 相对，是特许的撤销导致能力的衰退。⑤ASN（atrophy through subsidiary neglect）：子公司忽略导致的衰退（如图 2.2）。这一过程与 SDE 和 SDR 相对，是能力的下降并最终导致特许的消失。

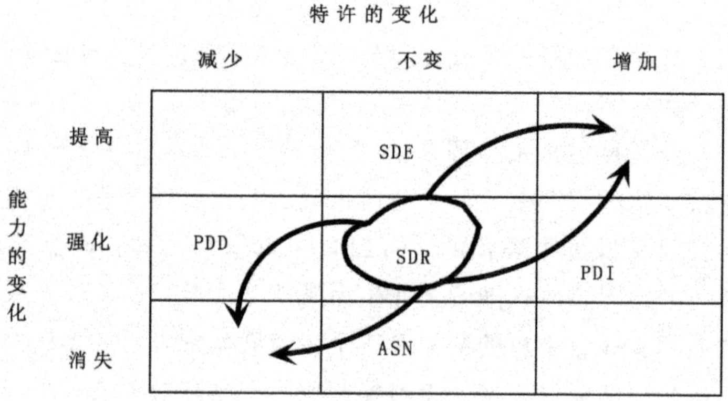

图 2.2 网络嵌入组织的演化

从子公司角色演化的动因分析来看，Birkinshaw（1998）归纳出了子公司角色的变化是由总部指派、子公司选择和当地环境的三种机制作用的观点。总部指派的观点认为，子公司的战略由母公司决定，子公司的角色由母公司从整个公司整体战略的需要制定，以满足整体战略利益的需要，因此子公司角色、地位完全由母公司指派，并影响着子公司角色的转换、演化（Birkinshaw，1995；Ghoshal，1986；Gupta，1994）。子公司选择演化观认为，子公司角色不是母公司单方面指定的结果，子公司比母公司更了解当地市场及其自身资源能力，子公司能够和更适合决定自身的资源、能力的配置，从而决定子公司的角色及其变化（Birkinshaw，1995；Roth & Morrison，1992）。环境决定的观点认为，子公司角色决定及其演化方式、路径，环境的重要性、复杂程度等环境特征是决定性因素（Bartlett & Ghoshal，1990）。子公司所在环境的区位、资源、市场竞争、政府机构和商业环境，成为子公司角色的决定和变化的控制变量（Ghoshal & Nohria，1990；Westney，1994）。

薛求知、罗来军（2006）通过生命周期以及各个阶段的二重特征来揭示合资子公司的一般演化路径，从母公司的战略视角出发，分析母公司如何进行保持合资和规模扩张、转为独资或撤资等战略决策，揭示由此导致的不同演化路径[①]。此外赵景华（2001）认为，子公司在跨国公司网络内部成长与发展，主要是完成资源的配置和重新分配的过程。子公司与母公司和其他子公司进行着资源的交互输出与输入，在交互成长的过程中进行着资源的共享与竞争。影响子公司成长的外部机制主要是东道国的环境因素的作用机制，子公司的成长与发展要适应复杂动态的外部环境。子公司的成长与发展的特殊机制确定了子公司的角色并使子公司的角色不断地发生演进；子公司的战略选择要与子公司的角色相协同，并可寻求跨国公司网络内部的资源和优势。杨桂菊（2004）引入子公司网络资本的概念，构建了基于“网络位置”与“嵌入性网络资源”两个维度的子公司网络资本的分析框架，认为子公司角色演化的实质就是子公司在网络利益最大化动机驱使下，复制与重构网络关系，增加网络资本，积累资源与能力，调整自身在网络中位置的过程。

2.2 网络理论及其网络嵌入性理论

子公司与母公司之间、子公司和其他企业之间的关系不断向网络关系发展（许强，陈劲，2001）。因此有必要回顾网络理论。自从泰勒提出科学管理理论后，与法约尔一般管理理论、韦伯的科层组织理论，构成了企业管理的“权威主义范式”，这种范式的组织形成具有明显的纵向特征，一是以权威为核心的金字塔形状的组织机构；二是企业内部资源配置和流动受纵向科层制约；三是组织信息以纵向流动为主。自 20 世纪开始的企业归核（re - focusing）战略影响下的纵向非一体化（vertical - disintegration），企业内部的科层组织关系，权威范式下的企业管理被市场化、网络化的关系替代。

在实践发展中，母子公司结构是遵循了环境、结构和行为的逻辑范式

① 该文是以合资公司资本投入、扩张和撤资等资本性来阐述子公司的演化的。薛求知、罗来军：“合资子公司的演化路径”，《开放导报》2006 年第 4 期，第 59 - 63 页。

的，具体而言，在外部社会、经济和技术等环境作用下，母子公司结构不断地从科层结构组织向网络化结构演化发展，并不断整合网络资源、调整企业行为，以达到竞争优势最大化。Perlmutter（1969）提出的跨国公司全球观最早将跨国公司视为网络组织，自从 Bartlett & Ghosal 在 1989 年将跨国公司视为网络结构组织后，研究发现子公司在跨国公司网络中的地位越来越突出，更多地将网络理论运用于子公司和母公司关系、子公司战略、子公司角色等研究。

2.2.1 网络理论

（1）网络含义

1934 年美国社会心理学家莫雷诺（Moreno）首先运用网络概念分析小群体行为开创了网络研究的基础，20 世纪 50 年代，网络概念主要用于分析不同社会群体的跨界联系，80 年代网络分析被广泛地运用于不同社会群体、社会组织的群体的交互关系及其特征的研究。企业网络组织形成有着其特定的社会、经济、文化和技术背景，随着知识社会、信息技术的到来，经济交易关系的演进，关于合作竞争、利益相关者理论、柔性创新等思想，也极大地促进了网络组织的形成和发展。

迄今没有一个得到一致公认的网络定义，不同的学者，基于不同的研究目的、不同的研究视角，对网络进行了各种各样的定义和分类，这造就了网络术语的“丛林”①。网络是个多层次的概念（Zahra，Gerard & Garvis，1999），也有从不同的视角进行对网络分类，例如技术网络（technological network）（Hakansson，1987，1989）、地区网络（Christenssen，1990；Dicken，1992；Amin，1993）、社会网络（Granovetter，1973，1985；Ahrne，1994）、商业网络（Hakansson & Johanson，1985；Thorelli，1986）等。

网络指企业或个人之间的社会关系（Scott，1991），学者们从不同的维度界定网络组织：第一是经济维度，网络组织是一种超越市场与企业的组织形态；第二是历史维度，网络组织是各成员之间基于信任、认同和互惠等组成的长期关系系统；第三是认知维度，网络组织是集体学习的过

① 具体可以参见 Nojria，N，and R. G. Eccles. Network and organizations. Harvard Business School Press. 1993.

程；第四是规范维度，网络是成员的义务和责任的一套规则综合（贾根良，1998；林竞君，2005）。总之，网络组织是一个由活性结点及结点之间的联结方式与沟通方式构成的具有网络结构的整体系统[①]。结合上述网络界定，本书总体上将网络组织定义为通过各种企业间或企业与非企业之间的正式关系和非正式关系的所形成的组织形态，其中正式关系主要指企业间的参股、契约、联盟等商业关系；非正式关系指企业之间、企业与非企业之间的信任、共享等社会关系。

（2）网络组织特征

从已有网络定义来看，网络组织的特征含义可以从以下几个方面理解：

第一，网络组织是超市场的组织，它的组织成员通过一定的模式结成一定的超组织的、超市场的组织模式。这种超市场关系表明，网络成员关系不仅仅是单纯的、偶发的、随机的市场交易关系，还可能存在一种超越市场的股权融合关系，或者长期的联盟契约。这种超市场关系，有利于抑制企业之间信息不对称导致的各种机会主义行为，降低了交易成本，所以，从企业是一种企业内部机制对市场机制的替代，或者是企业内部要素市场对外部产品企业市场的替代的理论视角看，网络组织是一种超市场的创新组织形态。

第二，网络组织具有活性。网络组织活性指的是组织成员具有有机生态的自组织活性，表现在网络组织成员的自决策、自适应、自学习等活性。自决策表明网络组织成员有自己独立的利益函数，围绕着核心利益目标，能够独立地进行自己的选择和决策。而自学习和自适应，表明网络组织成员可以不断地在一种动态的环境中，不断地调整自己在网络组织结构中的位置、关系和亲密程度，求得在环境和自己资源条件约束下的目标函数最优化。从长期来看这种网络组织成员的自学习、自适应，也会引致网络组织整体具有动态性和演化性，因为随着个体网络组

① 关于网络与网络组织的含义，李维安在《网络组织——组织发展新趋势》（经济科学出版社 2003 年版，第 79 页）中对组织网络、网络化组织、组织间网络化、网络组织等进行了区分，并在此基础上把网络组织定义为“一个由活性结点的网络联结构成的有机的组织系统”。刘东在《企业网络论》一书（中国人民大学出版社 2003 年版第 13 页）中区分了广义和狭义上的企业网络，定义强调网络实际上是一种契约和制度安排。

织成员的规模和性质的变化，以及与其他网络成员的联结关系的变化，整体网络组织内部关系和外部关系、网络边界和网络资源及其整合机制都将发生变化和演化。

第三，网络组织还存在着竞争合作性。网络组织构成是网络成员通过互补而且不相似的行动组成的，网络组织成员自利性、有限理性和不完全契约，导致了网络成员之间的竞争性。不仅如此，网络成员还共享网络声誉和对公共资源进行互补性的专业化协作利用，因此，网络组织又具有合作特征，还会通过网络合作，建立利益共享、风险共担的竞争和协作的新型关系。

第四，网络组织边界具有模糊性、渗透性。从资产专用性视角来看，当资产专用性程度比较高的时候，企业内部化可以降低由于“敲竹杠”导致的较高交易费用，当资产专用性比较低的时候，市场交易效率比较高，而当资产专用性程度处于二者之间时候，网络组织比较有效。因此，资产专用性成为网络组织边界的决定因素之一。契约联盟、战略联盟等网络治理机制，本质上是边界模糊的企业组织形式，网络组织边界与市场边界模糊性也使得网络之间要素、知识的更容易渗透和流动。

(3) 网络组织的分类

上述文献表明，根据不同的分类逻辑，能够对网络组织进行不同的分类，国内外学者根据网络组织结点性质与联结方式的将网络组织氛围以下类型（见表 2. 1）。

表 2. 1　　网络组织模式分类

结点及其性质	联结方式	网络组织
同质、不同质的企业	股权	战略联盟
不同质、企业部门、子公司	股权、控制	网络化运行母子公司
同质、不同质的中小企业	契约、信任	小企业网络
企业和研究机构等	契约、信任	创新网络
不同质、企业和顾客	契约、信任	供应链
虚拟结点	契约、信任	虚拟组织

资料来源：李维安著《网络组织：组织发展新趋势》，经济科学出版社 2003 年版，第 85 页。

根据网络联结方式可以分为股权式联结、契约式联结和信任（社会关系）联结，这样形成的网络组织包括战略联盟、母子公司网络、小企业网络、创新网络和供应链、虚拟组织等。

按网络节点性质和网络联结关系，网络组织可以分为三个层次：一是一级网络，指企业与企业之间的网络；二是二级网络，指企业与政府机构、中介机构等非企业之间的网络；三是三级网络，指政府、中介组织等非企业之间的网络。

根据网络联结强度，Snow（1992）、Weick（1982）和 Powell（1990）将网络组织分为三类：内部网络组织、稳定的网络组织和动态的网络组织。内部网络组织由企业不同的内部业务单元组成，稳定网络组织是由缔结长期的关系构成的网络组织，而动态网络组织是许多临时的企业或非企业组成的网络组织。

2.2.2　网络组织的产生原因

网络组织是一定历史阶段的产物，网络组织产生的原因可以从外部和内部两个方面来分析。经济全球化、技术进步和知识经济的兴起是网络组织产生的外部原因。

（1）外部原因

①经济全球化和区域经济一体化。各个国家市场需求、产业结构、要素禀赋和国家治理是不平衡的，因此，为满足全球市场、获取、整合和利用全球要素禀赋等以实现商品生产和销售，这是跨国公司产生和发展的必要基础。20 世纪 90 年代以来，随着经济全球化、一体化的加速发展，跨国公司企业将生产价值链配置于不同的国家或区域，通过横向的网络协作关系，替代原来纵向一体化的企业价值链，推动跨国公司全球化生产的深化。

②技术进步提供网络组织生成的技术平台。信息技术、互联网技术等，为促进企业之间的信息流、资金流等提供新的技术手段，因此企业之间可能在技术支撑的条件下，将原来内部化或市场化的治理方式，通过网络治理来实现，从而使企业优化资源配置，提高企业核心竞争能力。

③知识经济促进新经济组织产生的条件。知识经济时代的技术变迁迅速，市场需求变化加快，要求企业的自我适应、自我学习的能力，以及规

避风险的能力更加高，要求企业的柔性和横向决策等组织特性更加突出，这成为网络组织出现的加速外因。

（2）内部原因

除了上述经济、技术和社会等宏观原因之外，驱动网络组织生成的内部因素最主要的就是企业本身为获取网络利益。波特（Porter，1987）认为企业网络组织成因主要是“降低成本、规模经济、节约开发成本”，Oliver（1990）认为是“降低交易成本、增加组织效率”，开曼（Kannan，1992）认为是“获取个别厂商无法独立获取的资源创造价值”，李维安（2003）则认为网络组织的产生是为了“获取竞争优势”，这些主要观点归纳起来，网络组织产生的内部原因主要包括以下几方面：

①获取竞争优势。网络组织的形成和构建是一种组织创新，当然会产生组织创新租金。企业通过和与自己具有共同利益的企业组建网络组织，通过网络分工协作而发挥分工细化和规模优势，获取差异化的组织的网络关系租金，提高竞争力，获得竞争优势。

②资源互补共享。现代企业生产方式是建立在迂回分工与协作基础上的产业链、产业集聚的生产方式，互补性的企业参与和通过网络关系形成的网络组织的意义和必要性更为显著。网络成员之间的信息、知识等互补性资源通过网络联系，实现网络共享效应。当然，这种网络组织成员的资源共享是由网络组织之间的关系属性所决定的，网络成员在网络中的中心性和中介性程度、网络资源的差异性和多元性，影响着资源互补共享的程度；此外，嵌入关系也影响着网络结构的总体特征和资源共享的可达性和持续性，网络组织成员通过股权参与、战略联盟的联结形式互补和共享的程度要更高。

③创造协同效应。对于网络组织来说，协同效应是由于网络成员分工协调产生各种协同效应，网络组织可能在生产协同、市场协同、技术协同等方面进行分工协作，产生协同效应。

④风险分散。随着现代企业面临的社会、经济和技术环境的不确定性和复杂性提高，单个企业原来承担的风险，通过网络组织的合作关系可以在网络组织中得到分散。

⑤市场拓展。传统企业扩大规模的途径一般是通过自身的外延或市场收购的方式拓展市场，网络组织的出现为市场拓展开创了一条通过商业网

络之外还通过社会网络、信任、合作共享的联系机制的市场拓展途径，使得网络组织更具开放性、虚拟性和无边界性。

事实上，对于网络组织产生和存在的内在机理，人们尝试着从分工理论、交易费用理论和企业能力理论等角度进行解释。

①企业分工与专业化的解释。亚当・斯密、马克思等人认为分工带来的专业化是提高劳动生产率的最为重要的原因。斯密将分工分为三种：企业内分工、企业间分工与产业分工或社会分工。企业间分工即企业间劳动和生产的专业化，实质上就是企业网络组织的理论依据，分工使得网络组织具有无论是单个企业还是整个市场都无法具备的效率优势。企业内过细的分工可能导致规模过大、组织管理成本过高等一系列的“大企业病”；纯粹的市场分工又使得企业间的交易成本过高；企业间信任程度也成为制约企业间长期合作关系的障碍。网络组织保证了分工与专业化的效率机制，与此同时还能将这种分工与专业化深化下去，使得分工与合作的关系在更大范围内扩大和加深，反过来又促进了网络组织的深度发展。

②交易费用理论的解释。制度经济学将导入交易作为基本的分析单位[①]，以交易为基本概念和分析方法的科斯的企业理论的一个结论是，为了节约市场交易的费用而形成企业，把市场交易转移到企业内部，当企业扩大到一定程度，在企业内部进行一次交易的费用等于同样的交易在市场上完成的费用，由此出现了企业的边界问题。威廉姆森和克莱因

① 最早将交易（transaction）作为基本分析的学者是制度经济学家康芒斯（J. Commons）。康芒斯在 1934 年发表的经典之作《制度经济学》一书中，“交易”不仅仅是简单的物品或劳务的双边转移，而且是社会生活中人与人之间的关系，是所有权的转移，并将“交易”视为人类经济活动的基本单位，也是制度经济学的基本分析单位。康芒斯虽然看到了权利在人与人之间分配与转让的实质，却没有将其与资源配置联系起来。在继承康芒斯思路的基础上，科斯的关于交易费用的理论思想是在对企业性质的研究中展开的，从资源配置效率的角度深化了交易本身的内涵，论证了交易活动的必然性和企业制度的稀缺性，科斯认为企业的引入基本上是由于市场运行成本的存在，企业将倾向于扩张，直到在企业内部组织一笔额外交易的成本，等于通过公开市场上完成同一笔交易的成本或在另一个企业中组织同样交易的成本为止。交易无论是在企业内部通过等级制来组织，还是在企业之间通过市场自发地进行，都是一种决策变量。科斯将契约作为交易的架构，把组织问题视为契约问题，从契约角度认识交易费用来看，显然是科斯使经济学从零交易费用的新古典理论世界走向了正交易费用的现实世界，从而使经济学能够更好地解释实际运行中的经济活动。遵循着康芒斯和科斯的理论思路，威廉姆森将交易作为经济分析的基本单位，认为交易是通过契约进行的，特别是从交易的资产专用性、不确定性、交易频率等维度分析了交易的特性。在威廉姆森看来，经济组织的主要目的和作用在于节约交易费用，从而根据交易费用的高低设计出了不同的企业治理结构。循着康芒斯的理论传统和科斯的理论逻辑，威廉姆森从交易的维度对“交易”作出了进一步的细化，使交易的经济分析更具可操作性。

等人针对科斯的企业理论进行了深入研究，为区别新古典经济学的“经济人”，提出了“契约人”的概念，并将之作为经济组织研究的出发点，在此基础上，他们把交易费用的决定因素归纳为两个方面：首先，契约人的行为假设，即契约人面对外界不确定性、复杂性时有限理性的假设与机会主义行为倾向假设。其次，交易过程的三个维度的特性：资产专用性、交易的不确定性及交易频率。这两组因素导致交易活动的不确定性和复杂性，使交易费用增加，这样使某种制度安排和交易方式的选择成为必要，根据资产专用性、交易的不确定性和交易频率，企业的治理机制有市场治理、企业内部治理和二者之间的治理机制——网络治理，因此网络组织应运而生。

③企业能力理论的解释。企业能力理论认为企业是资源、能力和知识的集合体，强调企业内部条件对企业竞争优势的决定性作用，企业内部资源、能力和知识的积累是企业获得超额利润和保持竞争优势的关键。企业能力理论为网络组织作出了新的解释。企业活动包括了在企业内部从事的“相似性活动”，互补性活动则通过不同能力之间的企业进行整合和交流来实现。企业在市场竞争中需要彼此互异的核心能力以形成更大的竞争合力，是促使双方建立联盟合作关系，聚合彼此核心能力的原动力。以帕维特、纳尔森、福斯和格兰特等学者为代表的企业知识理论认为，生产的关键投入和企业价值最重要的来源是知识，社会生产是在知识的引导下进行的。企业知识可被划分为显性知识和隐性知识两大类。企业拥有的许多知识属隐性知识，难以表达，难以转移，只有通过应用和实践才可外现和获得，而通过联盟、特许经营等网络治理机制，则是隐性知识的识别、选择、转移和吸收的有效方式，因而网络组织被视为组织学习和企业之间知识转移的有效方式。

2.2.3 网络嵌入性理论

(1) 网络嵌入性概念综述

网络嵌入是人们对经济活动从市场交易向复合的社会经济关系的认识的拓展，是网络组织向社会化概念的延伸。钱德勒（Chandler，1962）从研究经济发展历史分析框架中发现，从19世纪到第二次世界大战结束后的历史阶段表明，每一次生产率的突飞猛进都伴随着企业组织的创新和演变。社会关系网络的研究应该是发端于人们对经济社会的关系的研究，例如马克思探讨生产力与生产关系的研究、杜尔凯姆对社会分工与道德次序的研究、韦伯建构“社会经济学”的努力，都想把社会学的视角引入经济学研究。著名新制度经济学家缪尔达尔（Gunnat Karl Myrdal，1974）强调历史文化、意识形态、社会阶层、社会组织等非经济因素对经济发展过程的意义。

嵌入性（embeddedness）概念首先是由波兰尼（K. Polanyi，1944）提出的。在波兰尼看来，“嵌入性”的含义主要是指经济活动如贸易、货币等现象，嵌入于社会、宗教以及政治制度之间，并且受其影响和制约。但是，嵌入性作为一种新的经济活动的分析范式得到广泛使用，则是格兰诺维特（Granowertter，1985）提出的关于嵌入性的开创性分析框架。他认为嵌入性现象是客观存在的，只不过存在的程度有所不同而已。现实中的经济行动，既不是脱离社会结构而孤立存在的行动，也不完全受社会规范的限制，而是在具体、动态的社会关系中追求实现自身多目标体系的过程，是低度社会化和高度社会化的相互支持和融合，是一种适度嵌入性。格兰诺维特把嵌入性划分为关系性嵌入（relational embeddedness）和结构性嵌入（structural embeddedness）。关系性嵌入是指个体行为嵌入于个人关系之中，强调的是经济个体除了受市场配置机制作用之外，还受市场机制之外的社会关系的制约，这是对单一市场主义的一种修正。结构性嵌入指个体所在的网络嵌入于更为广阔的社会结构之中，强调了个体嵌入的网络实际上也嵌入一个更大的网络结构之中的事实，形成的经济活动实际是一系列的“网络嵌入网络”的网络嵌套的过程和结构。

哈林纳和托卢斯（Halinnen & Tornroos，1998）在《商业网络演化中嵌入性的作用》一文中认为，网络嵌入性是网络研究中的核心概念，嵌入性是企业与各种网络的联结关系和依赖关系，企业通过彼此联结就形成了网络，并且通过位置（position）和直接和间接的关系（direct and indirect relationships）来定义。哈林纳和托卢斯的观点是结构化的，强调了嵌入性的结构及其形成结构的各种联系，揭示了嵌入性的结构主义观点的内涵。

杨友仁和夏铸九（2005）提出本地嵌入（local embeddedness）观点，认为企业的本地嵌入性可以从四个维度进行分析：一是商品链嵌入（commodity chain embeddedness），从商品的生产、流通和交易形成商品链来描述跨国公司本地嵌入过程中的对外部环境的互动关系；二是反身性嵌入（reflexive embeddedness），描述跨国公司宗主国的区位资源、母国的资源对于跨国公司产生影响的过程与效应；三是行动者网络嵌入（actor - network embeddedness），描述不同的网络行动者空间（actor space）不断互动、调适以至于形成共同的组织逻辑与行动规则的社会建构过程；四是社会性制度嵌入（societal - institutional embeddedness），描述企业嵌入不断地理产业化（geographical industrialization）的动态过程。

除此之外，许多社会经济学家，如 Zukin（1990）、Halinnen（1998）等人对嵌入性概念进行了扩展，Henrik Dellestrand（2011）为分析嵌入性与创新关系定义了子公司嵌入性，并作了实证分析。归纳上述观点如表 2.2 所示。

表 2.2　　国外学者有关嵌入性的主要阐述观点一览表

学　者	文　献	主要观点
K. Polanyi（1957）	Tradeand market in the early empries	在前工业社会中，经济生活由互惠关系、再分配关系主导，市场机制作用有限。经济嵌入于当时的社会、宗教以及政治制度之中
Granovertter（1985，1992）	Econoic Action and Social Structre ：The Problem of mbeddedness	无论工业社会还是前工业社会，嵌入现象始终存在，只是嵌入程度有所差异；提出关系性嵌入和结构性嵌入
Grabher（1993）	The weakness of strong ties：the lock - in of regional development in the ruhr area	运用嵌入性概念研究产业网络
Ylairlevi（1997）	A new look at the embededness/disembeddedness issue：cooperatives at terms of reference	提出非嵌入性（disemdeddedness）概念，对嵌入性和非嵌入性进行了区别
Uzzi，B.（1997）	Social structure and competition in interfirm networks：the paradox of embeddedness	根据格兰诺维特的强、弱关系的概念，将网络企业之间的交易关系归纳为独立企业关系（arm's - length ties）和嵌入性关系（embedded ties）

续表

学　者	文　献	主要观点
Halinnen, Tornroos (1998)	The role of embeddedness in the evolution of business networks	提出网络嵌入性概念用于企业网络的分析基础；对网络嵌入性进行了分类
Gulati, Gargiulo (2000)	Alliances and networks	区分了关系嵌入、位置嵌入、结构嵌入
Andersson, U. and Forsgren (2000)	Subsidiary embeddedness and integration in the multinational orporation.	研究子公司嵌入性与跨国公司整合机理
UIF. Andersson, Ingmar. Bjorkman, Mats. Forsgren (2005)	Managing subsidiary knowledge creation: The effect of control mechanisms on subsidiary local embeddedness	研究了子公司当地嵌入性（local embeddedness），认为子公司网络嵌入性的差异与母公司的控制机制有关系

资料来源：笔者整理。

从网络嵌入性概念的梳理过程中，我们发现概念不断被深化和发掘，例如 AINO HALINNEN & JAN – AKE TORNROOS（1998）研究了商业网络演化中嵌入性的作用。Rajdeep Grewal, Gary L. Lilien, Girish Mallapragada（2006）沿着 Zukin & DiMaggio（1990）的嵌入性概念提出的四种嵌入性的分类即认知嵌入、文化嵌入、结构嵌入和政治嵌入。其中认知嵌入，关注网络认知的过程；文化嵌入，关注共有的信念和价值观；结构嵌入，关注网络结构以及公司之间社会联系的质量，分析网络位置与经济效果之间的关系；政治嵌入，关注网络的某些制度特征。同时，嵌入性概念的泛化也是由研究者不同的目的、角度来进行界定的。例如，Halinnen & Tornroos（1998）对嵌入性进行社会、政治、市场、技术、时间和空间嵌入的分类。

综合上述概念，本研究认为，网络嵌入是指网络成员位置（position）、网络成员与各种网络的联结关系和依赖关系，是网络成员之间的直接和间接关系（direct and indirect relationships）的总和。

(2) 社会资本与网络租金的含义解释

网络嵌入的第一个核心概念就是社会资本。自20世纪70年代，在社会网络和网络嵌入性基础上发展起来的社会资本概念，不仅将网络行动者的行为动机解释得更清楚，而且提供了新的分析范式。自 Jacobs（1961）提出社会资本概念以来，不同研究领域的学者从其学科特征、研究要求出发，对社会资本的概念做了不同的界定。这些定义包括三类：一是外在性定义，如 Baker（1990）、Burt（1992，1997）、Portes（1991）和 Knoke（1999），认为社会资本是源于网络成员从特定的网络结构中获取的资源；二是内在性定义，如 Coleman（1990）、Putnam（1996）和 Thomas（1996）等人，认为社会资本源于网络内部的组织特性；三是基于内部和外部性结合的定义，如 Nahapiet & Ghoshal（1998）和 Woolcock（1998）等人，认为社会资本是网络本身和网络内化的资源所共同组织的资源整体（见表2.3）。

表2.3　　　　社会资本的主要观点

分类	学　者	主要观点
外在性定义	Baker（1990）	行动者从特定社会结构中获取的资源，它们可以实现行动者的利益，通过行动者间关系的改变可以创造社会资本。
	Belliveau & Wacquant（1992）	实在的和虚拟的资源总和，它们是由个体或群体通过拥有一个持久性网络而获得，这些网络是由相互相识与熟识关系的制度化。
	Burt（1992）	通过朋友、同僚和所有可以接触的人，使得你能够获取机会来施展你的金融资本和人力资本。
	Portes（1998）	行动者能够借助于社会网络或者其他社会结构中的会员关系去获取利益的能力。
	Boxman（1991）	那些被认为有权处置资源而且能够提供这些资源的人。
	Knoke（1999）	社会行动者依靠创造和动用那些组织内和组织间的网络得到其他社会行动者资源的使用权的过程。

续表

分类	学　者	主要观点
内在性定义	Brehm & Rahn（1997）	那些有利于解决集体行动问题的市民协作关系网。
	Cloeman（1990）	社会资本可以通过其功能来定义，它不是单一的实体，而是具有两大共同特性的实体的集合；它们都是由社会结构的某些方面所组成，并且他们有利于处于这个结构中的个体的某些行动。
	Fukuyama（1995）	人们为了集体和组织的共同目的而共同工作的能力。
	Portes & Sensenbrenner（1993）	那些影响经济目标和其成员的目标追寻行为的集体行为的期待，甚至这些期待并不指向于经济领域。
	Putnam（1996）	那些有利于为了相互的利益而进行协调与合作的社会组织的特性，诸如网络、规范和社会信任。
	Thomas（1996）	那些在市民社会中发展起来的志愿方法和程序，它们推动了整个集体的发展。
	Nahapiet & Ghoshal（1998）	那些实在的和潜在的资源的整体，这些资源出自嵌入被用于由个人或社会单位所占有的关系网络。社会资本因此是由网络和通过网络可以动用的资产两者共同组成。
两者相结合的定义	Pennar（1997）	影响个人行为进而影响经济增长的社会关系网。
	Woolcock（1998）	内化于社会网络中的信息、信任和互惠规范。

资料来源：根据周小虎著《企业社会资本与战略管理》（人民出版社 2006 年版）一书第 74 页“企业社会资本定义表”改编。

上述观点，可以从结构性界定、功能性界定和融合的界定来进一步分析：

一是社会资本的结构性界定，强调社会资本是社会关系和网络结构本身所附带的资源。Jacobs 本人将社会资本界定为“邻里关系网络”。布尔迪厄（1980，1996）认为社会资本是一种制度化的关系网络，这种网络为网络成员集体性拥有，也为每个成员提供服务。伯特（1992）通过建立结构洞理论阐述其社会资本的理论。

二是社会资本的功能性界定，强调社会资本的功能性和收益性。科尔曼（J. S. Coleman）认为社会资本也是生产性资本，主要存在于人际关系和社会结构之中。他认为社会资本和私人物品一样，具有不可分割、不可转让的特征，也有公共物品的属性。普特南的社会资本概念建立在信任的基础之上，认为"社会资本是组织的特征，诸如信任、规范以及网络，他们能够促进合作来提高社会的效率。"社会资本减少机会主义行为、稳定交易的预期，从而成为一种非正式治理的机制，提高交易的效率。

三是社会资本的融合性的界定，强调对结构观、功能观的融合来界定。林南（1999）把嵌入性资源和网络位置结合起来，认为社会资本是"可以被定义为镶嵌在一种社会结构中的可以在有目的的使用行动中摄取或动员的资源"。他认为社会资本是网络成员在网络中动员社会资源的能力，作为一种资源，具有促进信息流动、控制作用、信任作用、强化和认可作用。

综合上述分析，本研究定义，社会资本就是嵌入网络结构中的网络资源和能力。

网络租金是网络嵌入衍生的第二个核心概念。社会资本对于网络嵌入性的意义在于：网络嵌入是社会资本的载体和前提，社会资本寓于网络嵌入关系之中，另外，社会资本是网络嵌入行动的目的，从嵌入视角看，网络成员通过产生、变革自己的网络嵌入关系和结构来接近网络资源、降低交易费用，形成企业竞争优势。经济租是超过平均利润之上的超额利润，网络资本是重要的战略性资源，和企业其他的资源一样可以为企业创造出经济租金，Dryer（1998）将其称为关系租金，与熊彼得租金（Schumpeter rents）、李嘉图租金（Ricardian rents）和帕累托租金（Paret-uo rents）来源于企业内部不一样，网络租金来源于企业外部（见表2.4）。

对于网络租金来源问题，Amit&Schoemaker（1993）等人从制度经济学的交易成本、关系性资产专用性进行了解释，Dryer（1998）从互补性资源角度进行了分析，周小虎（2005）从创新和知识视角分析了网络租金的来源，概括起来，这些理论解释主要包括以下几种：

表 2.4　　经济租类型比较表

类　型	含　义
李嘉图租金（ricardian rents）	来自于固定或有效资源供给的超额收益
熊彼得租金（schumpeter rents）	来自于创新的超额收益，是风险和知识的回报
帕累托租金（paretuo rents）	来自于资源配置和使用改建的超额收益
垄断租金（monopoly rents）	来自于共谋或政府管制的超额收益
网络租金（networks rents）	来自于网络嵌入关系的异质性的超额收益

资料来源：作者整理。

一是交易费用的解释。网络嵌入关系对于降低网络成员交易费用的性质、降低交易成本、提高交易效率（Schoemaker，1993），即：①网络成员之间的重复交易降低交易费用，固定交易对象，节约搜寻、签订契约的成本；②网络交易集中导致规模收益，节约交易成本；③网络成员之间的信息共享降低信息不对称；④网络信任机制抑制机会主义行为，加大了机会主义行为和违约成本；⑤校正交易偏差。

二是知识分享的解释。市场对隐含知识的交易市场失灵，网络互动和交流有利于创新知识的识别、搜寻、吸收，有利于网络成员个体专有的知识的交换、交流和共享，总之，网络知识的分享是网络租金的来源（周小虎，2005）。

三是互补性资源的解释。根据资源观理论，价值性、稀缺性、不可模仿性、不可替代性的企业资源是企业竞争优势的来源，也是企业经济租金的源泉。巴泽尔（1998）认为，企业之间拥有的互补性资源的组合可以产生协同效应，从而可以产生比一个单独企业更高的盈利能力。网络成员的网络嵌入行为和投入，关键动因就是为了获取互补性的资源。Dryer（1998）进一步分析认为，网络租金正相关于企业先前的网络经验、网络管理的投资和网络位置的有利程度。

（3）企业网络嵌入结构的类型

嵌入性的核心在于联结①，企业的网络嵌入结构是网络成员通过网络

① YAIR LEVI. A New look at the Embeddedness /Disembeddness Issue: Cooperatives as terms of Reference. Journal of socio - Economic, Volume 26, No. 2, pp. 159 - 179.

联结形成的结构。根据网络嵌入理论，企业是嵌入到不同网络之中进行行动，并通过网络嵌入关系形成网络结构，Richarad Fletcher，Nigel Barrett（2001）、AINO HALINEN，JAN - AKE TONROOS（1998）等人提出了企业网络嵌入结构模型。

中心—外围网络结构。Richarad Fletcher，Nigel Barrett（2001）将网络区分为商业网络、社会网络、市场网络、技术网络、制度网络、区域网络和基础设施网络等，企业的网络嵌入结构是以商业网络结构为中心、其他网络为外围，形成中心—外围型的网络结构（如图 2.3）。

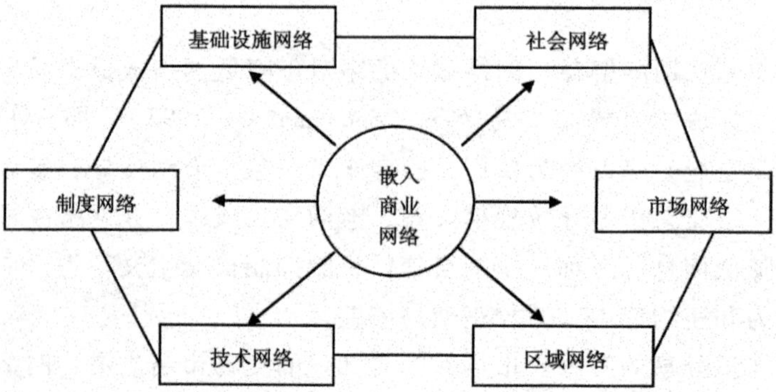

图 2.3　嵌入商业网络示意图

资料来源：转引自 Richarad Fletcher，Nigel Barrett "Embeddedness and the Evolution of Global Networks"，*Industral Marketing Managemengt* 30，561 - 573（2001）.

其中，各种网络对应的含义如下：

- 社会网络（social networks）：这个网络是格兰诺维特所指的社会网络，强调企业之间强弱的社会关系会影响它们之间的信任、声誉等，进而有利于减少网络成员之间的机会主义行为，减少网络交易费用。
- 技术网络（technological networks）：技术网络是企业之间为联合研发、共享技术成果形成的网络结构，是企业之间通过网络联结，创新生产流程、实现产品制造，具体形式包括战略联盟、研发共享等。
- 区域网络（reginoal networks）：强调企业所处的商业网络的地理关系，特别是海外市场对网络相互作用的关系。
- 制度网络（institutional networks）：嵌入网络的企业必然受到政府政策和制度的约束与影响，这些制度集合及其内在关系实际形成了制度网络，这些制度网络对企业行为和绩效产生影响。

• 市场网络（market networks）：企业通过为客户提供产品或服务嵌入到市场网络中。

• 基础设施网络（infrastructural networks）：企业除了受产品生产能力的制约，还受将产品发送到客户的能力的影响，而这种能力就包括道路、交通、信息技术等网络的制约。

三层网络嵌入结构。AINO HALINEN，JAN – AKE TONROOS（1998）以网络行动者为分类逻辑，以网络行动者之间的关系为基础，考虑行动者本身、行动者之间的关系以及扩展至更广泛的产业、地区等层面，认为企业的网络嵌入分为三个不同的层次，即：行动者网络嵌入（actor – network embeddedness）、双向网络嵌入（dyad – network embeddedness）、微宏观网络嵌入（micronet – macronet embeddedness）。

行动者网络嵌入（actor – network embeddedness）。网络嵌入是从行动者自我出发探索网络嵌入，大多数文献是从自我网络视角来研究网络嵌入性（Mattsson，1985；Melin，1989；Salmi，1994），从“企业观点（firm's point of view）”出发，企业是网络的一部分，网络嵌入从企业自我来研究企业网络关系。如图 2.4 所示。

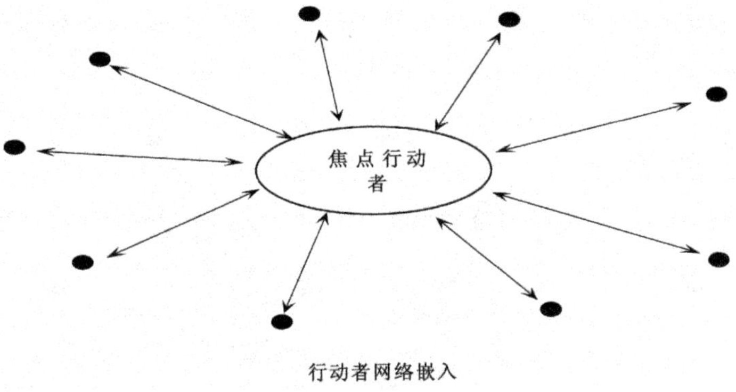

图 2.4　焦点行动者示意图

买方—卖方双向网络嵌入（Dyad – network embeddedness）。网络嵌入是指从企业及其伙伴的交易关系、代理关系等双向关系形成的网络联结关系（见图 2.5）。在这种分类中，网络成员建立起了长期的供求关系，例如产业供应链关系，网络嵌入依赖于产业和消费者的需求，也依赖于产业和消费者的客户和终端用户的供给。研究文献强调了这种双向网络嵌入关系（Hakasson & Snehota，1995），也有通过双向网络嵌入视角的实证网络嵌入的文献，例如，Mazet 和 Spencer（1991）调查分析了两个产业群的关系，Miettla 和 Tornrsoos（1992）则分析了制造业和服务业之间的关系。

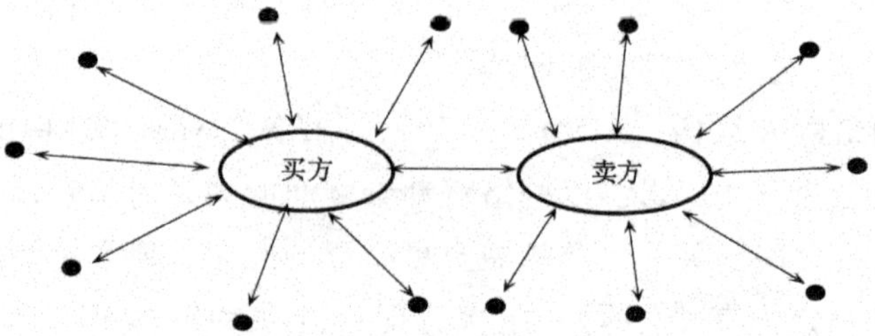

图 2.5 买方—卖方双向嵌入

微观—宏观网络嵌入（micronet - macronet embeddedness）。这种网络嵌入不但考察企业与商业网络行动者之间的关系，而且包括更为宏观的国家、国际、制度等网络关系。在这种结构中，网络行动者不但嵌入于商业网络，也包括了非商业网络，后者对网络嵌入者的微观联结和活动具有较强的影响。微宏观网络嵌入是研究网络嵌入的机制的新贡献，例如，Esaton 和 Lundgren（1992）通过宏观网络途径研究网络嵌入如何变化的机制（见图 2.6）。

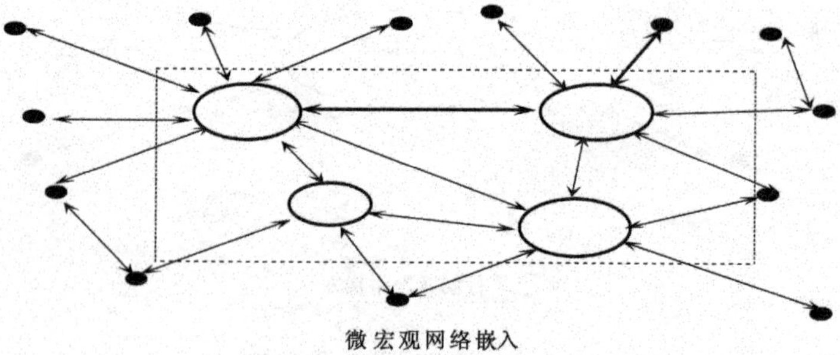

图 2.6 微观—宏观嵌入

（4）网络嵌入形式的分类

根据网络嵌入关系的特征，AINO HALINEN，JAN - AKE TONROOS（1998）等将网络嵌入从不同的维度区分为不同的形式：

网络嵌入的六分形式。AINO HALINEN, JAN – AKE TONROOS (1998) 在格兰诺维特和 Grabher（1993）的嵌入性概念的基础上，将网络嵌入形式分为六种（见图 2.7）[①]，这六种嵌入形式包括市场嵌入、技术嵌入、政治嵌入、时间嵌入、空间嵌入和社会嵌入。其中市场嵌入指网络行动者通过战略联盟等联结方式与客户、供应商、分销商甚至竞争者之间的嵌入关系；技术嵌入是指网络行动者的活动嵌入在技术系统之中，这些技术系统包括了特定的生产工艺、产品技术和基础技术系统；政治嵌入是指网络行动者的商业活动是在一定的政治—社会情境之中，当前的政治过程对网络嵌入的变化具有重要影响；时间嵌入不是指物理或自然时间，而是社会时间结构之中，即历史发展的过程之中；空间嵌入表明特定地理网络环境，比如商业活动地理区位会影响着网络嵌入关系及其变化；社会嵌入是根据格兰诺维特的网络嵌入性观点，网络行动者的活动嵌入在结构多重的社会结构之中。

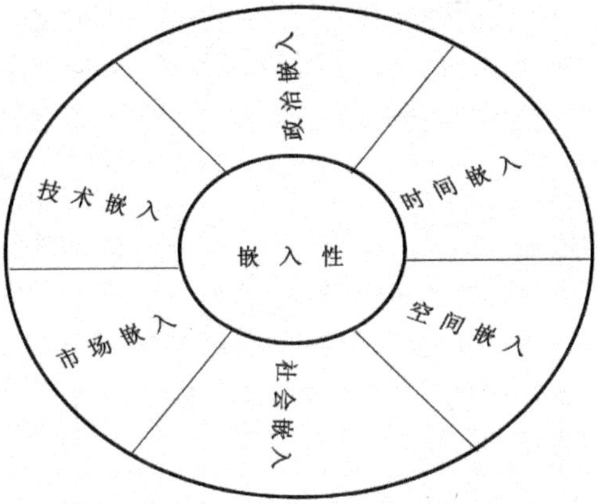

图 2.7　网络嵌入六分形式

网络嵌入的两分形式。网络嵌入形式的两分形式包括了垂直型嵌入（vertical embeddedness）和水平型嵌入（horizontal embeddedness）：

- 垂直型嵌入可以从地理维度、产业链维度和特定行业维度分为三个层面：一是地理维度上从国际化、国家、地区和当地等层面的网络嵌入；二是从产业链维度上的供应商、制造者、分销商和顾客的层次上的网

---

① 参见 AINO HALINEN, JAN – AKE TONROOS. THE ROLE OF EMBEDDEDNESS IN THE EVOLUTION OF BUSINESS NETWORKS. scand J. Mgmt, Vol. 14, No, 3: 194.

络嵌入；三是某个特定的行业从产业、企业、企业部分、员工层次的网络嵌入。

- 水平型嵌入指同一个网络层面、同一个产业内、同一个区域内的网络嵌入关系。

2.3 研究评述和本研究切入点

2.3.1 研究评述

本章主要阐述了子公司成长理论和网络嵌入理论，这些理论对于我们研究主题——网络嵌入视角下的子公司演化成长的意义和启示在于：

子公司理论的研究表明，子公司越来越成为母子公司理论研究的焦点，随着市场环境、技术环境的复杂性提高，子公司在跨国公司、母子公司或集团公司内的地位愈来愈重要，子公司的角色、资源、能力越来越由自身独立获得和决定，并成为自主性不断提高、企业规模和性质演化的自我发展的组织。对子公司也不但需要研究它与母公司控制之间的关系、子公司承担在跨国公司内的角色和职责，也需要从子公司规模、性质、能力等方面探究子公司演化成长，并进一步从实践的基础上进行总结和研究出子公司是如何演化成长的一般机理。

网络组织理论所提出的网络组织概念、网络形成动因等，为探讨子公司性质和企业之间的关系提供了新的分析视角，将人们对母子公司之间、子公司和其他企业之间关系的认知，从简单市场交易关系或者科层治理关系拓展到从网络治理关系来研究母子公司的性质。子公司与母公司之间、子公司与当地供应商、客户的关系就可以从网络组织的视角来建构网络结构模型。以格兰诺维特为代表的嵌入性理论，认为企业的行为嵌入于社会关系之中，社会嵌入、政治嵌入、市场嵌入、技术嵌入、时间嵌入和空间嵌入，都是嵌入性关系的具体类型，网络嵌入的动因是为了获取网络租金（网络利益），嵌入关系的核心是网络嵌入联结和网络位置，网络嵌入联结的性质、嵌入关系的位置决定企业网络资本，这个有利于解释网络嵌入行为及其演化的路径。网络嵌入可以从不同的维度出发分析，分为不同的网络嵌入结构，其中垂直型嵌入和水平型嵌入结构对于我们研究子公司嵌入关系性质、演化路径具有重要意义。从网络组织和网络嵌入分析、解释存在和活动于网络之中的子公司行为和活动，将网络的商业联结的正式关系进一步拓展到非正式关系范围，子公司不但和母公司、商业伙伴存在着正式的市场关系、联盟关系，而且存在着信任、分享等非正式关系，改变了子公司和相关联的企业之间关系的性质。或者说，在正式的关系上还叠加了非正式的社会关系，是正式关系和非正式社会关系的总和。

总之，从上述文献看，对子公司的研究主要还是对子公司形成原因、母子公司关系、子公司角色及其演化、演化的动力的研究，但是对于子公司成长，特别是规模的成长和性质变化，都没有进行系统分析。特别是在网络嵌入视角的前提下，子公司是如何自主地形成网络嵌入结构、子公司网络嵌入关系是如何影响子公司演化成长的机理，网络嵌入视角下的子公司演化路径等，都没有涉及，这些都需要加以探讨和分析，进行相关的规定并指导相关的实践。

2.3.2　本研究的切入点

在梳理以上文献的基础上，本书从以下三个方面研究网络嵌入分析框架下的子公司演化成长机理。

第一，按照网络理论，跨国公司可视为一种企业网络组织，其中内部为母公司、子公司或子单位的正式联结形成的内部网络，其联结关系主要以股权关系为纽带；外部为母子公司与供应商、顾客、政府机构、科研院所、竞争者等其他利益相关者所组成的组织网络，其联结关系主要以战略联盟和契约联盟为联结关系。此外，在网络嵌入理论视角下，以子公司为研究焦点，分析子公司网络嵌入关系特征、类型，并以此为基础构建子公司嵌入网络结构的分析模型，为研究子公司在网络嵌入视角下的演化成长提供分析框架。

第二，在嵌入网络模型基础上，分析子公司网络嵌入关系、子公司网络嵌入强度、网络嵌入密度、网络嵌入位置与子公司演化成长的内在关系。古典经济学企业同质性假设无法有效地解释竞争优势内生性来源，演化成长通过企业与生物组织类比，把企业视为一个有机生物体，在扬弃达尔文生物进化论和拉马克遗传基因理论的基础上，吸收西蒙的有限理性假设，在解释企业成长本质的同时，认为企业是在任何给定的时间内具有一定的能力和决策规则的生产者，并且用“惯例”来表示企业组织演化过程中所形成的生产性知识和能力，企业通过惯例适应所面临的不确定问题，从而提高组织活动的效率。通过惯例，企业实现动态的演化，而演化路径的分岔决定了企业演化成长的多样性和异质性。

第三，分析母子公司网络中母公司对子公司管理模式和子公司演化成长的影响。首先，分析网络环境下母公司与子公司关系性质和类型；其次，研究母公司控制模式对子公司演化成长的影响。

2.4 小　结

本章首先对本研究的理论基础——子公司成长理论和网络嵌入理论进行了介绍和总结、评述，以往对子公司的研究主要从子公司产生动因、子公司状况及其子公司角色发展出发，缺乏对子公司成长特别是演化成长进行系统的研究。此外，在介绍和分析网络嵌入理论基础上，指出对子公司在网络嵌入视角下进行研究的必要性和合理性，最后提出本书研究的三个切入点——子公司嵌入网络结构模型、子公司网络嵌入与子公司演化成长、母公司控制与子公司网络嵌入演化成长。

第 3 章

子公司网络嵌入结构的理论模型

在古典经济学的研究范式中，企业被抽象为生产函数，企业的性质、边界以及组织的变化演变，都是假设为先验的和固定的。企业规模的扩大和组织的变异成长是企业客观的现象，钱德勒（Chandler, 1962）在研究经济发展历史中发现，从 19 世纪到 20 世纪 40 年代中期的历史表明，每一次生产率的突飞猛进都伴随着企业组织的创新和演变，从而揭示了企业组织变异对企业绩效的意义。事实上，自 20 世纪 80 年代以来，随着经济全球化、信息化技术的发展，企业组织的这种创新和演变更为明显。随着企业内外部环境的深刻变革，人们对企业组织理论研究方式也从原子观发展到网络观，从商业网络观发展到社会网络观。

为了研究网络嵌入视角下的子公司演化成长，首先，我们从子公司网络结形成的背景，分析梳理子公司网络嵌入关系的类型、特征，建立子公司网络嵌入分析的模型；其次，按照网络嵌入方式对其进行分类，并以相关案例阐述这种嵌入结构模型；最后，按进一步分析子公司网络嵌入属性特征，深入研究子公司网络嵌入各自关系、类型。

3.1 基于嵌入性的子公司网络结构模型

托马斯·库恩（Thomas kuhn）在《科学革命的结构》（1962）一书中指出，科学革命的实质，就是在广泛接受的科学范式里，发现现有理论解决不了的“例外”，尝试用竞争性的、不可通约（no common measure）理论替代原有的范式，科学革命的本质在于“范式转移”。科层型或市场型的子公司结构被社会经济网络型的子公司结构所替代，就是子公司结构研究范式的演进。

从跨国公司的理论流派发展看，跨国公司（MNC）被视为由不同单位组成的网络（Ghoshal & Bartlett，1990；Ghoshal，Korine，& Szulanski，1994；Nohria & Ghoshal，1997），Nohria 和 Ghoshal（1997）还强调 MNC 不仅存在着内部网络（intra - organizational network）结构，而且也和其他外部客户、供应商、竞争者形成外部网络。近年来，子公司研究已经从关注母公司与子公司关系、母公司如何控制子公司研究转移到以子公司为研究焦点（薛求知，阎海峰 2001；赵景华，2001；葛京，2001；赵福厚，2004；薛求知、侯仕军，2005；杨桂菊，2005）。子公司与母公司、子公司与其他相关的企业组织之间形成关系，分别形成了母子公司结构、子公司与其他企业关系结构两种子公司结构方式。前者母公司和子公司结构视为通过股权关系的、由母公司控制的科层组织结构，后者简单地视为市场交易关系。随着社会经济技术环境的演变发展，子公司与母公司、子公司与其他关联企业之间的关系及其结构也随之发生了深刻的变化。从这里我们可以看出，对子公司理论研究的演进过程，无不体现着人们对科学研究的基本范式的认识深化。这些变化主要是人们从固有的、静态的、机械的认知范式出发，总是认为市场行为要么是市场交易、要么是内部化的，二者必居其一，有了网络理论，我们就逐渐认识到市场行为是嵌入网络的，而且把威廉姆森的企业交易范畴意义上的网络组织，进一步深化到考虑经济行为主体之间的社会关系网络。这样，母子公司网络组织也从交易型的网络组织扩展到以新社会经济学的网络关系组织。

3.1.1　子公司网络嵌入结构形成的外部因素

子公司是企业边界和资源能力扩张的结果，随着子公司在跨国公司内部的地位、自主性程度、子公司资源的重要性的不断提升，母子公司关系性质会因之发生变化，不但企业之间的“交易—企业”二分法的简单机械关系发生了根本性的变革，母子公司关系也不再是简单的控制与被控制的科层组织关系，子公司成为更具有自治性的角色而成为研究所关注的焦点，母子公司结构越来越转变为横向扁平化的网络结构。母子公司科层关系的层级结构，逐渐变为网络结构，这可以说这是子公司适应环境的结果，例如出现的企业联盟作为一种规制结构，就是不同于内部一体化或市场交易的中间网络组织（袁安照，2002）。对于企业的网络化结构的形成原因，李维安（2003）从社会平台、经济平台和技术平台进行了分析，刘东（2003）、罗家德（2005）、杨桂菊（2004）、邬爱其（2007）等人也从社会背景、经济背景和技术背景进行了分析。随着经济全球化、信息化、竞争复杂化和社会民主化进程等，以商业性的股权联盟、契约联盟等网络关系改变了企业组织形式，但是，各种人际互动、信任等非商业的社会关系对企业交易、企业组织的性质、边界发挥了愈来愈明显的作用。母子公司结构不但是位于企业和市场的中间组织形式的商业网络结构，而且也是子公司与及其相关企业的社会网络结构，因此，子公司网络结构是以商业网络和社会网络为基础的子公司网络结构，从而使得子公司更能适应社会经济环境的变化。

（1）产业投资的国际化、跨区域和多元化

20 世纪 90 年代以来，随着世界经济一体化快速发展，国际产业分工协作和跨国公司也加快发展。从一个国国内来看，企业需要不断跨区域发展和多元化发展。企业的跨国、跨区域和多元化发展需要通过子公司与当地相关企业和机构建立网络关系，为子公司企业实现资源外取、资源共享和降低风险。例如，中国的钢铁企业为获取原料的海外收购行为，实际上就是通过股权式的企业联盟关系建立海外企业网络，以达到稳定企业的交易关系和资源获取的目的。中国钢铁企业的海外收购就是典型的例子。2009 年 9 月包钢集团出资 4000 万澳元购买澳大利亚 CXM

公司班格鲁磁铁矿项目50%的股权，同时包钢还与CXM公司签署了为时5年的铁矿石供货协议，同期宝钢也以2.9亿澳元收购了澳大利亚综合矿业公司Aquila15%的股权，此笔收购交易将保证宝钢钢铁原材料的长期供应。

（2）跨国、跨区域经营企业适应本地差异和降低风险的压力

作为跨国、跨区域的子公司，总是面临着文化差异、商品和服务的供应和需求差异，以及要素供应的差异化，这些差异让处于市场竞争加剧、产品升级和个性化要求越来越高环境下的企业面临着更大的风险。通过对外投资的子公司与当地供应商、客户或其他商业组织，建立良好的网络关系可以降低上述差异化因素所带来的整合成本，降低企业的风险。实践中，企业在开始跨国、跨区域或多元化投资时，为适应本地的差异化环境，降低风险，都会通过管理人员本地化、与当地企业合作等形式建立企业的网络联系①。

（3）以信息技术为基础的高新技术快速发展

随着计算机网络、光纤通讯、多媒体技术等信息网络在企业管理、企业联系中广泛应用，信息收集、加工、转递和共享使得企业内部协调方式更加快捷高效。当内部协调方式转移到基于信息网络关系的外部协调方式，企业的组织形式会发生深刻的变化，扁平化、网络化、供应链管理、流程再造等管理技术、组织技术应运而生，导致技术创新加快和产品的生命周期大为缩短，例如在信息技术领域的"摩尔定律"②。为了应对这种技术创新加快和产品生命周期缩短所带来的竞争加剧，企业

---

① 现实中跨国和异地设立子公司后注重通过本地化形成企业网络的例子很多。例如，据笔者2005年11月调研，宁波京联毛纺有限公司（原宁波甬京进出口公司）是具有国资背景的宁波跨国经营的纺织服装工贸一体型企业集团，90年代末为规避欧盟对我国的进口配额制度，在孟加拉国投资一家针织企业——永泰实业孟加拉国有限公司，但是由于伊斯兰教等、文化差异等，与企业的供应商、员工管理方面出现许多问题，通过管理人员本土化和与供应商通过参股、契约和人际交往，得以基本解决。另一个例子是2007年5月笔者参与宁波某电器股份公司赴江西某市工业区考察设立生产型子公司时，该公司的条件是要求工业园区管委会帮助寻求可靠的当地参股投资伙伴，其目的是为了在不熟悉的地区降低生产运作的不确定性。

② 摩尔定律是1965年英特尔公司创始人之一摩尔总结提出的，即：器件尺寸缩小K倍，芯片功能和性能提高K的平方倍，每18个月芯片上集成的器件数目增加1倍。

组织需要不断进行变革，虚拟企业、网络型企业不但能够整合企业内部的各种资源，还可以通过网络组织成员的商业和社会关系，进行配置和组织资源。

3.1.2 子公司网络嵌入结构形成的内在因素

从内部来看，子公司为核心的网络结构内在驱动因素主要有两个方面，第一个方面是子公司在母子公司关系中自主性不断提高，成为研究的焦点；第二个方面是子公司在母子公司内部组织和外部组织相互依赖关系发生变革。

(1) 子公司的自治性提高，成为母子公司竞争优势的源泉

母子公司在经营发展中，为了获取资源、进入新的市场、行业等，母子公司规模扩大，面对着日益复杂的、动态的环境，过度依赖于母公司的、复杂的科层组织内部结构必然不利于子公司的柔性、动态地对环境进行响应，传统的子公司强烈地依赖于母公司不利于子公司的整体利益。一些子公司被赋予或者通过自身发展起来的经营和发展的资源和能力，包括研发、营销、融资等能力，提高了子公司的当地反应能力、学习能力和创新能力，因而子公司自身的责任、职能能力的增加，使得子公司获得了更多的自主权。因此，在母子公司内部，不但子公司之间，而且母子公司之间，横向的、网络的联系替代了简单的科层、行政的纵向关系（张春霖，1996），从某个角度，比如说子公司角色来看，某个子公司可以成为网络关系的研究焦点。从社会经济学视角看，网络嵌入水平包括了自我网络水平（ego - network）和二元网络（dyadic network）水平。所谓自我网络是针对企业本身，那些所有相联系的组织及其关系形成的网络，二元网络是指企业作为网络实体，是多个行动者的体制化结构。

(2) 子公司与外部组织依赖性质的变化

除了母子公司、子公司与子公司之间的母子公司内部的网络关系，子公司也处于外部的环境当中，尤其是子公司，在与外部的组织机构的经济和非经济的联系中，形成了若干市场交易的正式合作关系，也同时形成了非正式的社会关系，包括了与当地的供应商、顾客、管理机构、竞争者、大学和科研机构等建立关系，因此，子公司与外界的关系实际上是正式关系和非正式关系的叠加，这就产生了对外部环境的嵌入性问题，子公司也就成为“嵌入”到与这些外部机构组织所形成的网络中的一个有机组织。因此，从网络化的观点来看，子公司通过与母子公司内部和外部组织形成的各种关系，就形成了以自身为焦点的网络结构，其中，通过内部组织形成的属于内部网络关系，而母子公司外部的关系集合称为外部网络（Hakansson，1989；于伟，2008）。子公司的资源和能力，不仅依赖子公司在母子公司的位置、关系，而且，还取决于子公司所嵌入的外部网络的位置、网络联结关系的性质。

3.1.3 子公司网络嵌入结构的形成分析

（1）子公司网络嵌入结构理论含义：正式和非正式网络关系的集合

企业之间交易内容可归纳为企业之间持续的资本流、产品流与知识流等三类（Gupta & Govindarajan，1991）。若将企业活动看成许多交易的组合体，则跨国公司可以视为一种位于不同国家的子公司间。从事资本、产品与知识交易所形成的网络（Teece，1976；Lessard，1979；Calvet，1981；Bartlett & Ghoshal，1989）。在过去数十年里，跨国公司被视为从世界各地子公司吸取知识和能力以提高竞争优势的子公司网络（Teece et al.，1997），而在中国，企业集团是以资本为主要联结纽带的母子公司为主体，以集团章程为共同行为规范的母公司、子公司、参股公司及其他成员企业或机构共同组成的具有一定规模的企业法人联合体。企业集团不具有企业法人资格，这个联合体中的企业通过股权、契约联盟等方式联结，实际上也是一种网络组织。将母子公司、企业集团视为网络组织是20世纪90年代以来的广泛共识。Ghoshal and Bartlett（1990）视跨国公司为一种由总部（headquarter）、子公司（subsidiary）与东道国当地利益相关者组织所形成的网络，并且网络是嵌入在一个更大的外部网络（external network）中，这个外部网络是由与跨国公司各单位（包括母公司与所有子公司）有资源交易关系的对象所形成的。但在Bartlett，C. A. 和 S. Ghoshal（1989）等人看来，将跨国公司视为网络组织的网络观，是因为网络范式可以被视为是对企业与市场两分法分析范式的替代，而且这种网络观是基于股权合资、战略联盟、供应链、外包生产等正式交易关系联结而成的网络组织[①]。

以社会经济学理论观点看，网络还包括了网络成员之间的信任等非正式关系，这种观点强调了组织的社会环境和制度环境（Granovetter，1985）。嵌入性概念描述了经济交易或多或少嵌入于一个社会文化的背景之中，从而更好适应彼此的观点、利益，这个嵌入性概念被应用于跨国公司母子公司关系、母子公司与环境的关系的分析之中（Andersson & Forsgren 1996，2000）。

在网络理论学者哈坎森看来，网络是各种行为主体之间在资源传递和交换过程中建立的各种联系的总和，包括了行为主体、行为和资源三个基本要素。许多研究也从此出发定义网络是基于正式或者非正式组织关系网络结构（李维安，2002；刘东，2003；林金忠，2004；周小虎，2006）。武立东、黄海昕（2010）提出企业集团的正式组织结构实际上是嵌入在作为非正式组织的关系网络之中的观点，认为网络环境下子公司的主导行为可以分为内部主导行为和外部主导行为，而服从理性经济人原则的子公司在企业集团网络的嵌入程度是有限度的，网络嵌入为企业内部主导行为创造条件；企业外部主导行为的子公司基于理性原则要降低网络嵌入[②]。根据上述网络观点，子公司网络结构应当包括了正式网络组织关系和非正式关系，因而是正式网络组织关系和非正式嵌入关系的叠加。对于正式网络组织关系的形式主要有子公司与其他网络成员之间的合资、长期契约、供应链、外包生产、特许经营等；对于后者而言，子公司与其他网络成员的非正式嵌入关系，还包括了彼此之间的相互信任、情感互动等形成的社会关系，这些非商业化的社会关系，最终能够影响它们之间的商业关系。

由于市场主体追求自我利益的最大化、有限理性、信息分布不对称性及其环境不确定性的存在会产生市场组织失灵，因此，威廉姆森认为交易应当与规制结构相匹配，其中网络方式即网络治理能够防范机会主义风险，降低交易成本。而哈特（1995）指出，由于世界的不可预测性、关

① 此外，也有少量研究从跨国公司子公司嵌入当地网络的模式、区位选择和子公司自治等探索子公司与当地企业和机构的关系（如李文秀，2004；高茜，2004），但未系统地建立网络嵌入模型进行深入机制、过程研究。

② 武立东、黄海昕（2010）等通过中国海信集团为例，以企业集团网络环境下的子公司主导行为为研究对象，分析了子公司主导行为与网络嵌入的关系。武立东、黄海昕："企业集团子公司主导行为及其网络嵌入研究：以海信集团为例"，《南开管理评论》2010年第6期，第37－43页。

系双方的缺乏共同语言、责任边界的难以划分，合约本身是不完备的，因此基于正式关系的、以合约为基础的网络在防范机会主义成本过高，特别是随着交易的复杂性和外部环境的快速变动，需要网络成员的互助和协调。

非正式关系的社会网络观认为，非正式制度及其社会资本，有利于解决上述威廉姆森和哈特所提到的机会主义行为，可以补充正式网络治理的缺陷。这种非正式关系主要是信任、声誉和互惠的作用表现在三个方面：第一，是机会主义行为往往是为短期利益和不信任所引起，非正式关系是网络成员之间长期和重复交往产生的情感、信任有利于降低彼此之间的不信任和短期利益动机。第二，信任和声誉是一种隐性的契约，是对自己行为的一种自我履约、自我规范的自诺；同时声誉和信任也能够被工具化地运用，并产生价值回报。因此，信任和声誉产生的自我约束、自我激励作用往往比正式制度更为有效，还能够避免多次寻找合作伙伴等签约成本；或者，对一些行为由于双反存在着长期的非正式关系而不需要契约的订立，这就节约了订立契约、执行契约和监督契约的成本。第三，非正式制度具有监督的功能，节省了双方之间的监督机制的投资。总之，非正式关系作为社会网络创造社会资本，创造信任、减少机会主义行为，能够促进网络成员双方的重复行为和交易的产生，限制和规范、稳定行为，降低交易费用。在子公司与母公司、关联子公司、当地商业伙伴、社会机构通过正式关系与非正式关系建构的网络，是正式网络治理和非正式治理的相互补充、共同协同的双重网络。

子公司内部的结构也不是独立地存在的，而是更广泛地嵌入于由代理、供应商、客户、竞争者和其他相关组织形成的外部网络中①。从行为主体看，母子公司结构中不但包括母子公司内部成员，也包括了子公司外部成员。其中母公司和各子公司形成的网络结构，称为内部网络，而子公司所处的外部环境，通过各种经济和非经济的关系所形成的网络组织，称为外部网络。因此，子公司网络结构包括了内部网络和外部网络。根据社

① 根据我国企业集团学者徐金发教授在《企业集团成因论》（同济大学出版社，1992 年第 1 版）中的论述，企业集团是多个企业的联合，包括了核心企业、控股企业、持股企业和协作层企业等四个层次的企业通过一定的关系构成，但从扩展的社会经济学视角看，企业集团内部的企业各种关系，实际上是属于正式关系，是企业内部网络，如果考虑信任、情感等企业间的非正式关系，企业的网络拓展为社会网络。

会网络嵌入的分析范式，嵌入性形成企业网络关系，能够使交易型的正式网络关系得以扩展，这些网络中的节点（机构）的关系总和，形成了“子公司网络嵌入结构模型”（见图 3.1）。

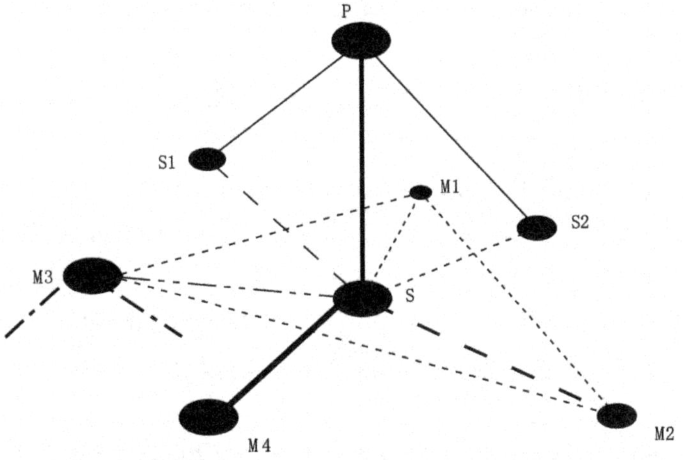

图 3.1　子公司网络嵌入结构模型

基于社会经济学的分析视角，在本书中定义“子公司网络嵌入结构”是以子公司为焦点，子公司通过正式和非正式关系形成的企业网络。子公司网络嵌入关系是正式关系和非正式的关系的制度安排：第一是子公司嵌入网络关系同时存在着商业关系与非正式社会关系，是两种嵌入关系的复合体。正式的商业关系，无论是股权还是契约关系都必然会带来网络成员之间的某种信任和声誉关系。第二是单纯的非正式社会关系，指的是网络成员没有产品交易、股权和商业协议等正式的商业关系，仅仅存在人际交往、信任等关系的情形。

形成子公司网络嵌入关系的第一种联结方式是“正式关系 + 非正式关系”。当子公司与网络成员建立正式的市场关系，必然伴随着非正式的社会交往，比如子公司和参股当地的供应商，子公司和这个供应商建立了正式的商业关系。正式关系的建立，必然伴随着人员互动、情感交流等非正式的社会关系，因此正式的商业关系，必然叠加着企业与其他企业、与其他机构之间的非正式的社会关系，而且，这种非正式关系将会影响、修正正式商业关系的程度和方式。

第二种形成方式是纯粹的非正式关系，主要指的是子公司和外部机构，如广告商、供应商、大学、科研院所之间虽然没有商品交易或股权参与等商业关系，但存在着人员交流、信任等社会关系。这种社会关系，对子公司的市场交易产生影响，良好的社会信任关系减少机会主意行为发生，降低交易费用，提高交易效率，从而影响子公司的竞争能力和企业的成长。

根据上述分析，子公司网络嵌入结构如图 3.1，P 为母公司，S 为我们研究的焦点公司，母公司 P 和子公司 S、S1、S2 等构成的网络为内部网络。在内部网络中，母公司控股研究焦点公司 S，与母公司控股的另外子公司 S1 相互参股建立了正式商业关系，与子公司 S2 的联系仅仅是非正式的社会关系。焦点子公司 S 与 M1、M2、M3 等当地网络中的企业或机构组成了外部网络。其中，S 与控股当地企业 M4，S 参股当地企业 M2，与 M3 建立合作联盟，与 M1 是非正式的社会关系，如人员交流等。

子公司嵌入网络结构除了区分为内部网络结构和外部网络结构外，学术界也将网络结构分为三个不同的层次（如邬爱其，2007），一级网络（first - ordernetwork），指企业与企业之间的网络；二级网络（second - ordernetwork），是企业与政府组织、中介机构之间的网络；三级网络（third - ordernetwork）非企业之间的网络。

（2）子公司网络嵌入结构的要素

以嵌入性为基础的网络结构是以子公司与母公司、子公司与子公司、子公司与外部商业伙伴、机构等组织，通过嵌入性[①]联结关系形成的网络组织，是网络中成员之间的正式的和非正式关系的总和。子公司网络嵌入结构的核心在于网络成员位置（position）、网络成员与各种网络的联结关系和依赖关系。从分析框架来看，子公司网络嵌入结构由网络成员、资源要素、规则要素构成：

网络成员，主要是子公司网络结构的参与者与行动者。在子公司网络结构中，包括了三个层次的网络行动者，第一个是母子公司内部网络成

① 如第 2 章所述，波兰尼（K. Polanyi）、格兰诺维特（Granowertter，1985）、哈林纳和托卢斯（Halinnen，Tornroos，1998）、Zukin（1990）、Halinnen（1998）等人都提出不同的嵌入性（embeddedness）概念，但基本含义都是网络行动者在存在正式经济行为关系同时受非正式的关系的影响和制约。

员，包括了子公司、母公司和其他子公司；第二个层次是外部网络的企业组织，包括供应商、销售商等商业伙伴；第三个是外部的社会组织，如政府机构、媒体、中介机构等。

资源要素，指网络组织拥有的、可供网络成员获取和转移的稀缺资源，如信息、知识、能力等。这些网络内的资源要素通过网络成员之间的某种联系进行低成本、合理方式地流动、扩散和吸取，这成为网络成员加入网络的主要动机之一。

规则要素，是网络成员之间的联结关系，以及由这种联结关系所决定的网络成员的各种规则。这种联结关系主要包括了正式的商业联结关系和非正式的社会关系，前者包括了以资本为纽带的参股、合资关系；以契约为纽带的联合技术开发、长期供货合同、联合销售等；后者主要是网络成员之间的信任、价值观、声誉等关系。

（3）子公司网络嵌入结构的意义

跨国公司或企业集团在国外或异地通过收购或者绿地投资建立子公司，并通过一定的网络联结关系与当地企业、机构建构一定的网络结构，以嵌入具有某种特征的当地网络的意义是什么呢？

第一，子公司嵌入网络后成为虽然受到网络机制的约束，但依然保持了企业的自主性。在母子公司内部网络中，母公司对子公司控股或者通过其他形式对子公司进行控制，但子公司并不会丧失其独立性和自主性。子公司与母公司不仅仅是基于控制权、股权基础上的从属关系，作为一个独立法人，子公司拥有自己独立财产和独立承担责任的组织，并且在其他股东、供应商、债权人、企业员工等其他利益相关者（stakeholders）的约束下，子公司也具有独立行动和决策的能力；特别是为响应复杂和动态的市场、技术和社会环境，子公司的自主属性更加突出。子公司与母公司在地位同等的组织间进行交易，是子公司保持自我独立、自我发展的自主特征的必要前提。近年来，中国本土企业如华翔集团、均胜集团等大举收购德国、英国等海外企业，对于海外子公司的技术、人事等方面都很少干预，充分给予其自主权利，为这些海外子公司保持自主性的成长发展提供了必要的基础。从外部网络看来，子公司嵌入国外或异地的当地网络，也应当和必须保持自己的自主性。Andersson and Forsgren（2000）认为子公司嵌入在当地网络程度高，就表示子公司与重要的供应商、消费者关系密切，能够提升其在 MNC 中的影响力。子公司建立网络嵌入结构，意味着子公司与母公司科层控制关系演变为通过正式的市场关系和社会关系为主的横向联系，子公司成为一个自我学习、自我成长的网络自组织节点，子公司成为一个网络中的活性节点，子公司自主性得到提高。

第二，互补性网络资源提升网络组织学习能力。母公司外派子公司嵌入当地网络，必须投入一定的资源形成一定的网络关系。无论是投入专用性资产的股权式网络联结关系，还是契约合作的企业关系，或者是基于信任、情感的非正式关系，将有利于校正子公司与网络其他成员的目标函数差异，降低信息不对称的程度，都有利于抑制、避免机会主义行为。嵌入网络组成网络结构后网络企业信息流、知识流的配置、流动和共享将大大提高效率，企业网络的资源丰富性、开放性、多元性更加突出，这有利于嵌入网络的子公司获得了网络组织学习的能力提升。在网络组织环境下，子公司吸收嵌入的网络组织资源，并根据环境的需要和自身的能力，进行组织学习和创造，这也有利于提高网络中子公司的环境适应能力和组织学习能力。

第三，网络交互作用产生网络声誉效应。在网络组织之中，由于子公司在网络结构这个特定的群体之中与其他网络成员持续地进行情感、信任的交互作用，同时，这种交互关系所体现的企业与其过去行为有关的一系列特征的集合会让子公司获得一种所嵌入的社会结构的公共形象也就是声誉（Podnar，2004）。子公司在网络中的声誉是一种自觉规范自己行为的隐性契约，具有抑制机会主义行为的功能，从而影响子公司的未来收益，产生替代投入的资本化效应。

第四，网络关系持续迭代形成网络企业成长的路径依赖性。参与网络建构的各个网络成员，在互补性、共享性基础之上进行网络分工合作和分享网络利用，这种驱动网络结构持续和迭代运行形成了网络结构基因和惯例，这种惯例成为网络整体和其中的网络成员都变异进化所遵循的基本路径，形成网络成员演化的路径依赖性。企业联盟作为一种网络组织形式就具有了路径依赖性（Leeke & Ernst，1995）。子公司嵌入网络的路径依赖性的形成，首先是因为网络组织结构的黏性，也就是说，在一定时间内，网络结构及其网络关系规则，具有一定稳定性和持续性，子公司在其中的角色、位置和关系都在网络不断循环、迭代的运行中保持原有的基本特征。其次是网络关系及其产生的网络租金分享和风险分配保持一定的历史的和逻辑上的连续性。最后是网络认知范式的刚性，企业之所以联结成网络，具有共性、共享的信念和认知是前提基础，维系网络结构和网络关系的认知范式在一定时空内具有刚性。上述网络关系的循环迭代中促进了网络关系的同质再生、网络组织的自我增强扩张等，这样先前的行动对后面的行动的方向、路径具有重要的引导和指向作用。

第五，网络资源公共物品性和专享性。子公司网络结构作为一种网络关系，创造了网络关系资源，它可以供嵌入网络系统中的各企业共享利用，成为网络的公共物品。但是这种公共物品是以按照共同的认知范式参与了网络建构为前提，不参与网络将被排他性地难以获取这种网络关系资源。网络成员和网络关系的锁定以及对网络之外个体的排他性，使得网络外其他竞争对手不能同样获取网络资源，因此网络资源又具有网络集体共享性和专用性的特征。

3.2 子公司网络嵌入结构的分析维度

根据结构主义的方法分析框架，子公司网络嵌入结构的分析维度有两个：一个维度是从宏观上研究子公司嵌入结构的总体网络特征，另一个维度是研究网络子公司网络嵌入关系特征。这两个维度的特征也是识别子公司网络嵌入结构差异的主要属性和依据，决定了子公司网络嵌入结构的性质。

3.2.1 子公司网络嵌入结构的网络特征

子公司网络嵌入结构的总体网络特征主要从网络嵌入规模、网络嵌入位置和网络嵌入界面三个方面来分析。

(1) 网络嵌入规模 (volume)

网络规模一般指自我网络的角度来反映子公司拥有的网络关系数量

（Burt，1983；Marsden，1990；周小虎，2005；邬爱其，2005）。嵌入的网络规模或者称之为网络范围的大小影响着网络内资源的丰富程度和网络连接关系的，也影响着子公司位置移动的方向和成长的路径。科尔曼、伯特、Zaheer 等人定义内聚性可以用网络位置的分散性于外部成员接触频率来分析和测量。网络的内聚性（cohesion）特征也反映着网络开放性和规模的动态性，网络内聚性是从网络整体层面来揭示网络与外部的开放程度和连接性质，反映的是网络的开放程度和连接形式。网络嵌入规模与社会资本正相关，一般地，网络规模越大，网络成员占有结构洞的机会就越多，所可能拥有的网络资本也越丰富。子公司网络嵌入结构的合理的网络规模可以用 Shapley 值加以度量①，Shapley 值是一种比较有效地度量网络成员对包含它的网络的价值贡献的方法，嵌入网络一旦形成，其中的网络成员关系可以看为在信任基础上的合作博弈，并从网络关系上获得网络收益，然后得出最优网络的规模。

（2）网络嵌入位置（position）

网络嵌入位置指网络成员在网络结构中的位置，影响到企业的网络地位，获取资源的路径和多寡，也是企业社会资本影响要素之一。Freeman，L. C（1979）和 Freeman，L. C.，Borgatti，S. P.，White，D. R.（1991）并且从网络的中心度来反应网络的位置，也就反映了在网络节点在网络中的相对重要性。从社会网络来看，一个成员在网络中中心地位，则拥有的网络社会地位越高。按 Freeman（1979）定义，网络位置的中心性可以用网络成员与其他网络成员之间的平均距离来确定网络位置。从复杂性网络来看，子公司嵌入网络的网络中心性可以用节点的中心性来测度，节点的中心度是测度单个网络节点在网络中的中心化趋势。网络节点度定义为与该节点直接连接的边数，对于嵌入网络的节点中心性测度可以用以下三个指标测度：

第一个指标是点度中心性（Degree Centrality），是节点 n_i 的绝对点度中心性：

---

① 文献认为，当企业集团内所有成员的网络值为非负数时，则该企业集团为最优规模集团。盛昭瀚、肖条军著：《企业集团管理决策的数理分析》，机械工业出版社 2002 年版，第 97－98 页。

$C_D(n_i) = d(n_i) = \sum_j X_{ij}$，其中 $d(n_i)$ 表示节点与其他网络节点直接相连的边数，X_{ij} 在当网络其他节点 n_j 与 n_i 无连接是取值 0，当网络其他节点 n_j 与 n_i 连接是取值 1；相对点度中心性是绝对点度中心性 $C_D(n_i)$ 与最大可能连接边数的比值，对于 N 个节点组成的网络，一个节点与其他节点直接相连的数量为（$N-1$），所以相对点度中心性为：

$$C'_D(n_i) = d(n_i)/(N-1) \tag{3-1}$$

第二个指标是接近中心性（Closeness Centrality），是测度网络中某个节点与其他节点接近中心性，如果一个节点与网络其他所有的节点“距离”都很短，这里距离 $d(i,j)$ 表示连接网络中两个节点 n_i 和 n_j 的最短路径上的边数，其倒数也被称为节点 n_i 和 n_j 之间的效率，通常用于度量网络节点直接的信息传递的速度。对于网络节点 n_i 的接近中心性：

$$C_C(n_i) = \frac{(N-1)}{\sum_{j=1}^{N} d(i,j)} \tag{3-2}$$

也就是网络节点的接近中心性表示该节点到其他所有节点最短距离之和的倒数乘以（$N-1$）。

第三个指标是中介中心性（betweenness centrality），是度量网络节点作为网络中介者的重要性和能力，是指节点位于其他节点对（point pair）最短路径上的可能性。如果一个节点位于许多其他节点关系对的最短路径上，则该节点起着沟通其他网络成员的桥梁作用，称之为具有较高的中介中心性。对于无向网络中节点 n_i，其中介中心性为：

$$C_B(n_i) = \frac{\sum_{j=k} g_{jk}(i)}{g_{jk}} \tag{3-3}$$

其中，g_{jk} 表示网络节点对 n_i 和 n_j 之间的最短路径的数量，而 $g_{jk}(i)$ 表示这些最短路径经过节点 n_i 的条数。

一般地，处于非中心位置的网络成员与其他网络成员之间的直接联系比较少，往往需要通过第三者联结才能达到其他成员。

（3）网络嵌入界面

网络嵌入界面是子公司嵌入网络中网络成员由于追求自我利益、机会主义行为导致的沟通和交流的冲突。网络界面制约着子公司嵌入网络规模的大小。当子公司嵌入网络形成网络结构获取大量的网络利益的同时，由于网络成员追求利润最大化和有限理性，使得网络中节点的具有利益上的异质性。网络企业与其外部供应商、客户、研发机构、政府机构等，都有不同的追求的各自的利益目标，即使是母子公司之间，母公司和子公司也存在着相对独立的利益函数，所以在母子公司网络中，也存在母子公司之间的利益冲突及其管理问题。因此，企业网络节点利益上的独立，各企业在网络构建和维护网络可能会出现“搭便车”行为，使网络的外部性受到损失，从而使网络的沟通机制效率降低，产生界面问题。

3.2.2 子公司网络嵌入联结特征

子公司嵌入网络联结特征是子公司嵌入网络的另一个维度，包括了网络嵌入的联结方式、网络嵌入密度、网络嵌入强度、网络嵌入周期四个方面：

（1）网络嵌入联结方式（connectivity）

网络嵌入的联结方式首先有正式的商业网络联结方式，它是指资产股权和契约合同的正式市场关系，例如股权联盟型嵌入、动态联盟嵌入、离散交易、契约联盟关系，Dyer（2001）研究认为，世界500强中有60%的企业采用了战略联盟的形式，美国国内的跨国企业联盟每年以25%的速度增加。另外，网络嵌入联结还包括了网络成员之间非市场的社会关系，如信任、声誉、人际等社会联结关系。

（2）网络嵌入密度（embeddedness density）

网络嵌入密度是社会网络分析最基本概念之一，密度用网络中实际的联结数 L 与最大可能存在的联结数的比值表示，对于由 N 个节点组成的无向网络，网络密度测度公式为：

$$M = \frac{2L}{N(N-1)} \tag{3-4}$$

网络成员之间相互联结得越紧密，网络密度就也大，网络密度一是促进网络内企业的相互联络，网络内资源、信息等将更快速流动；二是促进网络成员的建立网络规制和相互信任关系。跨国公司网络结构的网络密度也是用网络内成员与其他成员网络联结的数量进行度量（Ghoshal and

Bartlett，1990），并将其分为内部联结密度（within density）和跨联结密度（across density）：前者是指跨国公司每一个子单位与其当地组织的联结密度（density of ties），也就是子公司与其实际交换关系、联结组织的数目除以所有潜在的可能组织数目；后者指的是跨国公司每一个子公司与其他子公司的联结密度。科尔曼（Coleman，1988）从社会资本的角度定义网络的密度，认为网络的密度指网络中社会资本存量的大小，网络密度越高说明网络中的社会资本存量越多，也就是说行动者间保持了很大的社会资本量，因此将有助于行动者间信任机制的形成和协作关系的维系。

（3）网络嵌入强度（strength）

网络嵌入强度是表示网络组织内部成员之间的联系力度（Johns & Demarche，1951；Hall，1987；Zaheer，1999；Uzzi，1999）。按照格兰诺维特的定义，网络嵌入强度是通过互动时间长短、情感强度、亲密程度和互惠性内容等四个方面来揭示其内涵的，低度的嵌入网络强度表示较少的情感内容、较低的互动频率、不明显的互惠内容等，反之则反是。

（4）网络嵌入周期（longevity）

网络嵌入周期也称为网络的持久度，网络周期反映了子公司与嵌入网络的其他成员的嵌入关系从初始到消失的时间长短。一般认为，网络周期越长，有利于形成稳定的网络，生成稳定的预期和信任，保持信息共享和更新，降低网络成员之间的行为的决策时间和成本。

总之，子公司网络嵌入结构的特征可以从网络的整体特征和网络嵌入关系特征两个维度来分析，这个分析框架可以图 3.2 来表示。

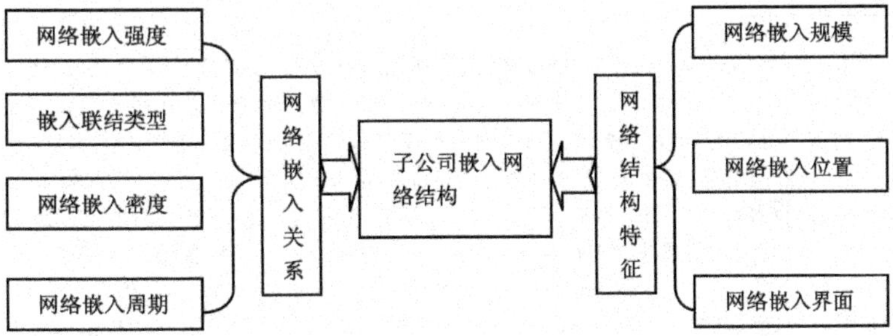

图 3.2　子公司嵌入网络结构

3.3 子公司网络嵌入结构类型

3.3.1 子公司网络嵌入结构的分类

对子公司网络结构进行基于不同的目的分类有多种多样。在目前研究中，基于子公司在母子公司网络扮演的角色（role）的分类研究比较多①。与研究网络中子公司的角色不同，为了研究网络中子公司的演化成长，对子公司嵌入网络的类型划分主要是从子公司与网络特征、网络联结方式的分类逻辑来对子公司网络结构进行分类。Richarad Fletcher 和 Nigel Barrett（2001）将网络区分为商业网络、社会网络、市场网络、技术网络、制度网络、区域网络和基础设施网络；AINO HALINEN，JAN - AKE TONROOS（1998）认为企业的网络嵌入分为三个不同的层次，即：行动者网络嵌入（actor - network embeddedness）、双向网络嵌入（dyad - network embeddedness）、微宏观网络嵌入（micronet - macronet embeddedness）。

在上文中，基于子公司网络嵌入结构的维度来分析，网络嵌入联结类型是子公司网络结构的决定性因素。也就是说，网络嵌入联系的性质，不但决定着网络嵌入联系的强度、周期和密度，也对网络嵌入的规模、网络嵌入位置和网络嵌入的内聚性起着最重要的作用。因此，本书依然从结构

---

① 例如，Jarillo and Martinez（1990）依据“子公司内部整合程度”与“活动的当地化程度”两个维度将 MNC 子公司划分为积极型、自主型、接受型三种子公司角色；Taggart（1998）以“子公司内部整合程度”及“子公司当地响应程度”作为划分的两个维度，将 MNC 子公司分为积极型、自主型、接受型与静止型四种角色；Gupta and Govindarajan（1991）依据子公司知识资源由 MNC 流入以及流出至 MNC 的比例将 MNC 子公司分成全球创新者、当地创新者、执行者与知识整合者四种类型。赵景华（2001）根据母公司的战略动机，将跨国公司在华子公司划分为生产基地型，（1991）依据子公司知识资源由 MNC 流入以及流出至 MNC 的比例将 MNC 子公司分成全球创新者、当地创新者、执行者与知识整合者四种类型。赵景华（2001）根据母公司的战略动机，将跨国公司在华子公司划分为生产基地型，资源获取型，销售利润型，市场开拓型四种角色，杨桂菊（2004）以子公司与内、外部网络组织的资源交易关系为标准，将子公司网络分为生产基地型、当地生根型和运营中心型。

主义方法出发，将子公司网络结构的形成，从子公司自我网络出发[①]，以网络嵌入关系的联结类型为分类逻辑，从纵向嵌入联结、横向嵌入联结和混合嵌入联结的三个维度将其划分为纵向嵌入网络结构[②]、横向嵌入网络结构和混合嵌入网络结构。

（1）纵向嵌入网络结构

纵向嵌入网络结构是以焦点子公司与企业价值链纵向联结相关网络成员而形成的网络嵌入结构，具体是子公司和上下游的供应商、制造者、分销商和顾客沿纵向企业价值链的网络嵌入组成纵向嵌入网络结构。在实践中企业往往通过专业化协作分工，共同完成产品的生产和价值过程，形成上下游企业关系，通过规模效应、学习曲线和风险降低等获取分工协作的利益。图 3.3 中，企业 R、C、E 为纵向产业价值链的三个价值环节，S 与生产上游企业 R 通过正式的股权联结关系，与 E 是通过契约合作的联系关系，与 C 是情感型的社会交往形成的非正式关系。焦点子公司 S 与当地网络中的这些企业或机构形成了纵向嵌入的网络结构。在这个纵向嵌入联结关系中，嵌入联结采取了不同的形式，这主要是由子公司 S 与网络中的成员企业 R、C、E 进行交易的环境、资产专用性、交易频度等决定的，并因此形成了以子公司 S 为焦点的网络，网络存在的声誉、信任机制有利于优化网络治理方式的选择。

（2）横向嵌入网络结构

横向嵌入网络结构指同一个网络层面、同一个产业内的企业 S、A、B、C 为生产同一类产品企业或处于相似的生产环节，通过正式或非正式

---

① 基于结构主义的方法对子公司网络结构进行分类，从子公司网络嵌入结构的观点看，子公司的网络嵌入发生于两个水平上的网络即自我网络（ego - network）和二元网络（dyadic network），前者是针对子公司本身而言，即那些所有与之有关的组织及其所形成的网络，后者是整个网络整体，不但包括了子公司的自我网络，而且还包括了其他所有网络成员形成的关系，实践上是网络内成员的自我网络的集合。

② 纵向嵌入结构包括实际上是垂直一体化的企业联系关系，早在 1992 年，企业集团研究学者徐金发用交易费用理论和资产专用性理论、准租金等制度经济学分析范式对企业的垂直一体化联合进行了分析，认为企业的资产专用性所决定的准租金攫取是企业垂直一体化的动因，并通过东风汽车集团中垂直一体化联合的案例进行了分析。参见徐金发著：《企业集团成因论》，同济大学出版社 1992 年版，第 160—170 页。周勤著：《企业纵向关系论》，经济科学出版社 2004 年版。

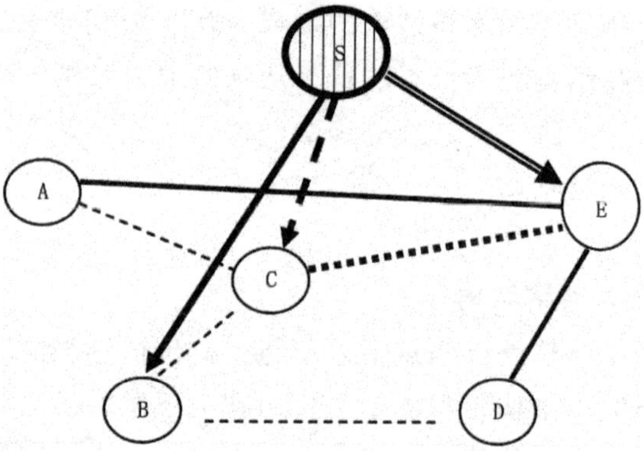

图 3.3 纵向嵌入网络结构

的关系建立的网络结构。图 3.4 所示的焦点子公司 S 和网络其他成员企业 A、B、C 生产同一类产品，或者在资产、资源、市场销售、采购、基础设施等某个生产活动相同或相似程度较高，S 根据嵌入关系的选择与 A、B、C 分别通过契约、股权和非正式关系进行联结，形成了横向的网络嵌入结构。

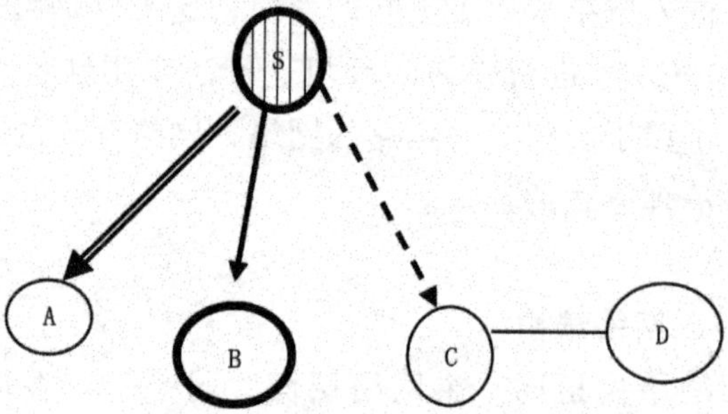

图 3.4 横向嵌入网络结构

（3） 混合嵌入网络结构

焦点子公司与通过网络嵌入关系联结的网络成员属于不同的产业，混合嵌入网络结构就是这些在生产环节或资本上不同的企业而形成的网络嵌入结构。

图 3.5 中焦点企业 S 和企业 A、B、C 既不生产同一类产品，在资产、资源、销售采购、基础设施等也不存在相同之处或共享之处，子公司 S 根据嵌入关系的选择与 A、B、C 分别通过契约、股权和非正式关系进行联

结，形成了混合的网络嵌入结构。混合网络嵌入结构是企业多元化经营的主要实践形式，比如产业集群、产业综合体等形态的企业网络，当某企业进入这些集群或产业综合体设立子公司，子公司与网络中的其他企业就可能联结组成混合嵌入的网络结构。

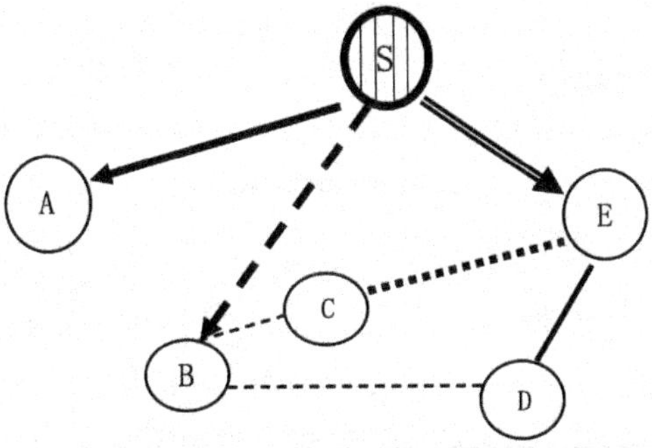

图 3.5　混合嵌入网络结构

3.3.2　子公司网络嵌入结构的实践形式

子公司已经成为母子公司或跨国公司的重要战略资源和竞争优势的来源，特别是向异地或跨国获取关键性资源和核心竞争优势，通过子公司与当地企业通过一定的网络嵌入联结，形成某种特定的子公司网络结构，从实践中来看，子公司网络嵌入结构的典型类型有市场导向型、研发导向型、生产导向型、资源导向型等四种形式。

（1）市场导向型

市场导向型的子公司网络嵌入结构就是为了共享当地销售渠道、声誉等市场资源，子公司与当地企业、机构等通过合资或合作、甚至是声誉带来的默契行为形成的网络结构。获取的市场资源包括稳定的客户、声誉等资源，需要通过长期的投资和积累，市场导向型网络嵌入结构就是通过正式或非正式的行为，形成网络嵌入结构，共享网络的市场声誉、销售渠道等市场资源，以达到低成本地迅速进入当地一市场。

例如，海尔公司进入日本市场布局销售网络，就属于市场导向型嵌入的网络结构[①]。日本的白色家电技术水平和市场竞争力在全球处于领先地位，市场上有日立、松下、夏普、三菱、东芝、三洋等全球知名厂商和品牌，竞争非常激烈。2002 年 2 月，海尔设立日本销售公司并与三洋电机株式会社合营成立三洋海尔株式会社在日本市场开展业务，6 月成立海尔日本控股株式会社，开始对海尔产品销售公司的在日本销售业务进行统一管理，同时，与日本市场上其他知名的综合商品批发商、家电批发零售商如 KS、BEST、BIC、AOEN 等建立代理或批发销售关系，形成了遍布日本全国各地的海尔产品销售网络。为尽快打入日本市场，海尔采取了一条设立销售据点、与当地知名厂商合营销售、收购当地厂商的渐进式的市场导向型网络嵌入方式。海尔在日本的销售子公司通过与日本同行业优势企业的销售商进行不断深化的合作，取得了快速获取市场资源的效果。海尔自 1997 年进入日本市场，2002 年开始海尔冰箱在日本的销售进入高速增长期，到 2008 年，海尔产品在日本的销量上升到 2002 年的 5 倍，年平均增长高达 37%。在销售量不断上升的同时，日本用户对海尔冰箱品牌的认可度也在不断提升。海尔日本销售公司在 2008 年 10 月进行的一项市场调查结果显示，用户对海尔冰箱的认可度从原来的 43% 上升到了 73%。

（2）研发导向型

研发导向型的子公司网络嵌入结构是为了获取当地研发人力资源、知识资源，或者为了快速响应市场变化，子公司与当地企业、研发机构等通过合资、契约合同等形成的网络。具有战略价值的创新要素是创新知识，发达的创新网络中内嵌的异质性、互补性的创新性知识，最有效获取的途径就是嵌入该创新网络体系。创新性知识的核心是隐性知识，由于隐性知识的高度个体化、难以形式化，具有垄断性、表达的困难性、收益的不确定性，影响知识转移的有效性。由于知识市场交易机制失灵，获取的方式必须通过网络化、内部化的方式吸收和转移，子公司通过合作或合资的方式学习和获取，成为技术创新能力培育的有效途径（见表 3.1）。

---

① 该案例资料来自海尔、价值网等相关网站，作者整理。

表3.1 部分浙江企业海外研发机构

企　业	行　业	研发机构，设立时间
浙江华立集团	通讯	新设美国华立通信集团（硅谷，2001年）
浙江万向集团	机械	万向北美技术中心（芝加哥，2001年）
宁波华翔集团	汽车零部件	收购英国劳伦斯公司（英国，2010年）
宁波贝发集团	制笔	新设贝发德国研发设计中心（德国，2003年）
宁波均胜集团	汽车电子	收购德国普瑞（Preh GmbH）（德国，2011年）
宁波韵升集团	磁性材料	收购日本日兴电机公司，获取钕铁硼永磁材料、八音琴、弹性元件等技术（日本，2009年）
宁波圣龙集团	汽车零部件	收购美国博格华纳SLW汽车股份有限公司（2009年）
宁波兴瑞电子公司	OA、汽车、通讯精密零组件	收购日本马谷株式会社（2009年）
钱江摩托集团	摩托车	收购意大利Benelli（贝纳利）（2005年）
浙江三花控股集团	制冷空调控制元器件	收购美国兰柯公司（2009年）
杭州机床集团	平面磨床等	收购德国Abazb磨床有限公司（2006年）

资料来源：作者根据资料整理和笔者调研。

20世纪80年代末，日本、美国企业在欧盟的直接投资广泛存在着技术获取目的（Nevenand Siotis，1996），20世纪90年代以来，海外企业对美国生物与电子领域的技术创新越来越重视技术获取（Serapio & Dalton，1999）；英国、意大利的海外R&D支出也大多投向东道国研发密度高的产业（Pearce，1999；Vannoni，1999；Driffield & Munday，2000）。巴西的Embrae，印度的Infosys，Tata，和Ranbaxy，都成功地将研发机构嵌入到欧美国家的创新体系。随着中国企业的内外环境的变化和企业培育自主创新能力的需要，部分中国企业（例如浙江民营企业，见表3.1）到海外设立研究型子公司，就是研发导向型的子公司嵌入网络结构。

从研发导向型子公司网络绩效来看，DONNA MARIE DECAROLIS（1999）对嵌入生化产业群中的子公司的知识转移绩效进行了分析，Lee

N. Davis（2004）对海外子公司研发与当地网络环境进行研究，N. Dayasindhu（2002）通过印度软件产业集群的嵌入性和技术转移进行了研究，这些研究结果显示，企业嵌入产业网络的方式对于企业吸收技术创新有着至关影响。从浙江企业海外设立研发子公司或研发机构来看，主要以子公司“走出去”的方式嵌入发达国家创新网络。发达国家研发创新网络具有以下两个方面的特征：一是具有前沿性和原创性的创新资源。发达国家技术创新网络是全球技术进步最有力的发动机。据世界银行统计，目前美国、日本、欧盟等发达国家占有全世界86%的研发投入、90%以上的发明专利、98%的全球技术转让和许可收入。这些发达国家的创新网络中具有前沿性、原生性的创新资源，其中内嵌着大量的异质性、互补性的创新知识。二是具有高端性和完备性的创新网络。发达国家研发创新活动形成了以跨国公司为主体的，包括国际一流大学、研究机构、高端实验室、金融服务等完备和均衡配置的创新网络，具有创新网络的完备性、创新组织的多样性、创新过程的非线性、创新成果的高端性等特征。

嵌入国外发达国家创新网络对于发展国家子公司进行海外研发和创新的绩效影响是显著的。首先，逆向嵌入国际创新网络，跟踪国际前沿技术创新方向。子公司嵌入国外创新网络，可以识别、评估和跟踪原创性、核心性、战略性国际前沿技术创新趋势、方式和成果，实现本土企业技术创新能力和技术创新能力的国际对接、追赶和超越。其次，嵌入网络可以进行联盟合作技术研发，吸收获取技术创新知识和能力。研发型子公司通过商业合作、股权联盟、科技开发等网络嵌入方式，以股权换市场、参股换市场、设备换市场、让利换市场等各种联盟合作方式与国外高端的技术研发资源对接，学习和吸收、内化原创知识和核心技术，同时，获取创新知识和技术的垂直溢出和水平溢出，实现自主技术创新最大限度的放大。再次，研发子公司嵌入国际高端创新网络，独资或与国外商业伙伴（如供应商、客户）合资建立研发导向型的企业，是迅速提升技术创新能力的又一途径。最后，通过兼并收购具国际一流企业形成海外研发子公司能够直接迅速获取核心创新资源和能力。通过收购国外发达技术创新体系中的行业领军企业，迅速和直接获得国际一流企业的专利、技术，以及技术研究中心、技术研究人员等创新资源和创新能力，特别是获得与企业不可分离的创新网络关系和隐性创新知识。

(3) 生产导向型

在母公司或跨国公司向外扩张时，由于资本壁垒、市场壁垒阻隔，以及生产要素禀赋差异的宏观原因，母公司或跨国公司一般倾向于直接投资，通过"绿地"投资或者并购等方式，成立海外或异地的生产型分支机构，这些分支机构主要承担的角色和功能就是制造产品。生产导向型的子公司嵌入网络结构就是为了获取当地低成本生产资源，或者满足市场变化，子公司与当地企业等通过合资、契约合同等形成的网络。某些地区由于制造成本、贴近市场，具有生产制造的优势，中国存在的企业集群例如东莞电子制造企业集群、慈溪小电器企业集群，由于专业化分工协作、土地和劳动力资源成本低，成为许多跨国公司子公司进行合资或合作的嵌入生产网络的选择。一般的生产导向型子公司网络嵌入方式是合作，具体是 OEM（Original Equipment Manufacturing）制造，即由外包厂商委托代工厂商生产制造产品，再贴上自己的品牌商标自行再加工或销售，另外是子公司与当地网络中企业进行参股合资的方式。生产导向型的子公司网络嵌入结构，主要是节约了子公司物质性的专用性资产投资，减少了不确定性和成本，这也是解释为什么跨国公司在中国广泛存在的一个关键原因。

例如，美国通用公司在中国的子公司——美国通用（上海）与宁波更大集团合资生产的汽车轴承[①]，就是一种生产导向型的子公司网络嵌入结构。通用汽车（上海）公司生产汽车需要配套的汽车专用轴承，为节约投资、降低成本和稳定供货，决定寻找相关企业进行合资生产。浙江省余姚市具有轴承制造的传统产业优势，形成了轴承生产的模具、配件制造产业集群网络，位于集群网络中的宁波更大集团有限公司专业生产微小型球轴承，注册资本金人民币 5500 万元，在汽车专用轴承的生产质量和成本方面具有明显的竞争优势，主要顾客包括为 XEROX、MAYTAG、LITENS 等国际知名企业，2007 年公司实现销售额 4.20 亿元人民币，在国内同行中名列前茅。因此，美国通用（上海）决定以宁波更大集团有限公司作为合资伙伴。1997 年 10 月通用（上海）公司和宁波更大集团有限公司合资组建宁波通用轴承有限公司，总投资 1320 万美元，双方各占 50% 股份，专业生产中型球轴承、万向节及圆锥轴承。通过合资方式，美

① 作者 2009 年 5 月调研，在此对宁波更大集团相关领导的热情配合和协助表示感谢。

国通用（上海）嵌入余姚轴承制造产业网络，达到了节约投资，获取余姚轴承制造网络的优势资源，同时也锁定了产品质量和规模，提升了企业的竞争优势。由于该模式在实践中运作效果良好，2005 年，美国通用（上海）公司和宁波更大集团有限公司合资组建了宁波海亚特滚子有限公司，总投资 480 万美元，专业从事圆锥滚子及圆柱滚子的生产及销售，主要客户就是美国通用集团内企业。

（4）资源导向型

资源导向型的子公司网络嵌入结构就是为了获取当地产业战略性资源或企业专用性资源，子公司与同类企业、研发机构等通过收购、合资、契约合同等形成网络结构。当子公司企业的某些产品和制造特征，可能对某些专用性资源依赖性很强，一旦这种资源供应短缺或价格波动，就会对企业经营带来风险和损失。在企业面对需求和供给的不确定性时，通过子公司的正式或非正式的关系与当地企业、机构组成子公司嵌入网络结构，在一定程度上能够稳定市场供给和锁定成本，确保子公司的经营安全和竞争优势。对于企业所需要的、关系到产业的经营安全和产业竞争力的战略性产业资源特别是石油、铁矿等，为获取资源型的子公司进入当地网络组成嵌入网络结构，更是有效获取资源的方式。随着中国经济持续快速的发展，一些企业生产原料、矿产资源需要在全球获取，因此近年来中国企业通过股份认购、企业并购、开采权交易的方式，建立海外子公司嵌入当地资源生产的网络，获取企业、产业需要的铁矿、石油等战略资源（见表 3.2）。

表 3.2　　2009 年中国部分企业海外资源性子公司

企 业	获取资源	收购海外资源获取型子公司（时间）
中金岭南公司（2009.2）	澳大利亚矿山（锌储量约 222 万吨，铅储量约 141 万吨）	收购澳大利亚上市公司 PERILYA LIMITED50.1% 股份，价值 4500 万澳元。
广东广晟资产经营有限公司（2009.7）	澳大利亚铜矿	以 1.4 亿美元认购泛澳公司 4.6 亿股新股，每股作价 0.395 澳元，约占扩股后 19.9% 股权，并成为第一大股东。

续表

企　业	获取资源	收购海外资源获取型子公司（时间）
中国武汉钢铁集团（2009.8）	加拿大铁矿	与加拿大专营勘探开发的矿业公司 Consolidated Thompson Iron Mines Ltd. 达成交易，武钢以2.4亿美元的价格收购CLM公司19.9%的股份。
中石油、中海油（2009.6）	非洲石油	以40亿美元的价格竞购美国公司KOSMOS能源处于非洲加纳沿海jubilee油气田30%的股权。
中石油	加拿大石油	中国石油同意斥资19亿加元，向阿萨巴斯卡油砂公司（Athabasca Oil Sands Corp）收购旗下位于加拿大西部省份阿尔伯达东北部地区的Mackay River及Dover油砂专案的60%开采权益。

资料来源：作者根据网络和政府网站资料整理。

3.4 子公司网络嵌入结构效应

按照SCP（结构—行为—绩效）的分析范式，结构的异质性将会带来行为的差异，最终影响企业的竞争能力和经营绩效的差异，子公司作为一种网络建构，是一种组织创新，必然导致经济效应。例如，子公司嵌入网络的社会资本和网络嵌入对于企业成功发展具有促进作用（Granovetter 1985；Uzzi，1996），Bellandi（2001）则认为大企业与当地产业区的关系效应，取决于该企业与当地产业的嵌入程度，太强和太弱的关系嵌入都影响到企业的知识交换和制度创新。母子公司网络结构，除了具有规模经济效应、范围经济效应、速度经济效应以及降低交易成本等整个网络的宏观效应之外，对于研究的焦点子公司的行为、绩效具有显著的作用。

（1）提高子公司的资源吸收能力

子公司网络系统是通过正式的网络关系和非正式的网络关系，结成一个相对具有较强关联性的企业和其他政府、社会组织的组合群体。子公司网络通过对相关性公司、相关社会结构的聚集与互动，创造了一个凝缩了丰富资源与较大选择范围的企业资源，这不仅降低了网络的资源寻找成本，而且还提高了各公司对内部和外部的内部化创造能力。网络内部公司间资源的相互吸收，不同于从外部市场环境中的资源吸收，子公司从网络内部进行资源的吸收有助于创造企业持续竞争力。其中主要原因是：在同一个网络结构中，子公司与其他网络成员具有更为相似的企业环境，提高了网络组织外来资源与子公司的相关性，从而提高了子公司对外来资源的吸收能力以及外来资源对企业环境的适应能力；另外，网络为其内部各成员间相互沟通创造了条件，从而使得子公司能够根据市场变化及时从网络中吸收到针对性的资源，并可以在外来资源拥有者的积极帮助下迅速实现外来资源的内部化创造。

（2）分散子公司的创新风险

在子公司网络结构中，子公司可以更加有效地利用母公司及其他网络成员的现有资源与储备资源，这不仅能够提高网络资源的共享利用价值，还能够为网络系统内部各子公司进行创新提供必要的资源支撑；此外，网络成员通过一定的股权联盟、契约合作和非正式的社会关系合作，分散了创新活动的风险，减弱了创新失败而对公司发展的影响程度，从而极大降低了子公司创新风险，提高了子公司创新的积极性。

（3）共享网络资源的价值效应

网络中的一些共享资源如某些知识资源不同于物化资源，也就是具有网络公共品的特征，具有共享的非排他性和非对抗性。即不会因为共享主体数量的增加而削弱该资源使用价值，反而会随使用频率的增加而得到不断完善与价值创造力的提升。在母子公司网络系统之中，企业资源被共享利用的频率将远远多于单一企业组织，并且会随着母子公司网络的不断扩展而增加。当网络中某一个成员创造了一种具有较高价值的资源如市场资源，通过网络的协调机制，就可以将该资源价值拓展到整个网络系统中来共享利用。网络组织对关键资源的创造、共享、利用和推广的能力，是其能够实现快速扩张与发展的关键所在。

（4）促进子公司网络化成长

子公司网络结构的形成，改变了子公司成长的环境，由于子公司与网络成员之间存在的正式或非正式的网络联系，促进了子公司与网络成员之间的信任、互补性资源的流动，也促进了子公司规模扩张和能力的成长。另外，子公司网络结构的形成，改变了子公司成长的方式，不仅可以通过市场内部化的方式成长，还可以通过战略联盟、虚拟联盟等网络方式扩张企业的边界和生产规模，这为促进子公司的成长提供了更为有机、柔性和有效的途径。

3.5 案例分析：万向钱潮股份有限公司的网络结构①

（1）万向钱潮股份有限公司网络结构的形成过程

万向集团是汽车零部件及相关机电产品的制造、开发和销售的大型企业集团，1990 年列为浙江省计划单列集团，1997 年列为国务院 120 家试点企业集团，1999 年被列为全国 520 户重点企业，现在在中国企业 500 强名次列第 127 位、制造业 500 强列第 58 位；机械行业列第 15 位，汽车行业列第 8 位，汽车零部件业列第 1 位。万向集团已在全球市场建立了产品销售和服务网络，是以发展汽车零部件主业，接轨国际主流市场、接轨国际先进技术、接轨跨国公司运作的大型跨国企业集团。

万向钱潮股份有限公司（以下简称“万向钱潮”）是万向集团公司绝对控股的核心子公司，母公司为万向集团公司，其中母公司万向集团公司控股 61%。万向钱潮主要产品有汽车底盘及悬架系统、制动系统、传动系统、汽车橡胶密封件、轴承、滚动体、工程机械部件等汽车系统零部件

① 资料来源：作者根据万向集团等相关网站、万向大事记等整理。本案例选取万向集团公司的子公司——万向钱潮股份有限公司网络进行分析，万向集团和万向钱潮股份有限公司的全资公司、控股公司、参股公司和合作企业，以及“孙公司”数量很多，本案例以万向钱潮股份公司为研究焦点，选择各种网络连接的方式来说明万向钱潮股份公司作为子公司的网络结构。

及总成，是国内最大的独立汽车零部件系统供应商之一，拥有五个主体公司以及三十多个专业产品制造工厂的汽车零部件系统供应商。

万向钱潮在万向集团公司内部的关联子公司（国内）包括：

钱潮轴承有限公司。2003 年钱潮轴承有限公司为万向集团公司设立的轴承产业公司，下辖淮南万向特种轴承有限公司（淮轴）、淮南钱潮轴承部件有限公司（淮轴部件）、江苏钱潮轴承有限公司（江苏轴承）、钱潮轴承宁波工厂（宁波微轴）等全资企业。

湖北通达汽车零部件（集团）有限公司。该公司创立于 1967 年，总部位于十堰市万向通达工业园区内，是拥有员工 1450 人、总资产 6.99 亿元的现代化高新技术企业。2005 年 3 月，湖北通达被万向集团公司整体收购，成为万向集团在湖北和华中地区全力打造的汽车零部件产业基地。湖北通达现拥有 9 个子公司和一个省级企业技术中心，在十堰、襄樊、武汉、蚌埠、广州、海口等地建立了制造基地，专业生产汽车排气消声系统、尾气催化转化器、汽车燃油箱等系列产品，目前在国内同行业稳居主导地位。

长春力得汽车工程塑料制品有限公司。该公司于 1991 年成立，是东北地区最大的汽车工程塑料加工基地、汽车塑料保险杆、塑料内饰主要供货商；是一汽大众、一汽轿车、一汽马自达、一汽飞越、天津一汽丰田保险杠和风道产品的主要供货商，通过资本运作，2005 年万向集团公司通过收购股权成为长春力得的控股股东（持股 51%）。

浙江万向系统有限公司。公司成立于 1999 年，是国内规模最大、设备最先进的汽车底盘制动系统零部件生产企业之一。公司所属企业有武汉制动器、杭州工厂、河南制动器、车桥公司、芜湖工厂、海南工厂、柳州工厂、铸造工厂等。

万向钱潮股控股或参股的子公司包括以下企业：

钱潮传动轴公司。该公司是万向钱潮下属的一家主业公司，拥有 5 个专业工厂，1 个研究所；该公司是目前国内唯一的一家集传动轴与缓速器研发、制造为一体的汽车零部件生产企业，是国内最大的传动轴生产厂家与出口企业。而合肥万向钱潮汽车零部件有限公司是由杭州万向传动轴有限公司于 2003 年投资组建的子公司，主要为专业设计、制造各类传动轴和汽车底盘类零部件。公司位于合肥江淮汽车配件工业园，目前生产各类传动轴能力达 30 万根/年、其他底盘类零件 15 万件/年。公司生产的传动轴主要应用于高档商务车、重型车、中型车、轻型车及其他专用工程车，并与江淮汽车公司、安凯车辆公司、合肥昌河公司、合力集团等主机厂建立了良好的配套合作关系。

武汉万向汽车制动器有限公司。该公司是 1999 年万向钱潮公司通过收购成立，原公司是中国第二汽车制造集团公司的控股企业，钱潮公司收购后，与二汽集团建立了产品供应协作关系，使得钱潮股份公司直接进入二汽神龙富康配套，顺利地开拓了新领域，扩大了企业生产和市场规模。

浙江万向硅峰电子股份公司。2002 年在浙江开化，通过收购并进行股份制改造，成立了浙江万向硅峰电子股份公司。成立浙江万向电动汽车开发中心，收购埃泰克电池工业公司，完成电动轿车、电动大客车样车开发。

杭州钱潮精密件合资公司。2008 年公司与日本双日株式会社合资成立精密件合资公司，合资注册资本 1278 万美元，钱潮公司占 75%，合资公司主要业务是生产轴承用滚柱、滚针、离合器、钢球的加工销售。

2002 年万向钱潮分别与海南马自达、上汽安徽奇瑞、昌河汽车就系统模块化技术与供货，签署合作协议。

自从 1999 年万向收购美国 QAI 公司后，不断“走出去”深化公司的跨国经营，逐渐形成了以杭州万向（集团）股份为母公司，拥有国内外多家子公司和分支机构的跨国经营企业集团（见图 3.6）。

- 1999 年万向美国公司收购了美国 QA1 公司 200 万美元的股权，成功实现以股权换市场。
- 2000 年，万向在美国收购了世界上万向节专利最多的舍勒公司，以万向美国公司为代表的集团跨国经营和海外市场建设取得突破性进展，之后成功收购了 BT 公司、IPPD 公司和麦可公司等。10 月万向集团成功收购广州轴承厂万向节生产线和商标品牌，获得“万向”商标所有权和使用权。2001 年，万向美国成功收购美国 UAI 公司（全称 Universal Automotive Industries INC.）21% 的股份，加上期权、担保、契约和有关经营合同要求，共拥有 58.8% 的表决权，成为第一大股东，实现了跨国界的市场融通、技术共享和优势互补。
- 2003 国际化进程加速，成功收购美国“百年老店”——翼形万向节传动轴的发明者和全球最大的一级供应商——洛克福特（Rorkford）公司占 33.5% 的股权；收购美国历史最悠久的轴承生产企业 GBC 公司，与

TRW、DANA等形成战略合作关系。万向产品根据客户的需要，国内制造或国外制造，或国内粗加工国外精加工。

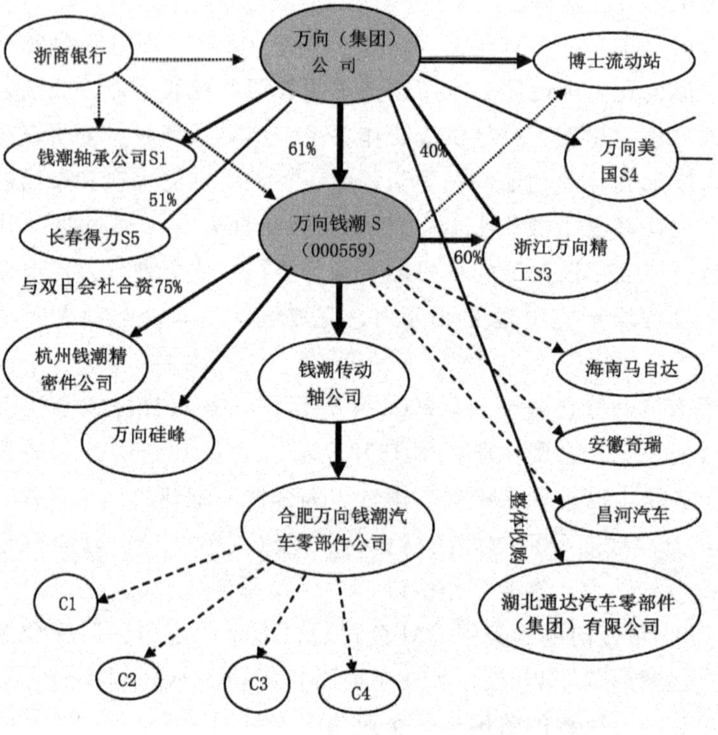

图3.6 万向钱潮子公司网络结构图

• 2006公司与福特、通用、现代等签订零配件供应协议，2008年开始向美国市场年供应500万只等速驱动轴，为韩国现代年供应80万只等速驱动轴。

（2）万向集团母子公司网络结构的分析

分析以上万向集团网络结构的形成可以得出以下结论：

首先，万向钱潮是万向集团控股的核心子公司之一，万向钱潮的研发资源、市场资源等战略资源决定在万向集团中处于核心地位，万向钱潮在万向集团中承担着生产经营核心产品的子公司角色。

其次，万向钱潮是万向集团对外扩张和拓展的主要载体，而万向钱潮与母公司万向集团、与其他企业通过控股、参股形成网络结构，这个网络结构包括了内部网络结构和外部网络结构，内部网络结构主要由母公司——万向集团公司和其他子公司通过股权控制、股权关联的方式正式关系形成（如图3.2）。其中内部网络通过复杂的股权关系、参股、控股与合作等关系形成了多重或多嵌套母子公司网络结构，一是以万向钱潮为中心的子公司网络结构，二是以钱潮传动轴有限公司为中心的子公司网络结构。通过这些网络结构，万向集团拓展了万向的产品范围、市场范围、职能活动范围，实现市场、产品和子公司管理方式的多元化，同时子公司、参股公司和合作企业成为万向集团企业演化成长的主要形式。

再次，以万向钱潮为焦点的子公司网络结构同时嵌入于外部网络之中，万向钱潮通过合作方式与安徽奇瑞、海南马自达和昌河汽车的契约式合作，是契约型的网络联结关系，同时也通过这种联系与这些企业建立了人际互动、信任、声誉等社会网络关系，因而网络结构是正式的参股、合作关系与非正式的社会关系的叠加，使万向钱潮能够与网络内企业稳定交易、降低风险、降低交易费用，加速企业的成长和核心竞争能力的提升。

最后，在子公司的嵌入网络中，焦点子公司万向钱潮同时与银行、科研机构等非商业机构形成网络关系，促进了自身以社会网络获取资源的途径和能力，有利于万向钱潮获取当地的金融、科技资源，从而促进企业规模的扩张和竞争能力的提升。

总之，实践中万向集团之所以没有通过内部化一体化构建一个特大型、多元化经营、跨地域的企业，而是依托集团公司对万向钱潮等子公司的控股关系，围绕控股的子公司为核心构建子公司网络嵌入结构，把子公司与母公司、关联子公司、当地商业伙伴、社会机构通过正式关系与非正式关系组成子公司嵌入网络结构，这种正式网络治理和非正式治理相互补充、共同协同的双重网络，成为企业成长的主要方式和路径。

3.6 小　结

本章在嵌入性概念分析的基础上，作者提出了子公司嵌入网络结构的理论模型，认为子公司嵌入网络结构是子公司为焦点的、通过正式和非正式的网络联结而形成的网络。子公司嵌入网络结构是外部技术、社会、经济环境变化和内部要素共同驱动的结果。子公司嵌入网络结构从子公司网络结构的网络特征和网络联结特征两个维度进行分析，其中网络联结关系是识别和反映子公司嵌入网络结构特征的关键属性。在此基础上，通过以网络嵌入联结方式为切入点，把子公司嵌入网络结构分为纵向嵌入网络结构、横向嵌入网络结构和混合嵌入网络结构，并对实践中的市场导向型、研发导向型、生产导向型、资源导向型等四种形式子公司嵌入网络结构进行了阐述和介绍，最后，论述了子公司网络嵌入结构的效应。本章的子公司嵌入网络结构的理论模型、子公司嵌入网络结构的特征分析是本章的核心，是进一步分析子公司演化成长的理论基础。

第 4 章

网络嵌入的子公司演化成长动因与模式

本章在子公司嵌入网络结构的基础上，从网络资本、网络嵌入租金视角探讨子公司演化成长的动因、路径和模式。第一，本章将对子公司演化成长概念进行阐述，分析子公司成长内在原因和子公司演化成长理论含义和特征；第二，基于网络嵌入视角，通过网络资本、网络租金的视角分析子公司演化成长的动力；第三，基于网络嵌入结构，阐述和分析子公司嵌入网络演化成长的三种模式；第四，分析子公司嵌入网络界面与子公司演化成长过程。

4.1 网络嵌入的子公司演化成长本质特征

从企业变迁和成长来看，斯密定理认为“市场范围决定分工”，指出企业的分工和专业化受到市场范围的制约，斯蒂格勒（1976）认为企业是一系列分工业务的集合，不同的生产环节在市场范围比较小，不能获取生产规模递增效率，不足以独立地专业化从企业内部分化出来，只有随着市场和产业规模的扩大，企业的内部分工转化为社会分工，从而产生各种产业链上专业化分工协作的企业。纳尔森、弗里曼等人从现代演化经济学出发，认为企业如同生物演化，通过竞争、遗传和变异等过程进行扩大规模和进化自我的性质。

4.1.1 子公司成长的内在原因

我们总是能看到企业的规模扩大、竞争力提高和企业组织变革的企业成长现象，那么我们就会深入思考后提出企业成长的内在原因是什么呢？以科斯的企业理论为标志，人们对企业的性质和边界的研究进入了系统化的研究阶段，关于企业成长理论也构成了所谓的“丛林现象”企业理论的重要组成部分，但是关于企业成长的理论体系远未系统化和统一。企业成长研究分为成长因素的研究和成长过程的研究（Ardisshvili，1998；邬其爱，2007），其中前者研究企业成长的原因，比如从产业环境、企业特征、企业经营、企业家特征来挖掘各种企业成长的因素，主要的研究者包括了 Scherer（1980）、Cooper（1995）、Weinzinmmer（1998）和 Perren（2000）等人。而后者主要是研究企业成长的过程，主要从企业资源论（the resources based theory）、战略适应论（the strategic adaptation）、动机理论（the motivation theory）等进行探索企业成长过程及其成长特征。归结上述解释企业成长原因的理论观点，子公司成长的内在原因可以从企业分工深化、节约交易费用和整合资源能力三个方面进行阐述分析。

（1）企业分工深化

基于分工理论的企业成长观认为企业是社会分工的产物。企业的成长是社会分工深化的必然结果，也就是说，企业的分工深化必然会产生母子公司，也会推动子公司企业的成长。可以看出，基于分工的企业成长观点，在企业的生产规模和企业结构变化两者之间，强调了企业性质的变化，实际上是企业内生的分工成长。亚当·斯密的分工理论是企业内生成长的思想源泉。斯密在《国富论》中认为劳动分工是企业劳动生产率和企业成长的源泉（Charles Babbage，1998）①，企业的分工，也就是子公司的出现和成长是受企业市场和环境的影响的。斯蒂格勒（1951）归纳的

① （澳）杨小凯、黄有光著，张玉纲译：《专业化与经济组织：一种新兴古典微观经济学框架》，经济科学出版社 2006 年版。

“斯密定理”认为“分工受市场范围的限制”。因此，分工成了企业成长和子公司出现的逻辑起点。首先，分工深化衍生了子公司。在初期市场范围比较小的时候，一个企业内部必须独立完成全部产品的生产环节，因为市场需求规模太小，不足于容纳某个生产环节分离出来成立单独的企业；但是，当市场规模扩大到足够容纳企业将原有生产部门分离出来设立子公司或分公司进行专业化大规模生产，以获取规模报酬递增的优势，这个时候就出现了子公司。企业扩张生产的过程则是企业分工的直接深化，这需要在原有企业基础上建立新的专业化部门和组织；或者在原来企业基础之上分离、分立出新的机构或组织。另外，由于分工通过报酬递增效应降低了企业生产成本，提升了企业的竞争优势，所以分工深化又推动子公司进一步的演化成长。杨格则进一步用“迂回生产方法”[①] 概念分析分工的深化，认为市场不但具有配置资源的功能，同时还具有创造功能，即在促进交易的同时，又可以刺激新的需求产生，从而促进新的分工的产生。因此，迂回生产方法是专业化分工的产物，也促进了企业的规模扩大和企业创新能力、竞争能力的变化。随后，杨小凯（1993，2000）进一步提出了“内生的分工演进—迂回生产链”的分析框架，认为随着专业化水平上升，迂回生产链条加长，每个链条上的中间产品数增加，在生产率上升、商业化程度、市场容量、贸易依存度提高的同时，市场一体化程度和生产集中度都上升，也就表明企业的在规模和性质上得以演化和成长。

（2）节约交易费用

在古典经济学理论中，企业是黑箱，表现为生产函数，企业成长仅仅是生产产量规模的扩大。科斯（1937）运用“交易和交易费用”的概念，将企业视为节约交易费用的契约集合，至此“交易费用渐渐地成了我们理解产业组织的一个至关重要的概念”[②]，企业不再是一个先验存在的生产“质点”，而是有着边界的、并且这种边界可能变化的市场替代物。子

---

① 迂回生产方法（roundabout production method）是奥地利学派的庞巴维克提出的术语，指使用人造的工具或机器，采用间接的生产过程，提高了生产率，拉长了产业活动的链条，从而使分工进一步地发展。此后，杨格、杨小凯等人用“迂回生产”概念对分工演进的可能和必要、效率进一步进行了研究。

② 盖瑞·J. 米勒著：《管理困境——科层的政治经济学》，上海三联书店 2002 年版，第 6 页。

公司从母体企业里面分离并独立出来，正是为了节约交易费用，即以费用较低的市场交易代替费用较高的企业的内部交易费用。子公司和母公司的存在边界、规模被决定在企业内交易的边际费用等于市场交易费用的均衡点。基于交易费用的企业理论，解释了子公司为什么产生的原因以及子公司成长的原因。子公司成立后，作为独立的一个企业，它也具有通过内部化来替代市场从而扩展自己的成长能力。当子公司的企业边界随着内部机制替代市场机制不断扩张，则子公司一方面生产规模扩大，同时子公司内部结构和能力也随之变化了。由于企业替代市场是针对企业关联零部件等交易，因此企业的成长路径是沿着具有生产关联的纵向一体化。张五常（1983）发展了科斯关于企业是价格机制的替代物的观点，认为企业是一种市场（要素市场）对另一种市场（产品市场）的替代，是“一种类型的合约取代了另一种类型的合约”。威廉姆森（1985）采用资产专用性、不确定性和交易频率三个维度来刻画交易的特性，因此，子公司的企业边界和成长方式，是不同性质的交易与不同的治理机制匹配的结果，基于专用性资产投资的与企业纵向“一体化”依然是企业边界成长唯一路径。而不完全契约理论即GHM模型（Grossman - Hart - Moore模型）认为，由于人们的有限理性、信息的不完全性及交易事项的不确定性，企业拟定完全契约是不可能的，不完全契约是必然和经常存在的，这些契约中未提及的控制权力，即剩余控制权（residual rights of control）的配置决定着企业的效率边界，当契约不完全时，将剩余控制权配置给投资决策相对重要的一方是有效率的，GHM模型以合约的不完全性论证了物质资本所有权的重要性，也同时解释了子公司制度边界和制度成长的路径。

（3）整合资源能力

潘罗斯（Edith penrose，1959）认为企业是一个具有不同用途的生产性资源的集合体，企业通过知识积累以获取竞争优势、拓展生产领域，企业的成长是企业资源的积累的内在成长过程。资源能力观强调了企业作为资源能力的集合基础上的生产功能。理查德森（1972）扩展了潘罗斯的企业内在增长理论，认为企业的成长活动包括了基于同一能力的经营活动可称为“替代性活动”和基于一定规模和专业化程度条件，并与其他活动相匹配的经营活动可称为“互补性活动”。替代性活动在企业范围内部组织协调，反映了企业倾向于使其自身富有优势的经济活动专业化；而互补性活动则要由具有不同能力的企业之间进行整合和交流来实现，反映了企业的外部成长活动。因此，子公司的出现，是企业需要从外部获取互补性资源而进行的组织整合的产物，替代性活动要求企业进行专业化和组织的非一体化分解，互补性活动驱动企业之间进行协作生产，这从资源观解释了子公司的出现和进一步演化成长的根本原因。普拉哈莱德和哈默（1990）提出的企业核心能力理论认为，核心能力是“组织中的积累性学识，特别是关于如何协调不同的生产技能和有机结合多种技术流的学识”，其具有延展性、用户价值、难以模仿三个重要特征，企业长期竞争优势和成长则来源于企业能实现低成本、反应迅速、独特的“核心能力”。提斯（Teece，1997）等人建立并发展了动态能力理论，按照动态企业能力理论框架，子公司成长的源泉在于知识、资源和能力的内生创造上，子公司的成长原因就必须适应不断变化的外部环境，适时学习、更新知识、发展能力；以整合、重组自身内外部资源，从而实现自我成长。

此外，随着网络组织、社会网络理论的在企业理论中的兴起，一些研究者对企业运用网络分析来解释企业的成长内在原因（李维安，2003；杨桂菊，2004）。企业网络化成长是一种组织变革，而组织变革是组织外部环境和组织内部变化的共同作用适应、创新的结果（阎海峰、王端旭，2003）①。企业网络作为一种有机组织，当子公司进入企业网络成为网络中的结点，作为网络组织的结点子公司具有决策能力和学习能力，并且从网络组织中分享到网络利益或者网络资源。获取网络资源是子公司成长的动力和原因，子公司和企业网络的关系性质影响子公司的成长资源、成长机会、成长愿望和成长压力，最终影响子公司成长结果。

4.1.2　企业演化成长过程

长期以来，经济学一直受牛顿古典力学的分析规范的影响，一直遵循边际分析基础上的静态的均衡分析。企业的成长理论，也受这种古典经济学分析范式的影响而裹足不前，20 世纪初马歇尔开始认识到，静态的经济学分析是一种过渡状态，将被基于生物学概念的动态分析所替代。演化

① 未来的组织变革是朝着等级弱化、结构扁平化、内部分立化、关系网络化、边界柔性化的演变趋势，阎海峰、王端旭著：《现代组织理论与组织创新》，人民邮电出版社 2003 年版，第 12 - 18 页。

理论的先驱凡勃仑、康芒斯等认为经济系统存在着一定的演化机制。早期制度经济学代表人物凡勃伦（Veblen）在1919年发表的《经济学为什么不是演化科学?》一文中，提出了基于积累、基因和自然选择的经济学现象和问题，认为演化机制是自然选择机制，开创了在机械的均衡分析之外的经济学演化思想的先河。此后，马歇尔、熊彼特和哈耶克等人，开始从演化的历史来关注经济发展，马歇尔（Marshall，1938，1964）运用达尔文生物演化理论，分析产业组织理论和企业发展过程，熊彼特突破瓦尔拉斯一般均衡分析框架强调了资本主义的演化性质，并从创造性破坏视角分析经济结构的变化发展。哈耶克（1988）也抛弃了笛卡尔的从假设进行演绎推理的理论形成体系，认为制度不是推理的而是演化的结果，社会秩序的制度是有机体自发的演化过程，社会系统演化存在着“自然选择”的作用。

演化（evolution）是指相对于急剧变化的渐进的、缓慢变化和发展过程，有机体和社会实体的进步过程，在生物学运用之前，就被广泛地运用，然后进入生物学研究领域（Hodgson，1993；纳尔逊，1995），由于演化概念的模糊性和多样性，许多学者对此进行了概括和定义（Simpson & Weiner，1989；Hodgson，1997；Hesse，1980；Mckelvey，1994）[①]，但没有一个一致公认的演化概念，从演化的过程特征来看，经济演化过程主要包括三个过程要素：一是变异机制。偶然的、随机的和有目的的变异[②]；二是选择机制。在环境中个体选择性排除和选择性保留的过程；三是遗传机制。保留、复制和繁衍适应环境和经济组织生长的基因。

管理理论和组织理论广泛地对企业组织演化现象进行了研究（Freeman，1977；Bourgeois，1984；Lewin and Volberda，1999；Baum，1999）。首先将演化分析导入企业研究的是阿尔钦（Alchian），1950年阿尔钦发表《不确定性、演化和经济理论》[③]，认为经济系统作为一个适应性机制，这种机制体现了生物学演化和自然选择的性质。生物演化的基因遗传、突变

---

① 吴光飙：《企业发展的演化理论》，上海财经大学出版社2004年版。

② 虽然从制度演化的视角看，演化是一个马尔科夫过程（张旭昆，2007），这是强调演化的不确定性和偶然性。但是从组织理论看来，组织演化是一个无序、混沌向有序结构方向，或者低有序向高有序结构方向演化的（罗珉，2005）。

③ 杰克·J. 弗罗门：《经济演化——探究新制度经济学得理论基础》，经济科学出版社2003年版，第25页。此外，《演化经济学》（库尔特·多普菲著，高等教育出版社2004年版）、《演化经济学前沿——竞争、自组织于创新政策》（约翰·福斯特著，高等教育出版社2005年版）等著作也对企业演化概念、纲领和范围进行了梳理和概括。

和自然选择在企业演化的对应的是模仿、创新和正利润等概念，企业的这种适应性演化机制最终在企业追求利润行为中表现出来。

杨小凯（1993，2000）从内生分工—迂回的新视角，认为分工基础上的迂回生产、市场规模是企业成长和企业组织变化的主要路径。此外，吴光飙（2004）、杨桂菊（2004）、

邬其爱（2007）从各自研究的目的、研究视角对企业演化成长进行了理论研究，近年来一些结合案例、产业网络的企业演化成长研究文献不断出现（见表 4.1）。

表 4.1　　企业演化成长的主要研究文献

学　者	文　献	主要观点
凡勃伦（Veblen，1919）	《经济学为什么不是演化科学?》	提出了基于积累、基因和自然选择的经济学现象和问题，开创了经济学演化思想的先河
Marshall（1938，1964）	《经济学原理》等	运用达尔文生物演化理论，分析产业组织理论和企业发展过程
阿尔钦（Alchian）1950	《不确定性、演化和经济理论》	认为经济系统作为一个适应性机制，体现了生物学演化和自然选择的性质，生物演化的基因遗传、突变和自然选择，在企业演化中对应的是模仿、创新和正利润等概念
理查德·R. 纳尔逊（Richard. R. Nelson，1982）悉尼·G. 温特（Sideny. G. Winter）	《经济变迁的深化理论》、《演化经济学前沿——竞争、自组织和创新政策》	纳尔逊和温特在企业生物相似性的基础上，构建了一个模拟生物的企业研究模型，该模型特别强调“惯例”（知识遗传和继承）、“搜寻”（企业适应和惯例变异）
杨小凯（1993，2000）	《专业化与经济组织：一种新兴古典微观经济学框架》	提出内生—迂回分工是企业演化成长的路径
吴光飙（2004）	《企业发展的演化理论》	企业是惯例及其结构性的集合，企业发展是以企业惯例的变异、生成、保留的过程
杨桂菊（2006）	《跨国公司子公司角色演化机制研究》	子公司在网络资本作用下其角色不断地演化

续表

学　者	文　献	主要观点
邬其爱（2007）	《集群企业网络化成长机制》	建立“网络—网络资源—企业成长”分析框架，网络化成长是企业的三种成长机制之一
Cheng – Hua Tzeng（2011）	An evolutionary – institutional framework for the growth of an indigenous technology firms：	以中国联想1984到2008年的成长提出了一个企业演化的制度框架（evolutionary – institutionalframework），分析企业与社会部门联结（linkage withthe social sector）影响企业成长过程和阶段
Joachim Kaldasch（2012）	Evolutionary model of the growth and size of firms	企业是演化过程的结果，从需求和供给分析企业演化成长过程
SHI Kui – ran1；SHENG ，Zhao – han，XIAO Tiao – jun（2012）	Evolutionary Dynamics for Firm's Organizational Mode based on Theory of Learning in Games	企业成长是企业根据偏好和不断地组织学习的结果，达到企业成长的演化均衡状态
Anoop Madhok（2006）	A coevolutionary theory of the multinational firm	跨国公司内部是一个协同演化的过程，跨国公司内部的知识市场、科层组织对于公司的演化具有重要影响作用
SIMEON NICHTER（2009）	Small Firm Growth in Developing Countries	发展中国家的小企业成长主要决定因素是创业者、企业特征、企业社会网络和企业外部网络
Phillip C. Nell（2012）	The complexity of the business network context and its effect on subsidiary relational（over – ）embeddedness	子公司网络环境对于子公司网络嵌入性有显著影响作用

资料来源：作者整理。

在上述文献中，1982年，理查德·R. 纳尔逊（Richard. R. Nelson）和悉尼·G. 温特（Sideny G. Winter）的论著《经济变迁的深化理论》问世，标志着企业进化论的基本理论框架的形成，它“奠定了演化经济理论的框架性基础”（Metcalfe，1999）。企业具有生态学意义上的性质（杨忠直，2003），纳尔逊和温特在企业生物相似性的基础上，构建了一个模拟生物的企业研究模型，该模型特别强调“惯例”（知识遗传和继承）、“搜寻”（企业适应和惯例变异）和“市场选择”在企业演化过程中的作用。在企业进化论中，惯例是企业持久不变的行为特点，其深深植根于企业的一切思维和行为中，是可以遗传和继承的。纳尔逊和温特的企业演化过程主要从围绕企业惯例、搜寻和选择三项基本要素展开：

企业惯例。惯例作为演化经济学理论的核心要素，是企业在一定活动情境约束条件下企业的一组功能相似的行为序列的积累性概括，也是整个企业组织中多次重复的活动方式和个人的技巧。惯例特征主要包括默会性、实践性和积累性。默会性指隐含于组织和个体中、难以明确用文本和编码表达的反映企业本质的特性，它决定了企业发展到下一期的特征的相似程度和成长路径。实践性是指企业成长的情景性特征，作为企业基因的惯例是企业知识和经验的载体，企业惯例是可以被遗传和被选择的，也是可以变异的。企业惯例是程序化的，在很大程度上是一种无意识的知识，并往往是自动进行的选择，它控制、复制和模仿着企业演化的路径和范围。

搜索。搜寻是组织的所有活动，是企业在当前的可能选择中寻求解决问题的方案，也是企业的适应性学习和创新过程。企业产生搜索行为主要有两个原因：一是创新成果的刺激和吸引力，其影响程度与周围创新氛围有关；二是企业经历困难和挫折激发了搜索行为的产生，它是一种被动式的搜索行为。长期、动态的搜索行为形成了企业特有的“路径依赖”，是形成企业异质性知识和能力的基础。

选择。按照纳尔逊和温特的观点，选择是由市场竞争机制对企业“变异”产生结果进行筛选的过程。“变异”在企业中为什么、什么时候和怎样才能发生和传播，这是选择机制所研究的问题。竞争机制通过个体行为选择依赖于这种行为在群体中出现的频率的所谓“频率 – 依赖效应”机制的作用，从长期内来看，竞争的制度会促进那些做出了“正确选择”的企业，并会淘汰始终犯错误的企业，或者强迫它们进行变革，在此过程中很多企业特性被淘汰，与此同时某些特性会被复制、扩散和传播和成长。

纳尔逊和温特的企业演化成长过程是通过类似生物进化的三种核心机制，即多样性、遗传性和自然选择性来完成的，其中的组织、创新和路径依赖（Path Dependency）等进化对企业成长的影响至深。此外，市场环境提供企业成长的界限，这一界限与企业存活能力和增长率有密切关系。

4.1.3 子公司演化成长的含义和特征

（1）子公司演化成长的含义

“成长”概念来源于生物学，一般指生物有机体由小到大发展的机制与过程。最早明确地将企业比作生物有机体的是马歇尔，他在《经济学原理》中描述企业成长的过程为“一个企业成长、壮大，但以后也许停滞、衰退。在其转折点，存在着生命力与衰退力之间的平衡”，事实上，马歇尔的企业成长过程，已经揭示了企业成长是不仅是一个规模扩大的过程，也是企业内在结构、内在属性变化的过程。因此，我们可以这样明确地说，企业成长是一个演化成长的过程，因此本书界定企业的演化成长概念，不但用销售额增加、产品增加、机构扩大、资产增加、公司市值等规模概念描述，而且，认为成长总是企业规模扩大伴随着企业复杂性提高，是企业组织边界扩大、结构演进、创新能力、核心竞争能力提高等企业内在规定性的演变。

对于企业成长的认识虽然不统一，但对于企业成长的演化本质的认识还是趋于一致，学者们均认为企业的成长是内在本质和外在规模的统一过程。从演化成长的视角看，企业是延续和变异过程的统一，是寻找、选择的自组织学习过程（吴光飙，2004），从演化成长的内容上看，量的成长表现为企业资源增加、资产扩张、销售额和市场占有率的提高，而销售收入增长作为量的成长衡量较为普遍（Weinzimmer，1998），而企业结构、技术结构、组织结构成为一些学者定义质的成长的维度（林润辉，2004），也有学者将企业成长的操作化定义为销售收入的增长、雇员人数增长来表示企业成长（邬其爱，2007）。

网络嵌入中的子公司成长，也满足演化成长的基本特征。上述企业演化理论视角下的企业成长，也为分析网络嵌入中的子公司演化成长提供了分析框架。从演化视角研究子公司的代表性观点是（McKelvey，1997）将跨公司的演化定义为协同演化过程（coevolutionary process），协同演化的子公司理论认为一方面跨国公司与环境之间存在协调演化，另一方面跨国公司内部母公司、子公司之间也存在着复杂的协调演化现象。也有学者从企业能力的积累和进化来对跨国公司海外子公司的能力演化过程进行研究（姜彦福等，2009）；此外，基于知识的跨国公司演进观认为子公司的成长实际上是子公司内外部知识的积累互动、知识结构优化的过程（葛京，2002；贾生华，2005；罗宣，2006）；赵景华（2001）则从跨国公司子公司分为资源获取型、生产基地型、市场开拓型、利润重心型、知识获取型和风险分散型子公司角色，分析子公司成长与战略环境的关系。

归纳起来，本研究界定子公司演化成长指子公司在与子公司的网络环境交互适应过程中，通过搜寻、选择等活动，从而使企业在“质”和“量”上的变化的过程。其中对于演化成长的操作化定义从质的变化和量的成长两方面内涵来定义，即用质的成长表示子公司“演化”特征，而量的变化实际上是从“产出”的角度来表示企业“成长”特征。

基于网络嵌入观的子公司质的变化，可以从以下三个方面的来反映：一是以子公司在跨公司或集团公司中的地位来反映，地位的提升能够获取资源的通道、信息和成本的优势，从而促进企业更强的创新能力和核心竞争能力；二是企业组织属性的变化，主要是子公司与网络成员的联结的关系属性、子公司职能结构的变化等企业组织属性的变化；三是子公司竞争优势和企业创新能力的提升，通过子公司创新能力、流程再造等等；因此子公司演化成长的质的方面，就可以从企业组织属性、企业竞争优势、企业技术效率等加以度量；企业量的成长是质的演化的外在显示，可以用市场占有率、销售收入提高、资产规模等相关联的变化来衡量。

（2）子公司演化成长的特征

如上所述，从企业的演化经济学视角分析，企业、子公司的成长是一个演化的过程，具有演化过程的一般特征，这些特征集中表现为子公司基于其企业惯例的成长、演化成长是自组织行为和路径依赖三个方面的特征，此外，子公司的演化成长还是受母公司控制下的成长，网络嵌入环境中的子公司成长也是一个外部环境特征。

第一，子公司的演化成长是基于其企业惯例的成长。温特和纳尔逊认为“惯例是企业的记忆”，企业将“准自动地遵循固定的惯例”。惯例是企业成长的主导逻辑，影响着企业的世界观、组织认知、核心价值观和企业运作的功能，即对企业的正式、非正式规则，包含组织结构、控制制度、组织文化和组织程序具有引导和指导作用。因此，企业的成长是基于企业惯例的成长，企业通过组织学习，将其过去的历史、知识基础及集体行动的记忆在其内部复制的过程。企业惯例对于子公司的演化成长意义在于三个方面：其一，惯例是子公司的行为方式，决定了子公司的价值判断、生产和交易方式、监督控制和激励的方式。其二，惯例是子公司关联的规则方式，决定了企业微观约束方式、制度因素和企业的非正式组织关系。其三，惯例是子公司知识积累和创新的基础，有利于形成专业化、程序化的组织学习和知识积累。

第二，子公司演化成长是自组织①行为。自组织（to self - organize）是指事物通过自我的自发、自行、自我组织起来，走向组织化或有序化的一种过程，它是一个动态的、进化的、非线性反馈的过程（罗珉，2005）。子公司企业演化成长从组织的进化形式来看是自组织行为，子公司按照相互默契的某种规则，各尽其责而又协调地自动地形成有序结构，企业依靠自己内部能力，在相对稳定的状态下，将物质、能量和信息不断向结构化、有序化、多功能方向发展，系统的结构、功能随着变化也将产生。从自组织行为来看，企业"自组织"成长过程是企业在内在机制的驱动下，自行从简单向复杂、从粗糙向细致方向发展过程；从组织进化论的观点来看，企业"自组织"成长是企业在"遗传"、"变异"和"优胜劣汰"机制的作用下，企业组织结构和运行模式不断地自我完善，从而不断提高其对于环境的适应能力的过程。就子公司自组织视角的演化成长方面而言，子公司一方面具有自主性，同时受到母公司管理方式和协同方式的制约，因此，子公司演化成长具有自主性和母公司管理的"双层嵌套"的过程。

第三，子公司演化成长具有路径依赖性。企业成长方向和路径受企业初始状态的结构制约，企业成长的路径依赖表现在演化规则的自我强化和锁定。在子公司成长演化的过程中，会通过网络关系的自我复制、强化和锁定自我成长的主导逻辑。路径依赖理论的认为，制度变迁的原因包括了制度的收益递增和组织外部性，企业成长作为一种结构性制度的变迁，在

① 组织化（organization）是组织理论的核心概念，指事物朝着空间、时间或功能的有序组织结构方向演化的过程体系，组织化过程包括了"自组织"和"它组织"两种方式。罗珉著：《组织新论：网络条件下的组织管理新范式》，西南财经大学出版社 2005 年版，第 2 - 17 页。

变迁的过程中是制度的收益递增和外部性驱动的①。

第四，子公司的演化成长是母公司控制下的演化成长。虽然基于子公司为焦点的子公司理论看来，子公司获得越来越多的自主权，成为母子公司网络一个战略优势的来源，随着技术、社会等环境的变化，母公司对子公司控制方式从行政的科层方式变得越来越通过横向协调的控制方式，但是母公司基于对子公司股权的控制权，依然通过各种直接或间接的控制，因此，子公司的演化成长受母公司的控制方式、控制力度制约和影响。

此外，子公司的演化成长的外部环境特征是网络嵌入环境下的成长。子公司演化成长的实质就是子公司在子公司网络利益最大化动机的驱使下，从而不断地调整自身在网络中的位置的过程，调整子公司与网络成员的联结关系，通过自身的学习，积累资源和能力，在增加网络资本的过程中，复制、重构网络关系。子公司通过网络关系的资本化，获得网络利益，积累自身的资源和能力。为了进一步获得更大的利益，子公司将不断复制、重构网络关系，增加网络资本，调整自身在网络中的位置，由此使得子公司地位、子公司组织属性、子公司竞争优势得以不断变化成长。

4.2 网络嵌入的子公司演化成长动因

子公司嵌入网络形成了子公司嵌入网络结构，从而使某一个企业具有不同于其他企业的组织异质性，而企业的异质性可能是企业竞争优势的内生性来源（杨瑞龙，刘刚，2002）。嵌入网络的成员的积极性经济个体行为对市场和组织绩效有深刻的影响（Coleman，1984；Turner，1999），子

① 组织演进作为一种制度演化，具有历史的路径依赖性，青木昌彦认为制度演化具有整体的一种惯性，单个制度在孤立情况下都不会轻易被改变或设计，正是制度之间的互补关系为整体性制度安排提供了一定的耐久性，同时，它们也影响着制度沿特定方向演进。青木昌彦著：《比较制度分析》，上海远东出版社 2001 年版。

公司行为嵌入于网络之中，企业的行为是企业网络关系的函数，即子公司的绩效取决于子公司网络中其他节点的反应，是网络节点间相互博弈的均衡收益，企业内部的资源、能力也是各种相互联系的网络异质性的网络关系决定了企业行为和绩效的差异，这些观点证明，一个企业的资源和能力获取，以及绩效表现，都和它所处于的网络结构和网络特征有关。

虽然人们对网络的含义难以有一致的认识，但是，网络对于网络成员的功能效应是得到广泛地认同了。网络嵌入视角下的子公司演化成长，是子公司通过网络嵌入的位置和网络嵌入关系的建构和调整，获取子公司嵌入网络的网络资源，而这些网络资源存在于作为网络成员构成的网络社会，也就是网络的社会资本，即网络资本，这种网络资本能够为网络成员带来超过一般收益的超额收益，即准租金，在此我们定义之为网络嵌入租金，子公司网络嵌入过程也是形成网络嵌入租金的过程，这种网络嵌入实质上是驱动子公司演化成长的动因。

4.2.1 子公司网络资本形成和作用

(1) 网络资本含义

按照网络结构理论，社会主体（人与组织）并不是“原子化的”（atomized）的行动个体，它们存在于社会特定的关系网络结构之中，任何主体与其他主体间的纽带关系都会对主体的行为发生影响。网络是网络成员通过一定的规则、一定的联结关系形成的一个网络社会，按照社会资本理论，社会关系蕴含着社会资本，网络社会也就存在网络社会资本。因此，网络资本实际上就是网络社会资本，具有社会资本的一般属性。如同前面所述，社会资本理论主要贡献者为布尔迪厄（Bourdieu）、科尔曼（Coleman）、普特南（Putnman）、林南（Lin Nan）等人（见表4.2），社会资本类型可区分为外在的、内在的和功能性的社会资本，但这些分类没有本质的差异（Adler&kwon，2002）。

布尔迪厄（Bourdieu，1985，1990）指出“社会资本是现实和潜在的资源的集合体”，是与关系网络有关的。社会资本把个体自我的、私人的利益转化成为集体的、公共的和合法的利益，社会资本由具有摄取群体拥有资源的社会关系和这些资源本身的数量和质量构成，而且社会资本的积累、投资取决于社会关系的网络规模，依赖于与其联系的个体的经济、文化和资本的数量和质量。科尔曼（Coleman，1990）则从功能主义出发，界定社会资本为“个人拥有的社会结构资源”，与其他物质资源和人力资源一样，具有生产性的特征。他认为，社会网络的封闭性、社会结构的稳定性、意识形态和需要的满足是影响社会资本的创造、保持和消亡的主要因素。普特南（Putnman，1993）认为社会资本是“社会组织的特征，例如信任、规范和网络，它们能够通过推动协调和行动来提高社会效率”，个体参与网络产生了一般性的稳定的交流规则，促进了社会信任的产生，有利于提高声誉和协调沟通，减少机会主义行为。

表 4.2　　　　主要学者对社会资本的定义比较

学　者	对社会资本的定义	主要观点
Bourdieu（1986）	社会资本是现实或潜在的资源集合体，这些资源与拥有或多或少制度化的共同熟悉和认可的关系网络有关。社会资本由两部分构成：社会关系本身以及这些资源的数量和质量	社会资本是工具性的，依赖于行动者可动员的关系网络的规模
Coleman（1988，1990）	社会资本是个人拥有的社会结构资源，社会资本存在于人际关系之中，既不依赖于独立的个体，也不存在于物质生产过程之中。社会网络的封闭性、社会结构的稳定性、意识形态等影响着社会资本的创造、保持和消亡	与其他形式资本一样，社会资本是生产性的，和人力资本和物质资本一样，社会资本并非可以完全替代
Portes（1995）	社会资本是个人通过成员身份在网络中或者在更宽的社会结构中获取资源的能力。获取能力不是个人固有的，而是个人与他人关系中包含的一种资产	社会资本是嵌入的结果，嵌入包括理性嵌入和结构嵌入，前者是双方对互惠的预期的嵌入；后者是行动的双方成为更大的网络的一部分
Putnman（1993，1995）	与物质资本和人力资本相比，社会资本指的是社会组织的特征，例如信任、规范和网络，他们能够通过推动协调和行动来提高社会效率。社会资本提高了投资于物质资本和人力资本的资本收益	网络社会比没有信任的社会更有效率；信任、惯例和网络的社会资本存量有自我强化和积累的倾向；社会资本是一种“公共物品”

续表

学　者	对社会资本的定义	主要观点
Burt(1992,1993,1998,2001)	社会资本是网络结构给网络行动者提供信息和资源控制的程度。联系的相对缺乏（结构洞）推动了个人的流动、信息的活动和资源的摄取	社会资本的网络结构受网络限制、网络规模、网络密度和网络等级的影响
Lin Nan（1999，2001）	社会资本是从嵌入于社会网络的资源获取的，社会资本根植于社会网络和社会关系之中	社会资本是结构的、可摄取的和行动导向的

资料来源：作者整理。

对于社会资本的定义，与布尔迪厄（Bourdieu）、科尔曼（Coleman）、普特南（Putnman）等人强调紧密联系的网络是社会资本出现的条件不同，伯特（Burt）强调，正是联系的相对缺乏（即“结构洞”）推动了个体流动、信息的获取和资源的摄取。由于社会成员的双边关系的个体与大多数类似者共享利益、财富、权力和声誉等，因此，自我封闭的网络只能提供和获取重复性的资源；反过来，网络中得结构洞不仅有更多的机会获取非重复性资源的机会，而且可以为由结构洞连接的一组节点之间控制资源流动进行定位和导向。Burt（1998）还认为，社会资本的网络结构受网络限制、网络规模、网络密度和网络等级的影响。具体地说，网络限制与社会资本负相关，网络限制越多结构洞越少；网络规模越大，网络成员占有结构洞的机会越多，所拥有的社会资源越丰富，因此社会资本越丰富；从网络密度看，网络密度越低，网络成员结构洞越多，社会资本越丰富，相反的网络密度越高社会资本越贫乏；此外，等级制度与社会资本负相关，集中度越高，社会资本越贫乏。

对社会资本概念、指标测度和理论模型建构作出最大贡献的当属林南（张文，2007）[①]。林南从工具主义出发，试图将嵌入性资源与网络位置结合来定义社会资本，在林南看来，社会资本是“镶嵌于一种社会结构中的可以在有目的的行动中摄取或动员的资源”（林南，1999），社会资本

① 郭毅、罗家德著：《社会资本与管理学》，华南理工大学出版社 2007 年版，第 9 页。

是一种获取关系性资源的动态过程，一是嵌入于网络的资源，二是获取网络资源的能力，三是运用或获取的行动。林南认为，个体为了创造收益才参与互动和建立网络，社会资本的功能表现为四个方面：

第一，社会资本可以促进信息流动。在不完全的市场条件下，处于战略地位或等级有利位置中的关系人，能够更好地了解市场需求，为自己提供以其他方式不容易获得关于机会和选择的有用信息，从而可以降低交易成本。

第二，社会资本具有控制作用。当子公司在网络结构中处于战略位置（如结构洞）时候，对网络资源具有更优先的支配权力，对网络结构及其变化具有更大的影响力。

第三，社会资本产生信任作用。嵌入结构网络中的社会资本是网络社会关系的产物，它的存在为网络组织及其代理人提供了保证，个人及其代理人由于这种保证关系能够获得超出个体的个人资本之外的额外资源。这种资源是由于嵌入网络而获得的共享性、外溢性的一些声誉、知识等。

第四，社会资本强化认知功能。网络结构中的社会资本一旦被确认价值并且成为网络成员所共享的利益和资源，不仅会给网络关系的行动双方提供信任和情感资源，而且会强化网络成员对网络关系对象和整个网络的认可。

社会资本的前提是社会人假设，在不否认经济人假设之中的个人追求最大化目标的动机时，这个最大化的计算需要经济人包含的社会关系一并考虑，即行动人利用经济资本又利用社会资本去实现最大化目标，此外，社会资本还能够推动技术扩散和经济持续发展（李志青，2005）。对企业而言，企业的社会资本分为企业内部社会资本和企业外部社会资本（Yli – Renko, Autio and Sapienza，2000），前者指企业内部员工、管理者、部门、团队等之间的社会关系形成的社会资本，后者是指企业嵌入的外部网络中形成的社会资本，也称为“组织间社会资本”（interorganizational social capital）。

Leeders 和 Gabby（1999）把企业社会资本定义为企业行动者通过社会关系获取的包括有形资本和无形资本在内的资源集合，这些资源有利于企业目标的实现。

根据上述学者关于社会资本的分析和 Leeders 和 Gabby 的研究思路，本书认为网络社会资本是企业通过情感交流、人际互动、信任等网络社会关系获取的网络资源和网络能力的集合，是网络关系性资源，这些资源和能力有利于企业目标的实现。

网络资源（network resource）与嵌入网络中的资源是两个不同的概念，后者是指“企业所控制的、并能够使企业构思和实施设计好的战略效果和效率来提高企业绩效的特征，包括了全部财产、能力、竞争力、组织程序、信息和知识”（B. Barney，1997），是一种可识别的物资资源，它可分为实物资源、金融资源、人力资源和知识资源等。而网络资源是一种组织资源，仅指由网络节点联结而成的、网络社会中蕴含的并由网络成员、网络联结的性质所决定的关系性资源。网络资源在本质上是物资资源之外的一种社会认知，也是来源于个体的外部性资源，具有不可视性，例如“网络组织的特征，诸如信任、规范以及网络，它们能够通过合作行为来提高社会的效率”（普特南，1992），企业网络成员之间的各种联结，也是不可模仿的网络资源，其中包括了网络结构资源、网络关系链形态资源、网络管理能力资源（Gulati，1999）；同时，企业网络关系能够产生一种网络系统性效果，它会促进企业的成长能力，这种网络关系系统性效果就是网络能力（邬爱其，2007）。许小虎（2005）认为，并不是所有企业网络中的资源都能够带来经济租金，并称“那些能够带来关系租金的资源称为企业异质性的网络资源”，典型的异质性网络资源包括了关系专用性资源、可分享的知识资源、互补性资源和网络控制的治理资源。

对于如何分析企业社会资本的基本内容，Nahpiet 和 Ghoshal（1998）提出了一个三维度的分析框架，即结构性维度、关系性维度和认知性维度（李敏，2009）。结构性维度是指行动者之间联系的整体模式，关注的是网络嵌入联系的存在与否、联系的强弱和网络结构。所谓关系性维度是指通过网络关系创造的或者关系过程所获得的资产，包括了信任及其可信度、义务及其期望等。网络的结构性维度关注的是非人格化方面，主要分析网络联系和网络结构等特征变量，例如网络联系强弱、网络密度、网络中心性、连通性等；网络关系性维度指的是网络联系的主体性方向，表现为具体的关系，并通过这种关系创造和维持来获取稀缺的资源。社会资本的认知维度，指网络中共同的认知范式，如共同的语言、文化习惯、共同的观点等。社会资本的三个维度存在着相关性（Tsai，Ghoshal，1998）和相互的影响关系（Pia，2002）。Pia（2002）认为社会资本的三个维度是相互影响和作用的，结构维度反映了关系结构的社会资本，而认知性维度和关系性维度都是反映关系质量的社会资本，此外王晓玉（2007）和周小虎（2006）、李敏（2009）都在 Pia 等人的研究基础上建立了企业社会资本概念模型。本书基于这个分析范式，认为子公司嵌入性网络资本，包括了反映企业网络资本的结构维度和反映企业网络社会资本的质量维度，具体如图 4.1 所示。

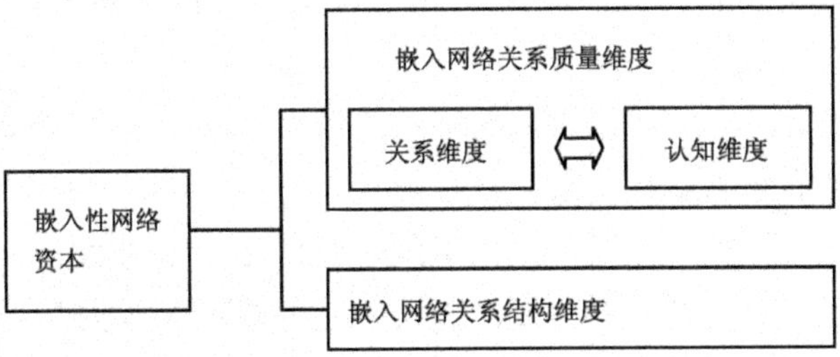

图 4.1　嵌入网络关系结构维度

（2）子公司嵌入性网络资本特征

如前所述，嵌入性网络资本是网络资源的经济属性和内在化，网络资源也要通过网络资本的利益表现出来的。按照子公司网络嵌入结构分析，子公司嵌入于母子公司内部网络之中，同时又是自我网络结构中的中心节点，还广泛地嵌入于当地商业和社会网络之中，具有多重网络叠加的嵌套特征。子公司嵌入网络资本是子公司通过网络位置、网络联结关系所形成的网络关系的结果，子公司作为网络成员可以获取社会关系资源，其中义务与期望、信任渠道、社会规范是社会资本的主要形式。子公司网络资本与私人物品一样，具有不可分割性、不可转让的特征。子公司网络资本具有担保品、网络公共物品、使用越多越有价值的特性。子公司网络成员之间的互惠本身就是一种高度化的社会资本，这种互惠是与网络社会网络相联系的。网络资本的存在和发展，根本原因是社会资源在配置的不确定性和竞争之所然。与一般的资本相比，子公司嵌入性网络资本的相同和区别的性质如下：

第一，嵌入性网络资本与一般资本的相同点。入性网络资本与一般资本在资本功能性、收益性、专用性、替代性、成本性、规模效应等方面具有相似性或一致性，具体如下：

嵌入性网络资本的功能性。嵌入性网络资本是企业长期投资的结果，是企业以前存量资本和当前增量资本之和，随着网络社会关系网络的改变而改变。网络资本同物质资本或人力资本一样，具有生产要素的属性，是一种促进生产的功能性资源，成为企业的生产函数的内生变量。网络资本具有使得其他资本收益增值的效应。

嵌入性网络资本的收益性。网络资本与其他可被投资的资源一样，是一种预期未来利益的长期性资产，由于环境和其他因素的影响，这种收益与投入之间具有模糊的因果联系，从而其收益具有不确定性和随机性的性质。

嵌入性网络资本的专用性。网络资本虽然具有社会资本属性，是企业与网络内其他企业关系的结果，但是与私人物品一样，网络资本具有不可分割、不可转让的特征，同时也在某段时期具有一定的稳定性和路径锁定性，从而也是一种网络专用性资产，这种专用性资本本质上是关系性专用性资产，存在于网络关系和网络联结之中，随着网络关系的建立而存在，也随网络解体或网络关系的消失而消失。

嵌入性网络资本的替代性。网络资本的替代性是由其功能性和收益性衍生的，网络资本在一定的程度能够节约金融资本、物质资本、人力资本的投入。因此从功能性和收益性角度看，网络资本和其他资本具有本质特征一样，因此可以作为其他资源的替代或补充。当然，这种替代性是在一定的范围才能成立的。

嵌入性网络资本的成本性。同物质资本及人力资本相似，网络资本要保持存续和生产性，就必须投入资本加以形成和维持这种网络关系，这种成本包括了网络初始成立时的投入成本和维持网络关系存在的维持成本。

嵌入性网络资本的规模效应。网络资本和一般资本相同，在一定规模范围里，具有规模效应。随着网络资本规模扩张，经历网络资本规模递增、规模不变和规模递减的三个阶段。

第二，嵌入性网络资本与一般资本的差异比较。嵌入性网络资本与一般资本的差异在于嵌入性网络资本是一种关系资本，与嵌入网络关系不可分离，是子公司的网络关系的产物，离开了网络关系，网络资本就不复存在。网络结构、网络联系是决定网络资本大小的关键因素。具体分析起来，嵌入性网络资本与一般资本的差异表现在以下几个方面：

嵌入性网络资本的网络共有性。其他资本一般具有一定的表达形式，具有明确的产权界定，而网络资本是网络的公共财产，是网络成员共同投入和行动形成的，也为网络共同所有，个别子公司不能独立地创造和拥有网络资本。具体而言，网络资本是网络社会联系组成，是一种制度化的关系网络，是与网络成员特征、关系特征和行为特征相联系的，这种网络对于网络成员是非排他的，也是为网络集体所共有的，为网络中的每个成员提供支持和赢得声望。所以，网络社会资本具有为整个网络公共物品的性质，不但使参与人受益，也使网络中其他成员受益。

嵌入性网络资本难以交易和流动。网络资本与一般资本都具有功能性和生产性价值，但网络资本是固化在网络结构和网络关系之中的，也随着网络形成、变化而存在和变动，无法像一般资本一样轻易地被交易和流动。网络资本是公共品性质，为网络成员所共同创造和共享，但对于网络外的组织和个人，则是“私人物品”，不被网络之外的成员、组织所获得。

嵌入性网络资本的非折旧性。资本折旧是由于资产使用的自然损耗和技术进步引起资本价值下降所导致的，网络资本作为关系资本，在使用过程中不但不会自然损耗，而且在使用过程中会不断积累这种网络关系，提高网络资本的价值。与一般资本在使用过程中会折旧不同，网络资本不使用就会衰退和枯竭。因此，网络资本使用与其他力资本不同，没有可被预期的折旧。

嵌入性网络资本的生产效率递增性。物质资本使用会因为折旧和贬值，生产效率会下降，与物质资本的使用不一样，网络资本和知识一样，使用越是频繁，网络资本越会增加，生产效率和功能性价值会不断递增。

所以，就子公司嵌入性网络资本而言，它是跨国公司子公司或企业集团的子公司嵌入当地形成的网络关系资源和能力，除了上述的网络资本的共有性、外部性、资产专用性等一般性性质，还具有以下特征：

子公司嵌入性网络资本具有动态性。由于网络资本是随着子公司网络的变化而变化的，为了响应环境的变化，子公司的内、外部网络关系将不断进行调整，子公司的内、外部网络组织不断发生变化，因而子公司网络资本是一个动态性关系资本。

子公司嵌入性网络资本积累的渐进性。子公司网络资本的形成和积累是随着具子公司网络的形成而逐渐积累，无论子公司是通过收购还是新建设立的，子公司与网络成员的联结和位置都是一个重新调整的过程。子公司嵌入当地网络后，随着子公司对当地各种组织的逐渐熟悉，子公司会积累丰富的经验和知识，由此使得子公司获得网络内资源的能力也得到提升。因此，子公司的网络资本具有积累的渐进性特征。

子公司嵌入网络资源的多重性。子公司网络包括了企业之间的关系网络，也包括了企业与非企业之间关系网络，还嵌入当地网络中与当地网络非企业机构建立某种社会关系，所以对于子公司而言，网络资源的来源具有多重性。另外从子公司对网络资源的获取方式来看，可以通过股权、联盟等商业性联结方式获取，同时也可以通过信任、声誉、人际情感等非正式关系方式来获取，从这个角度看，子公司网络资本获取途径也是具有多元性的。

子公司的网络资本的形成受到母公司控制方式的影响。随着社会、技术和竞争的快速变化，从网络观看母子公司的关系，子公司越来越自主发展的主体，母公司对子公司的管理也越来越通过横向协调的控制方式，但还基于股权纽带的母公司依然会通过各种直接和间接的方式，影响着子公司的网络关系的形成和网络位置，自然影响着子公司网络资源的获取和能力形成。

（3）嵌入性网络资本对子公司演化成长的作用

在企业网络观看来，网络结构对于企业活动的效率是有影响的（慕继丰、冯宗宪，2001），网络嵌入差异对企业的绩效的影响也是显著的（郭劲光，2006）。子公司嵌入于一定的网络之中，因此，嵌入性网络资本对于子公司演化成长的作用，是通过子公司网络嵌入关系和网络位置发生变化、从而为子公司带来网络资本和网络利益的变化所表现出来，这种嵌入性网络资本的变化成为子公司行动和成长演化的主要动力。嵌入性网络资本对子公司演化成长的作用如下：

第一，减少子公司演化成长中的不确定性。子公司作为跨国公司或企业集团中的一员，具有自己的战略角色和任务，承担着在自己网络环境中进行自我发展的责任，同时也具有自我发展的自主性。企业在网络环境中的演化成长过程中的搜寻、选择，这个过程需要信息作为定位和行动的基础。嵌入性网络资本提供的信任、声誉等网络资源，减少了子公司与外界交往的信息不完备和不对称，减少机会主义行为，从而影响了子公司演化成长的方向、目标和路径，同时也保证了子公司演化成长的灵活性和对环境的动态响应。

此外，子公司演化成长需要动态地建立网络连接关系，从嵌入密度、嵌入网络规模、嵌入周期、嵌入连接方式等整合子公司的网络嵌入关系，其动态的调整方向是网络资本增益较大方向。

第二，促进子公司成长所需的资源的流动和获取。子公司通过网络嵌入，有利于演化成长的资源流动和资源获取，一是子公司嵌入网络提高了子公司对网络内各种资源的识别、选择和获取速度和效益。在网络分工协作条件下，任何一个子公司都承担着分工专业化的某个或几个特定的产业链片段，而且也不可能拥有自我成长发展的全部的发展资源，嵌入网络有利于从网络中获取企业自我成长所需要的互补性资源。二是网络嵌入使得子公司能够获得网络共享性资源，如网络声誉、信任资源的获取。网络一旦通过结构性的结构形成，网络信任、声誉等成为网络的公共产品，网络成员都可以分享。三网络嵌入为子公司成长过程中的知识转移提供通道，知识特别是嵌入于企业、网络的隐性知识，通过交易方式获取是市场失灵的。通过网络合作是一种网络内部化行为，各种正式和非正式的网络联结就能够为子公司获取知识资源提供通道。例如，嵌入形成的社会资本有利于企业的技术创新（陈劲、张方华，2002）。

第三，节约子公司成长的资源投入和行动成本。一般地，子公司网络关系是通过多次重复和长期的交易和合作形成的，因此这种重复和长期的交易具有规模经济和范围经济效应，有利于节约企业行动成本；此外，网络内互补性资源的共享和流动，也有助于子公司节约资源，使子公司能够将资源运用到最有效的环节和过程之中去。最后，由于网络信任和声誉的存在，从而使子公司在治理机制运行上减少监督成本。

第四，促进子公司自主创新能力。子公司嵌入网络，特别是创新网络或创业网络，能够推动子公司创新能力的提升。事实上，嵌入性社会资本能够使子公司接近和获取更多的低成本创新要素，同时，在子公司和网络内其他企业信任的正向激励和反馈作用下，子公司和其他企业容易建立一种分工协作的创新链或者创新联盟，并降低创新成本，提高创新效率①。

① 在中国各地大量的高新技术研发园区、国家级大学科技园区、留学归国人员创业园区，以及一些国际研发孵化器等实际上形成了创新网络，子公司在这些网络中进行创新能够获得更多的创新人力资本、信息等创新要素，也能够建立一些虚拟创新组织、创新联盟等，促进企业自主创新能力的提升。

胡祖光、章丹（2010）等人从知识创造的视角建立了技术创新网络的形成模型，并采用数值实验分析了网络嵌入性与技术创新网络形成结构的关系，发现与关系嵌入性相比，当结构嵌入性具有更加重要的价值时，技术创新网络的网络规模会更大、集聚现象会更加明显、平均最短距离会更小，整个网络更加具有小世界网络特征。

第五，推动子公司本地网络化成长的组织惯例形成。惯例是企业演化成长的组织认知和核心价值观，是子公司成长的主导逻辑。子公司作为自主性获取网络资源和竞争优势的主体，它在嵌入网络所获得的网络资本强化了企业的自组织行为，将有力地促进子公司自主的组织结构、组织认知、独特价值观的形成，从而形成子公司自主成长的惯例。这种惯例具有锁定和排他的作用：一是对符合子公司自身需要和外部环境的因素，具有锁定作用，即网络资本会推动子公司的对网络的依存性；二是对于其他不符合子公司需要的因素，则具有使排他的作用。通过上述方式，当网络演化成长是有利于子公司竞争优势或整个母子公司集体的利益时，子公司的惯例就被复制和随子公司的成长而扩散，推动子公司的“本地化”演化成长。

4.2.2 网络嵌入视角下的子公司演化成长动力分析

企业网络嵌入是为了获取利益最大化的，企业通过技术创新、组织创新、流程再造、人力资源等资源的配置、运用活动，寻求获取经济租金的机会。子公司通过网络嵌入关系和位置获取网络资本，这些网络资本最终通过网络嵌入的超额收益表现出来，这个网络嵌入收益，既是子公司网络嵌入行为的动力，也是子公司网络化演化成长的动力。

（1）子公司演化成长的动力——网络嵌入租金

经济租金定义为超过平均利润以上的超额收益（即经济利润[①]），从其来源进行分类，经济租金包括了来源于有限供给的李嘉图租（Ricardian Rent）、来源于资源利用改进的帕累托租（Pareto Rent）、来源于创新的熊彼特租（Schumpeter Rent）和来源于垄断的垄断租（Monopoly Rent）。与

① 事实上，经济利润考虑了投入要素的机会成本，因此，经济利润也就是超额利润包括了“比较”的含义，正是这种“比较”的含义体现了企业组织衍生、演化的动力。

上述四种经济租金不同，子公司网络租是来源于子公司网络嵌入所形成的关系租金，也即是子公司通过正式的网络关系或非正式的社会关系所获取的、高于平均利润的收益。子公司网络嵌入租金本质反映了网络嵌入结构及其关系的资产专用性特征，这个特征表现在：①子公司网络结构具有粘性。子公司网络嵌入结构一旦形成，它与网络形成的联结指向、网络规模、网络位置等在一定的时期具有稳定性，表现为一种黏性或刚性，所以这种网络结构具有一定的路径依赖性和专用性。②子公司嵌入网络的联结关系具有粘性。子公司嵌入网络的联结形式包括了子公司与当地企业的商业联盟、许可联盟、股权联盟等关系，以及子公司与网络其他成员的社会化交往、信任关系等，这些关系形成了独特的嵌入网络的联结关系，这种联结关系和形式在一定时期基于排他的、锁定的效应，也表现出一定的黏性和专用性。③子公司嵌入网络的认知具有粘性。子公司嵌入当地网络以后，其认知范式中的信念、规范、制度语言等认知必然通过多次的、充分的博弈冲突和妥协，最终形成一定的一致性和共享性，网络成员共同默契和遵守的认知系统，这也是嵌入网络的专用性资产。

所以，子公司嵌入网络租金是网络嵌入所引致的组织创新利益，Dryer（1998）将其称为关系租金。这种租金与网络组织密不可分，这集中表现在以下两个方面：

第一，嵌入网络租金源于组织创新。子公司网络资本也是子公司的战略资源，为企业创造经济租金。子公司通过与内部和外部网络成员的各种网络联结关系，以及子公司在网络中的位置的占据，形成子公司组织的网络边界和结构，这种结构具有了子公司区别于原子观的企业组织和企业关系的崭新网络关系，是一种组织创新或关系创新，也是异质性的，从而这个异质性的关系能够带来超额利益，形成了子公司网络嵌入租金。

第二，嵌入网络租金产生于组织关系。和其他的租金产生原因不同，子公司嵌入租金既非产生于子公司内部，也非产生于子公司获得的外部资源垄断，而是产生于子公司网络嵌入关系，并为子公司网络成员所分享。子公司网络嵌入租金的产生和分享是一个博弈和期权等待过程的结合。

上述分析告诉我们，组织异质性是产生嵌入性租金的原因。Gulati、Nohria、Zaheer 等人认为网络深化了人们对企业资源的认识，网络嵌入关系本身是异质的、稀缺的、有价的和不可模仿的。子公司的网络嵌入形成了异质性的网络关系及其子公司网络，形成了子公司网络所具有的异质性的网络资源，这些资源就是子公司网络嵌入租金的源泉。网络资源是嵌入在整个网络之中[①]，并从嵌入关系专用性、可分享知识、互补性资源和网络治理四个方面创造了子公司网络嵌入租金，具体分析如下：

首先，子网络嵌入关系性专用性产生嵌入租金。资产专用性指资源在用于特定用途以后很难再移作他用的性质，专用性资产可以产生企业租金[②]，Amit、Schoemaker（1993）年提出了关系性资产是企业战略性资产的基础，认为只有专用性才有企业资源的异质性。Teece（1987）也提出了联盟关系的专用性可以提高竞争优势。子公司网络中成员之间的嵌入网络关系，也是一种关系专用性资产，这种资产一定程度上锁定和稳定了网络成员的关系，增加了成员之间的信任度，减少了不确定性，有利于网络成员的协调、沟通和交易，降低了交易成本。

其次，网络可分享知识产生嵌入租金。企业的知识观认为企业是知识的集合体，企业本质上是一个获取、吸收、利用、共享、保持、转移和创造知识的学习性系统，是一种使知识一体化的制度。企业的首要任务是建立将众多个人专业知识一体化的微观机理，以便知识能在组织成员之间转移、交流与共享。子公司网络的创建过程，也是新的知识组合过程，提高了网络集体知识的创造的广度和深度，促进了网络成员之间知识交换、交流和共享和知识溢出，产生创新租金概率也就越大。

再次，互补性资源产生嵌入租金。巴泽尔和盖尔（1998）认为企业以联盟合作方式运作企业，整合双方的互补性资源能够产生更高的盈利能力。子公司网络嵌入整合了网络成员的互补性性资源，这些资源的整合和组合能够产生协同效应。这些协同效应包括：第一，通过某些价值链环节的协同形成规模经济和范围经济，实现资源和业务的共享，比如子公司网络成员之间的规模化采购、销售行为、有限地分摊成本和风险。第二，网络资源的扩散，比如研发创新在网络里的扩散，有助于低成本或无偿共享网络资源。

最后，网络治理产生嵌入租金。网络嵌入关系也是一种网络治理关系创新，它也是网络嵌入租金的源泉。威廉姆森认为，不同的治理结构导致

① 周小虎（2006）在研究企业社会资本的配置模型建立了关系租金与网络结构函数的分析框架，周小虎著：《企业社会资本与企业战略》，人民出版社 2006 年版，第 138 页。

② 周小虎著：《企业社会资本与企业战略》，人民出版社 2006 年版，第 125 页。

不同的减少交易费用。由于有限理性和不确定性和机会主义的存在，产生了一些不当的治理结构，从而为防范机会主义而耗费了组织租金。子公司网络结构的形成是一种组织治理方式的帕累托改进过程，它改变了企业关系的性质，把市场或者内部化的二元选择转变为一种合作、信任的新型组织关系，使得子公司与网络成员之间共享规范、信念和资源，减少了信息不对称和机会主义行为，提供了更有效率的激励机制和约束机制，创造了组织租金。

（2）网络嵌入租金对子公司演化成长的驱动作用

网络组织与企业成长具有关联性（林润辉，2004；李维安，2003；罗宣，2007），网络嵌入租金能够节约成本、降低机会主义和获取竞争优势，从而对子公司的演化成长起驱动作用。

首先，驱动子公司获取网络资源，扩大企业规模和促进子公司演进。伯特的结构洞理论从结构主义的视角，认为财务资本、人力资本是企业进行投资的必要条件，但是网络中的声望和社会资源等社会资本也是决定企业绩效的关键要素。子公司网络嵌入是子公司与其他网络成员形成长期关系、构成嵌入性网络组织的方式，也是子公司获取外部资源的重要工具。在网络中的嵌入位置和子公司网络嵌入联结关系是子公司网络嵌入的两个方面，子公司通过网络嵌入可以获取物质资源、信息和知识，也能获得网络关系性资源，即社会资本。因此，子公司网络嵌入对子公司的行为绩效、子公司竞争能力、子公司的演化成长企业产生重要作用。具体而言，子公司网络嵌入关系和嵌入程度总是在不停地将自己置于最优网络位置，使得公司获得最大化嵌入网络租金。一旦子公司网络自身或外部环境发生变化时，其网络嵌入位置、网络嵌入边界、网络嵌入强度等发生偏离，从而影响到子公司获得网络内外各种资源的方式和效率，进而抑制子公司的演化成长。

其次，根据环境调整嵌入网络结构，改变子公司角色和自主性。对于网络组织而言，网络成员间的资源往来关系构成了各个成员彼此的关系资源，由于这些关系资源能够带来利益，因此各个成员在利益最大化动机的驱使下，不断地调整与其他成员的资源交易关系。在这个过程中，建立、重构新的网络联结，形成新的网络结构。系统地分析嵌入性网络资源（包括母公司集团、东道国当地环境以及子公司自身特征）的变化对子公司角色选择和变化的影响，当子公司嵌入的当地网络、网络资源的发生任何变化，必然也会影响着子公司角色选择。当嵌入的网络中信息、技术知识资源比较丰富时，子公司选择研发创新角色更为适宜；当网络资源以市场、客户等为主时，子公司应当采取以销售中心角色会更有优势；而当生产成本降低，子公司角色选择生产装备型子公司更为合适。

最后，锁定和保持有利的网络关系。社会资本投资是为了参与和创造互惠的网络关系，网络资源是嵌入于自我网络之中的资源，包括关系网络的范围、差异性、网络位置；网络嵌入的联系方式是一种联结的纽带，也是一种锁扣（Krackhardt，1999），网络具有锁定和排他效应，网络的行动者投入了资源建立和维护网络，对合作伙伴而言，一些企业锁定于网络之中，形成网络关系和网络结构的稳定性和路径依赖性，非网络成员也就被排除在网络之外。

4.3 网络嵌入的子公司演化成长路径

4.3.1 子公司成长资源积累过程分析

企业组织是一个复杂的巨系统，在企业生存、发展的演化过程中，企业组织系统具有开放性、复杂性、动态性、自组织和自学习特征（李维安，2002）。企业演化理论将企业视为一个自组织系统[①]，企业成长不是企业内部各子系统行为直接加和的结果，而是企业自组织协调形成的过程。当子公司突破现有规模、边界和性质等临界区，就是一种状态向另一种状态的演化的过程，这个状态函数是子公司网络资本的函数，本研究用这种状态函数来研究网络嵌入资源对公司演化成长的影响。

从元胞自动机结构视角看，子公司演化成长是一个网络资源吸收的不断更新和资源折旧的扩散过程，具体考虑吸收网络资源的自我积累、网络溢出吸收、资源流失和退化三个作用因子，并用元胞自动机模型分析子公

① 系统论称之为序参量。

司嵌入网络后的资源吸收过程，以模拟子公司网络演化成长的过程路径。

（1）元胞自动机理论模型

元胞自动机（Cellular Automata，简称 CA），也有人译为细胞自动机、点格自动机、分子自动机或单元自动机，由 20 世纪 50 年代初由冯·诺伊曼（Von Neumann）在计算机上模拟生物繁殖时提出的，是描述在时间、空间、状态都离散的条件下，空间上相互作用及时间上具有因果关系的元胞（即网络中节点）的网络动力学模型。散布在规则格网（Lattice Grid）中的每一元胞（Cell）取有限的离散状态，遵循同样的作用规则，依据确定的局部规则进行同步更新。大量元胞通过简单的相互作用构成了动态系统的演化。不同于一般的动力学模型，元胞自动机不是由严格定义的物理方程或函数确定，而是由一系列模型构造的规则构成。

元胞自动机是定义在一个由具有离散、有限状态的元胞组成的元胞空间上，并按照一定局部规则，在离散的时间维度上演化的动力学系统，构成元胞自动机的部件称为"元胞"，每个元胞具有一个状态，这个状态只能取某个有限状态集中的一个。这些元胞规则地排列在被称为"元胞空间"的格网上；它们各自的状态随着时间变化，而根据一个局部规则来进行更新，也就是说，一个元胞在某时刻的状态仅仅取决于上一时刻该元胞的状态以及该元胞的所有邻居元胞的状态；元胞空间内的元胞依照这样的局部规则进行同步的状态更新，整个元胞空间则表现为在离散的时间维上的变化。

元胞自动机可以用简单的规则来模拟复杂的动态过程，现在被广泛地运用于自然科学和社会科学的各个领域。例如在物理学中，可以用它来模拟沙堆规则、气体扩散，在生物学中可以用它来模拟细菌生长扩散的过程。民营海外子公司与其母公司、其他关联子公司，也构成了网络结构，网络中的子公司的获取的资源过程可以视为是一个动力学演化过程，因此我们同样可以运用元胞自动机模型模拟网络中企业资源吸取和成长过程的仿真研究。

第一，元胞自动机的特点。元胞自动机有以下特点：①离散性：它在空间、时间和状态上都是离散的，这一高度离散的特征大大简化了计算和处理的难度。②齐性：每个元胞都按照相同的规则进行演化。③并行性：元胞自动机对数据和信息的计算和处理是同步进行的，适合并行计算。④时空局部性：每一个元胞在 $t+1$ 时刻的状态，取决于一定规则定义的领域中元胞在当前时刻 t 的状态。在时间、空间上都具有局部性的特点，同时信息在元胞之间的传递速度是有限的。⑤维数高，这里维数的概念与数学中有所区别，在动力系统中，维数指的是变量的个数。元胞空间中，每个元胞都是一个变量。由于元胞空间总是定义在一维、二维或者多维空间上，所以说元胞自动机是一种无穷维动力系统。

第二，元胞自动机的结构。从结构上看，元胞自动机由五部分组成，分别是元胞、元胞空间、邻元、元胞状态和状态演化规则。元胞是元胞自动机的最基本单元，分布在整个元胞空间中，是仿真模型的主要对象。元胞空间是由大量元胞组成的网格空间，有一维、二维、三维和高维形式，最常用的就是二维形式。与元胞在空间位置上相邻的其他元胞称为该元胞的邻元。所有邻元组成的区域称为该元胞的临域。最常用的有两种临域，另一种是 Von Neumann 型临域，一种是 Moore 型临域（本文采用的就是 Moore 型临域）。元胞状态表示的是元胞在某方面的特征和属性。状态演化规则是从该元胞以及邻元胞状态到该元胞下一时刻状态的映射。

（2）基于元胞自动机模型的子公司网络资源吸收过程仿真分析

基于元胞自动机理论模型，并根据上述分析，考虑如下子公司网络吸收资源的元胞自动机迭代规则：

$$\begin{cases} s(po > 0.5) = 1 \\ l = tau + l \times (1 - p) + otf \times abs \\ s(r < p2) = 0 \end{cases} \tag{4-1}$$

方程组（4－1）中第一个公式表示在元胞自动机每次迭代的过程中，将选出的空位设置为接受网络资源的企业，s 表示生成状态矩阵。第二个公式表示各个企业在元胞自动机迭代过程中的通过资源的自我积累和网络吸收的累加过程，我们用这个累加过程来表示网络中企业的成长和演化过程。元胞企业（即指嵌入网络的子公司，下同）网络中的资源水平 l，由企业的自我网络资源增加率 tau、企业网络资源折旧率 p、企业对外部网络资源吸收率 abs、企业的网络资源溢出 otf 等四个因素决定。第三个公式表示资源流失的企业状态设置为 0。tau：表示企业资源自给率，表明来自企业自身生产经营过程中的资源自我供给状况，主要包括金融资本投入、技术创新、知识创新等资源的自我投入，取值范围为 $0 < tau < 1$。$tau = 0$ 是一种极限情况，代表企业完全不能够自主获取资源，$tau = 1$ 是另一种极限

情况，代表企业资源完全自主获取。此外，定义 *tau* = 0 初始资源存量，这个初始存量是保证企业的资源存量达到一定的阈值时企业才有能力开始吸收外部的资源，这是因为网络子公司只有当本身具备了一定的网络结构和条件以后，才有可能吸收外部网络嵌入性资源。

otf：表示企业的嵌入网络资源外溢状况。*abs* 则表示企业对网络资源的吸收率，反映一个企业吸收资源以后，多少可以被该企业真正地掌握并运用，并转化为自己的演化成长的资源，它反映企业对网络的吸收、消化和再创新能力，从而提升子公司演化成长的能力。上述二者的乘积表示网络企业从网络中吸收的外溢的网络资源。

p：表示企业网络资源的折旧率 *p*，反映了子公司的资源消耗率。由于网络中企业运行是一个投入过程，需要对现有企业资源更新换代，资源折旧率就反映了原有资源的消耗速度或者说折旧速度。

p2：表示企业资源消失的概率。它表示当网络、行业资源的突然变动等时现有资源完全被耗尽的概率，反映了网络资源扩散中子公司消失的过程。

根据自动细胞机模型，还需构造一个网络矩阵，下面是这个矩阵的基本参数。

N：网络方形状态矩阵的行数。也就是元胞有多少行，多少列，即矩阵的阶数。

S：状态矩阵，用来记录矩阵中企业资源扩散到的位置。

L：元胞自动机迭代模拟后，获得网络资源且达到网络中最大可能资源水平的企业。

Ii：显示状态矩阵。在 MATLAB 程序中，用来显示模拟结果的矩阵。

po：临时矩阵，用于标记资源传播中找出的空位，也就是网络企业周围还缺乏资源的企业。

根据上述元胞自动机规则，运用程序进行仿真模拟[①]，进行研究嵌入网络的子公司资源积累的影响路径。在以下仿真结果示意图中，横轴 time 代表元胞自动机的迭代次数，这里都设置迭代 100 次。纵轴代表获取资源扩散后，吸收网络资源且达到网络中最大可能资源水平的网络企业数量与总企业数量的比率。其中 L 代表网络获取资源后的企业数量，N 代表总企

① 程序见附件。

业的数量。

第一，嵌入网络中子公司资源积累与子公司资源吸收率关系。图4.2是仿真网络企业资源吸收率对网络资源扩散影响的仿真结果：假设 tau = 0.6，otf = 1，p = 0.1 和 $p2$ = 0.1 ，且令 $tau0$ = 3。嵌入网络的子公司吸收率反映了子公司吸收网络资源的能力，吸收率 abs 分别取 0.6、0.5 和 0.4。*MATLAB* 程序仿真表明，当 abs = 0.6 时，在经过 6 次迭代后，吸收网络资源并达到最大可能资源水平的网络企业占网络总企业数量的比值 L/N 约为 0.53，其后迭代 10 到 100 次后，都围绕这个水平上下波动。虚线表明，当 abs 取值为 0.5 时且迭代 7 次以后，焦点子公司占网络总企业数量的比值 L/N 约为 0.47，其后也在这个水平上下波动。点划线表明当 abs = 0.4 时，迭代 8 次以后，焦点子公司占总企业的比值 L/N 约为 0.43，其后都在这个水平上下波动。这表明了子公司网络资源的扩散与子公司对外部资源的吸收率成正比。

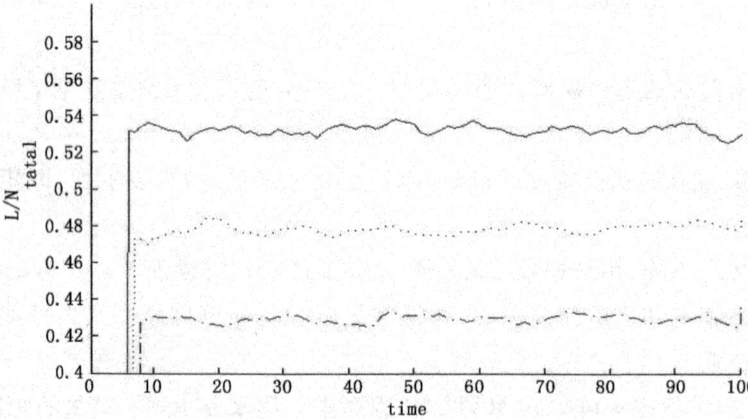

图 4.2 嵌入网络子公司资源扩散与吸收

第二，嵌入网络子公司资源积累与企业资源自给能力的关系。为考察嵌入网络的子公司与企业资源自给能力的关系，设置仿真过程的参数值：abs = 0.6 ，otf = 1，p = 0.1 和 $p2$ = 0.1，且 $tau0$ = 3。企业资源自给率 tau 是变量，分别取 0.5、0.4、0.3。当企业资源自给率 tau = 0.5 时，迭代 5 次以后，达到最优网络嵌入资源水平的焦点子公司占网络总企业的比值 L/N 约为 0.53，其后都在这个水平上下波动（见图 4.3）。当网络资源自给能力 tau 取值为 0.4 时，图中实线表示，当迭代 6 次以后，焦点子公司司占网络总企业的比值 L/N 约为 0.48，其后都在这个水平上下波动。当资源自给能力 *tau* = 0.3 时，经过 8 次迭代后，焦点子公司占总网络总企业的比值 L/N 约为 0.43，其后都在这个水平上下波动。因此，演化成长中子公司的资源积累与资源自给能力成正比。

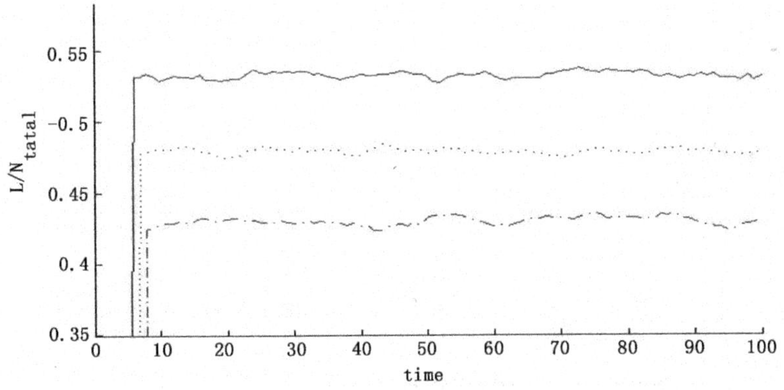

图 4.3　嵌入网络子公司资源积累与资源自给能力关系

第三，嵌入网络子公司资源消耗率对子公司资源积累的影响。嵌入网络的子公司资源水平还因为子公司对资源的消耗而下降，图 4.4 显示了自动细胞机对嵌入网络的子公司成长演化过程与资源消耗率的过程仿真结果。设参数值 *abs* = 0.6，*tau* = 0.6，*otf* = 1 和 *p*2 = 0.1，且 *tau*0 = 3。子公司资源消耗率 *P* 是变量，分别取 0.04、0.07、0.1，仿真过程图表明，当 *p* = 0.04 时，在经过迭代 5 次以后，焦点子公司占总企业的比值 L/N 约为 0.58，其后都在这个水平上下波动。当资源消耗率 *p* = 0.07 时，在经过迭代 6 次以后，焦点子公司占总企业的比值 L/N 约为 0.57，其后都在这个水平上下波动。当资源消耗率 *p* = 0.1 时，经过迭代 7 次以后，焦点子公司占总企业的比值 L/N 约为 0.53，其后都在这个水平上下波动。从图中可以看出子公司的资源扩散随着企业的资源消耗折旧率的上升而下降，但是不成正比关系。当 *p* = 0.04 和 *p* = 0.07 时，两条线几乎在同一水平。

上述自动细胞机的仿真模拟结果表明，嵌入网络的子公司的扩散成长是一个受吸收网络资源能力、资源折旧和企业资源自主率影响不断更新和资源折旧的扩散和演化过程，子公司的演化成长扩散与企业对网络资源的吸收率成正比、与企业资源自主能力成正比、与企业的资源折旧率反相关。

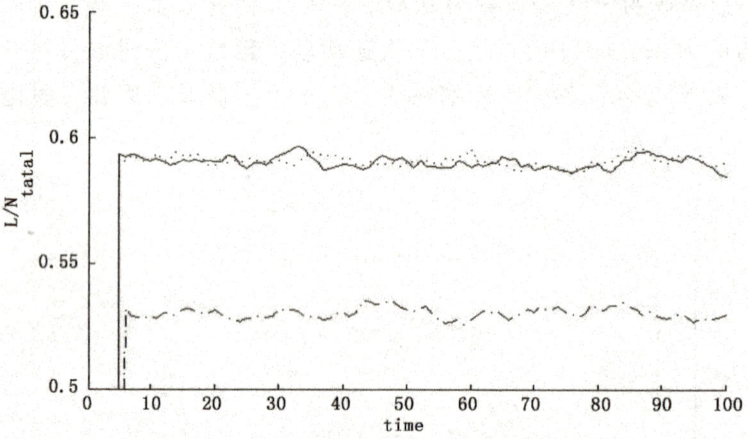

图 4.4 嵌入网络资源积累与资源消耗率关系

4.3.2 子公司网络嵌入行为的期权博弈解释

网络视角下的子公司成长是嵌入网络演化成长，但是子公司网络嵌入行为是与其他网络组织成员建立某种社会关系、契约合作和股权联盟关系，也是投入资源的行为，这些投入的资源包括各种有形和无形的资源。网络成员①的收益与自己专用性资产的投资比例和程度有关（李国学，2009）。嵌入行为选择嵌入关系方式及其程度，必须考虑该嵌入行为的“资产专用性”的特征和规避网络动态变化所带来的风险，考虑嵌入网络的投资的数量、边际收益与边际成本②。子公司网络嵌入所选择的时机、方式、路径和过程，将带来相应的未来收益和承担相应的风险。

子公司网络嵌入关系，可以视为一个与网络成员的动态合作博弈的过程③，从嵌入行为的投入和收益来看，子公司的网络嵌入行为具有实物期权博弈的性质。从金融期权演变而来的实物期权，是以期权概念定义实物资产的选择权，也就是企业在对外投入资本时，能根据决策时不确定的因

① 网络成员对参与网络是创造了作为网络公共物品的网络资本，但参与人依然都参与网络进行成本与受益分析，例如科尔曼就证实了在具有公共物品性质的社会资本生产中，网络成员在义务与期望之间的不对称性造成的社会资本投资的不足。

② 转引自齐安甜、张维：“实物期权理论及在企业并购价值评估中的应用”，《中国软科学》2003 年第 7 期，第 130 页。

③ 对于演化博弈的数量分析框架，可参见乔根·W. 威布尔著，王永钦译：《演化博弈论》，上海三联书店 2006 年版。

素来改变行为的权利，即企业持有在未来某一段时间内进行某项经济活动的权利，如延迟、放弃、转换、扩展等。Kester（1984）通过实证研究表明，研究收集的样本公司近一半的市场价值由企业的实物期权所构成。Myers 在 1977 年首次提出实物期权概念以来，特别是 Black - Scholes 期权公式出现后，理论界逐步将实物期权运用到企业经营决策中来。例如 Kester（1984）运用实物期权对企业增长机会的战略和竞争特性进行了探讨，Brealey 和 Myers（1996）、Mason 和 Merton（1994），Trigeorgis（1993）等对实物期权的分析框架进行了构建和完善。与金融期权相比，实物期权可以在环境不确定下，与传统的用未来现金流的净现值（NPV）方法评估企业价值相比较，考虑了不确定性下企业选择权的价值，从而更能揭示企业资源投入的潜在价值。Kogout 则将实物期权应用到战略联盟的研究中，认为合资选择可以在需求不确定情况时考虑投资行为进入新市场的实物期权价值。Chi 应用实物期权模型分析了联盟期权存在的条件和意义，张梅（2007）对企业战略联盟的实物期权博弈进行了分析。

因此，用实物期权的观点看来，子公司嵌入网络的行为具有以下几点特征：

- 在网络动态的不确定环境下，子公司的嵌入行为具有不可逆的投资特点，存在着将子公司的资源投入后的资产专用性的性质，即网络嵌入耗费的资源存在着机会成本。
- 子公司嵌入行为具有实物期权性质。在存在竞争时，作为网络嵌入行为的延迟投资是有代价的，同时，也为子公司的未来演化成长获得一个增长期权。
- 子公司网络嵌入关系的构建是分阶段和渐进的，初始的嵌入选择为子公司创造了未来的相机选择权。

因此，子公司对网络嵌入关系具有期权选择的性质，可视为一种实物期权，子公司网络嵌入的实物期权有以下几项特征：

- 所有权的非排他性和竞争性。也就是说，子公司网络嵌入所包括的如获得商业伙伴、技术支持、供应商、企业收购等发展机会，也可以为网络中或网络外其他的竞争者所获得，期权是非排他性的和竞争性的。
- 不可交易性。一般而言，期权交易包括了期权标的物的交易性和期权本身的交易性，金融期权的标的物一般是金融市场上的金融工具，而且期权本身也是可以在金融市场上公开交易的。

子公司网络嵌入期权的类型。根据子公司网络嵌入的过程，可以将子公司网络嵌入的实物期权分为五类①：

网络嵌入的等待期权。即在不可逆、不确定以及信息时滞的条件下，如果推迟子公司的网络嵌入行为而不会导致未来发展机会的丧失或者未来的损失，此时，子公司的等待是有价值的。

网络嵌入的增长期权。子公司的价值不仅来源于现有的经营活动所带来的现金流，也包括通过子公司通过现在、未来的网络嵌入关系所带来的超额收益的增长。子公司网络嵌入的增长期权，比如通过与网络中企业的研发合资等网络嵌入关系，实际获得了一个看涨期权。

网络嵌入的柔性期权。主要是指子公司嵌入网络的路径、过程和扩展方面具有灵活性所带来的利益。

网络嵌入的学习期权。子公司通过嵌入关系能够获得正确决策、管理所需要的信息和经验，增强自身正确决策的能力，这种网络学习的灵活性也会给子公司带来利益。

网络嵌入的退出期权。在外部或内部条件不利时，子公司选择放弃嵌入关系以获取嵌入关系残值的选择权，这时通过减少嵌入关系的资源投入，弱化或断裂网络嵌入关系，实际上执行了一个看跌期权。

子公司网络嵌入方式是在信息充分的判断下，事先进行理性决策子公司嵌入网络的方式、嵌入时机等直接建立网络嵌入关系。但事实上，由于子公司面临的网络环境的不确定性和未来的不确定性，无论子公司做出任何的选择，子公司都持有了某种选择权，并付出一定的成本，即子公司选择某种嵌入关系 i，未来可能将其转换为另外一种嵌入关系 j，这就自然产生一个实物期权。子公司在网络嵌入所持有的实物期权的价值，决定了子公司网络嵌入关系变化的动力和收益。

因此，我们就可以通过数学方法来描述子公司网络嵌入选择和转换的实物期权的价值，子公司网络嵌入的实物期权的价值由包含期权价值的

① 事实上，实物期权的分类还有许多，如 Trigeorgis 将实物期权分为延迟期权、阶段投资期权、规模变动期权、放弃期权、转换期权、增长期权、多重相关期权等。

NPV 和静态 NPV 之差来确定，并通过随机动态优化规划来求得[①]。

假设一个子公司面对网络成员在 T 时期内可以选择 M 种嵌入关系中的某一种，这些嵌入关系包括偶然交互关系、密切交互关系、契约联盟、股权联盟等网络嵌入关系。对任意的时间 $t \in \Gamma = \{1,2,...T\}$，M 种嵌入关系产生的网络嵌入收益为 $\overrightarrow{Z}(t) = (Z_1(t), Z_2(t), ..., Z_M(t))$，它是 M 个独立的随机变量，$Z_i(t)$ 可以用漂移系数为 η_i、波动率为 δ_i 的布朗运动表示：

$$Z_i(t+1) = Z_i(t)(1+\eta_i) + \sigma_i \gamma_i(t+1) \quad (i = 1,2,...,M) \tag{4-2}$$

式中，$\gamma_i(t+1)$ 是标准正太随机变量。

$m(t)$ 表示从时刻 $t-1$ 到时刻 t 子公司采用的网络嵌入关系，网络嵌入关系的转换在每个时期的端点进行，假设转换嵌入关系 m 到嵌入关系 l 的转换成本为 c_{ml}，当 $m = l$ 时，$c_{ml} = 0$。若在 $t-1$ 时刻，子公司处于 $m(t-1)$ 嵌入关系状态，希望在 t 时刻选择最优的网络嵌入关系，使得 t 时期及其未来收益之和 $F_{t,m(t-1)}(\vec{z}(t))$ 达到最大。

当 $t = T$ 时，

$$F_{T,m(t-1)}(\vec{z}(t)) = \max_l \{Z_l(T) - c_{m(T-1),l}\} \tag{4-3}$$

当 $t = T-1$ 时，

$$F_{T-1,m(T-2)}(\vec{z}(T-1)) = \max_l \{Z_l(T-1) - c_{m(T-2),l} + \rho E_{\vec{Z}(T-1)}[F_{T,l}(\vec{z}(T))]\} \tag{4-4}$$

对于任意时刻 $t \in \Gamma = \{1,2,...T\}$，有：

$$F_{t,m(t-1)}(\vec{z}(T)) = \max_l \{Z_l(t) - c_{m(t-1),l} + \rho E_{\vec{Z}(t)}[F_{t+1,l}(\vec{z}(t+1))]\} \tag{4-5}$$

子公司网络嵌入关系 m 的静态收益和未来收益之和的贴现值为

$$V_2 = F_{0,m(0)}(\vec{z}(1)) = \max_l \{Z_l(1) - c_{m(0),l} + \rho E_{\vec{Z}(1)}[F_{2,l}(\vec{z}(2))]\} \tag{4-6}$$

而子公司网络嵌入初始状态的收益现值为：

$$V_1 = \sum_{t=1}^{\Gamma} \rho^t E[Z_k(t)] \tag{4-7}$$

---

① 下述的讨论是基于动态优化（Stochastic Dynamic Programming，SDP）理论进行的，相关数学模型和数学过程可以参见陈金龙著：《实物期权定价理论与应用研究》，机械工业出版社 2007 年版。本文将上述数学模型运用到子公司网络嵌入的选择分析中。

其中 ρ 为贴现系数，$m(0)$ 为初始状态时子公司的嵌入关系。

因此，子公司所选择的网络嵌入关系的期权价值 OV 为：

$$OV = V_2 - V_1 = F_{0,m(0)}(\overrightarrow{Z}(1)) - \sum_{t=1}^{\Gamma} \rho^t E[Z_k(t)] \quad (4-8)$$

从理论上，可以将子公司每一个阶段的网络嵌入关系的最优选择及其期权价值计算出来，也可以将每一时刻子公司网络嵌入关系的价值总和计算出来。假定子公司 m 中网络嵌入关系相互独立，则子公司的网络嵌入条件下的价值总和为

$$V = \sum_{k=1}^{m} F_{0,k(0)}(\vec{z}(1)) = \sum_{k=1}^{m} \max_{l}\{Z_l(1) - c_{k(0),l} + \rho E_{\vec{Z}(1)}[F_{2,l}(\vec{z}(2))]\} \quad (4-9)$$

这就是子公司网络嵌入获得的利益和动力。

总之，根据子公司网络嵌入期权特征，子公司网络位置、未来嵌入联系的确立和变化，将是子公司现实利益和未来期望利益的贴现之和驱动的结果。

4.4 网络嵌入的子公司演化成长模式

4.4.1 子公司网络演化成长环节

从网络嵌入理论的视角来看，跨国公司的子公司或者集团公司的子公司，在新成立到不断的成长演化的过程中，一般都与当地网络建立嵌入关系，并以子公司为焦点，建立自我网络，或者说子公司整个生命周期从新设立到成长各个阶段，都表现为网络嵌入式的演化成长，这种网络化成长，是外部社会、经济、技术条件的宏观环境所驱动的结果①，同时也是

① 有学者认为，企业的成长要具备环境的适应性、资源匹配性和目标导向性，子公司的成长与一般公司的成长的独特性在于子公司成长受母公司的影响，寻求子公司网络内部的资源和优势。参见赵景华："跨国公司子公司成长与发展的战略机制研究"，《东岳论丛》2001 年第 1 期，第 34 - 40 页。

由子公司与当地网络嵌入特征所决定的。子公司在演化成长过程中，不断调整网络位置、网络嵌入联结关系，表现了子公司的网络化成长变化的特征。子公司成长演化过程也伴随着网络嵌入结构自身的不断变换，这种变换既是子公司网络演化成长的原因，也是子公司网络演化成长的内容之一。为什么子公司演化过程需要调整它的网络嵌入位置和嵌入联结关系呢？从网络嵌入理论看来，主要是由于下面的原因：

第一，网络资源的分布非均衡和动态性。网络内资源分布是不均衡的，存在数量上的多寡和结构上的差异，而且这种不均衡也是动态的，随着时间和网络结构的变化而变化，也和网络节点的位置、网络嵌入联结的方式有关。处于网络比较中心的位置，有利于获取网络资源；但网络中心的位置也是随着网络规模、网络规则的变动而变动，因此，子公司要获取适当的网络位置，必须时时调整自己的位置，以保持原来合适的位置或获取网络中心位置，因此，子公司的演化成长是网络化成长过程。

第二，子公司网络嵌入联结的差异性。子公司嵌入网络的各种联结关系也是有差异的，联结方式、联结强度、联结时间长短、嵌入关系的密度等方面的区别，使得子公司从网络获取的资源的能力、效率不一样。子公司不断调节和整合这些联结关系，对不同网络内资源、不同的获取资源的目标，采取不同的网络嵌入关系，因而影响到子公司网络化成长的方向、路径和绩效。

第三，子公司不同阶段性战略目标的差异性。子公司在不同的成长阶段的战略目标是不同的，不同阶段的子公司在跨国公司或集团公司里担任的战略角色的差异，使得子公司在进入当地网络并形成子公司网络嵌入结构时的投资多寡、方式路径选择上有很大的不同。比如担任市场营销型的战略角色的子公司，对于品牌声誉、营销渠道等网络伙伴格外重视，而对于生产基地型战略角色的子公司，则对于供应链上的零配件供应商等网络倾向于建立稳固而长期的网络关系。

第四，母公司对子公司控制的方式差异性。依子公司在不同的发展阶段、子公司担任的不同角色以及整个跨国公司或企业集体的战略不同，母公司对子公司的控制的方式有所不同，在以正式机制为主要控制方式的母子公司管理方式上，子公司的网络嵌入受母公司影响较大，而趋于非正式的、横向协调型的母子公司管理方式，子公司自主的网络嵌入行为主要由自己决定，如此更有利于选择网络嵌入的方式和目标。

为阐释子公司嵌入网络进行演化成长的过程，我们向读者介绍一下美国通用汽车公司在中国的子公司通用（中国）公司在华发展的案例①。

美国通用汽车公司是全球最大的汽车公司之一，历史可追溯到1908年。通用汽车公司全球总部位于美国底特律，公司下属的分部达二十多个，拥有员工26万多名。通用汽车公司的全球总部位于美国密歇根州的汽车之城底特律，迄今在全球35个国家和地区建立了汽车制造业务。2010年，通用汽车在全球售出近839万辆轿车和卡车，仅次于日本丰田汽车的841万辆，继续排名第二。2011年度在财富全球500公司营业额排名中，通用汽车排第20位。

通用汽车（中国）投资有限公司是美国通用汽车公司在上海建立的全资子公司，拥有美国通用汽车公司在中国全部的本地员工，同时也是美国通用汽车公司在中国的合资企业的投资方。通用汽车（中国）投资有限公司在中国的发展愿景是：携手战略合作伙伴，致力于成为中国汽车工业的最佳参与者和支持者，公司进入中国市场得到长远发展。到2014年为止，通用汽车（中国）投资有限公司在中国建立了11家合资企业和2家全资子公司，拥有员工超过5.8万人。通用汽车公司在中国进口、生产和销售宝骏、别克、凯迪拉克、雪佛兰、欧宝、五菱及解放等品牌的系列产品，所提供的产品系列之丰富位居所有在华跨国汽车企业之首。2015年，通用汽车及合资企业全年在华零售销量共达361万多辆，同比增长5.2%，刷新年度销量纪录。中国再度成为通用汽车的全球最大市场。

通用汽车（中国）投资有限公司是通用汽车在上海建立的独资企业，是通用汽车在华的全资子公司，该公司自1998年11月30日成立进入中国市场后，就不断地通过并购、重组等方式持股多家通用汽车在华合资企业，不断地从纵向和横向嵌入中国各个区域的汽车产业网络，不断地扩张规模和衍生新的子公司，从一个跨国公司在华子公司演化成长为控股集团公司，其主要演化成长过程如下：

上海通用汽车有限公司。是通用汽车公司与上海汽车工业（集团）总公司各出资50% 建立的中国最先进的整车生产合资企业，成立于1997年6月。上海通用拥有实力雄厚的销售、售后服务和零部件供应网络，进口、生产和销售别克、凯迪拉克、雪佛兰及Saab萨博四大品牌。到2016

① 作者从通用汽车（中国）投资有限公司等网站收集、整理而成。

年，上海通用汽车拥有浦东金桥、烟台东岳、沈阳北盛和武汉分公司 4 大生产基地，共 8 个整车生产厂、4 个动力总成厂，年总产能超过 60 万辆整车、10 万台自动变速箱和 57.5 万台发动机。2006 年上海通用汽车全年共销售汽车 413367 辆，成为中国乘用车行业首家年销量突破 40 万辆的厂家。2010 年，上海通用汽车成为中国第一个年销量突破 100 万辆的乘用车生产商。2010 年，上海通用汽车在中国国内销量超过 103 万辆，2012 年销量超过到 133 万辆，再创历史新高。

泛亚汽车技术中心有限公司。于 1997 年 6 月 12 日由通用汽车（中国）有限公司与上海汽车工业（集团）总公司共同投资 5000 万美元各出资 50% 共同组建而成的合资企业。它为中国和亚太地区的汽车企业提供一系列的汽车工程服务，其中包括设计、开发、测试和零部件与整车认证。上海通用汽车别克新君越、别克君威、凯迪拉克赛威等产品的本土化工程都是由泛亚汽车技术中心完成的。是上海通用汽车工程技术中心和通用全球六大研发中心之一，泛亚汽车技术中心经过 15 年的快速发展，已具备国内领先的整车开发能力，并拥有包括噪声振动试验室、车辆安全试验室、愿景可视化中心、整车热力学风洞等具有国际先进水平的研发设施。

上汽通用五菱汽车股份有限公司。公司由上汽集团、通用汽车（中国）、广西汽车集团（原柳州五菱汽车有限公司）于 2002 年 11 月共同组建的合资公司，总投资 9960 万美元，通用汽车中国公司持有 44.0% 的股份，上汽集团及广西汽车集团分别持有 50.1% 和 5.9% 的股份。公司总部位于广西壮族自治区柳州市，拥有柳州与青岛两大生产制造基地。2006 年，上汽通用五菱的五菱品牌微型商用车的销量超过 46 万辆，是中国销量第一的微型车生产企业。目前的上汽通用五菱年生产能力为 30 万辆。2010 年上汽通用五菱国内年度总销量为 1226860 辆，占中国微型商用车细分市场 40% 的市场份额，进一步巩固了其在该细分市场上的领先优势。2011 年前 8 个月，上汽通用五菱已在华售出汽车总数达到 822227 辆。

上海通用北盛（沈阳）汽车有限公司。该公司位于辽宁省沈阳市，成立于 2004 年 8 月 2 日，前身为金杯通用汽车有限公司，是由上海汽车集团股份有限公司、通用汽车（中国）公司、上海通用汽车有限公司通过兼并重组后成立的合资企业。上海通用汽车持有 50% 的股权并监管公司运营，上汽集团与通用汽车中国公司各拥有25%的股权，生产别克GL8公务旅行车、别克陆尊公务旅行车和雪佛兰科鲁兹紧凑型轿车。

上海通用东岳汽车有限公司。公司位于2003年2月10日在山东烟台成立，是上汽集团、通用汽车（中国）公司、上海通用汽车公司共同出资成立的公司，上海通用汽车公司持有50%股权并监管公司运营，通用汽车（中国）公司及上汽集团各持25%的股权。公司是由原烟台车身有限公司经兼并重组建成而成，是上海通用汽车有限公司继浦东金桥之后的第二个生产基地，主要从事汽车冲压、车身、油漆、总装四大工艺生产。

上海通用东岳动力总成有限公司。公司位于山东省烟台市，其前身为1996年8月投产成立的山东大宇汽车发动机有限公司。2004年3月，山东大宇公司重组后，上海通用汽车占50%的股份及监管，上汽集团、通用汽车（中国）公司各持25%的股份。上海通用东岳动力总成设计产能为三班二运转实现年产37.5万台发动机，主要为上海通用汽车供应发动机和变速箱。

上汽通用汽车金融有限责任公司。成立于2004年8月，是中国第一家运营的汽车金融公司。公司由联合汽车金融公司（Ally Financial Inc.，前身为GMAC Inc.）、上海汽车集团财务有限责任公司（SAICFC）以及上海通用汽车三方共同合资组建而成。截至2010年底，该公司批发融资业务已覆盖全国187个城市，为620余家上海通用汽车经销商网点提供服务；公司零售信贷业务覆盖全国197个城市，为543家上海通用汽车经销商网点提供服务。

上海安吉星信息服务有限公司。是通用汽车（中国）公司、上汽集团和上海通用汽车于2007年正式宣布建立的合资公司。这是北美市场之外的首家OnStar信息服务业务机构，公司自2009年12月起正式为上海通用汽车在中国生产、销售的汽车提供汽车安全信息服务。作为通用汽车公司和上汽集团各自的全资子公司，OnStar公司和上海汽车工业销售有限公司分别持有上海安吉星信息服务有限公司的40%股份，而双方在华合资企业上海通用汽车持有合资公司的20%股份。目前，上海安吉星信息服务有限公司在中国地区的用户已约400000名，成为汽车行业远程信息服务领域的领头羊。

一汽通用轻型商用汽车有限公司。是通用汽车（中国）公司和中国第一汽车集团公司分别出资 50% 成立的合资公司。合资公司位于吉林省长春市，2009 年 8 月 30 日正式成立。一汽通用公司将主要进行轻型载货车类、轻型客车类及相关研发、出口和售后服务的支持。位于黑龙江省哈尔滨市的一汽哈尔滨轻型汽车有限公司和位于云南省曲靖市的一汽通用红塔云南汽车制造有限公司均为合资公司的子公司。一汽通用 2010 年共销售解放牌汽车 88224 辆。2011 年 1 至 8 月，一汽通用的国内销量为 37191 辆。

通用汽车仓储贸易（上海）有限公司。公司于 1999 年 8 月投资兴建，位于上海外高桥保税区，是由通用汽车公司投资 320 万美元建立的独资零部件分销中心。它的成立确保了通用汽车及时向中国大陆的客户提供货真价实的通用汽车零部件。同时，中心采用了一套全面电脑化的仓储管理与存货控制系统，目前其存储的零部件达 25000 种左右。

通用汽车中国前瞻技术科研中心。2010 年 7 月由通用汽车（中国）科学研究院、车辆工程实验室、先进动力总成工程实验室以及前瞻设计中心四个研究机构共同组成，在未来五年内，通用汽车中国前瞻技术科研中心将拥有 300 余名设计、研发、工程和技术人员。中心将注重未来五到十五年的前瞻性技术研究，重点关注的领域将涵盖先进驱动系统研究、先进动力总成及可替代能源、先进电池技术、先进材料技术，以及前瞻性汽车概念等。

上汽通用汽车、泛亚汽车技术中心研发试验中心（广德）。于 2012 年 9 月 22 日由通用汽车、上汽集团、上汽通用汽车以及泛亚汽车技术中心共同设立。该研发试验中心位于安徽省宣城市广德县境内，拥有目前国内设施最齐全、技术最先进的综合试车场和试验配套区，总面积约 5.67 平方公里，配备总长超过 60 公里的试验道路以及 70 种典型特征路面的综合性配套设施。上汽通用汽车与泛亚汽车技术中心共同监管该研发试验中心的运营。

上述通用汽车（中国）投资有限公司成长演化发展过程可以用表 4.3 来表示。

表 4.3　　通用汽车（中国）投资有限公司组织成长演化表

时间	企业组织成长演化过程	企业业务	嵌入网络方式
1997 年	上海通用汽车。通用汽车（中国）公司与上海汽车工业（集团）总公司各出资 50% 合资设立，拥有浦东金桥、烟台东岳、沈阳北盛 3 大生产基地，共 4 个整车生产厂	汽车制造	合资新建（上海）
	泛亚汽车技术中心有限公司。是由通用汽车（中国）公司与上海汽车工业（集团）总公司共投资 5000 万美元，各出资 50% 组建而成的合资企业	技术研发，包括设计、开发、测试和零部件与整车认证	合资新建（上海）
1999 年	通用汽车仓储贸易（上海）有限公司	汽车零部件分销中心	独资新建（上海）
2002 年	合资上汽通用五菱汽车股份有限公司。由上汽集团、通用汽车（中国）公司、五菱汽车共同组建的合资公司，通用汽车（中国）公司持有 44.0% 的股份，上汽集团及五菱汽车分别持有 50.1% 和 5.9% 的股份	汽车制造，拥有柳州与青岛制造基地	合资新建（柳州、青岛）
2003 年	上海通用东岳汽车有限公司。上汽集团、通用汽车（中国）公司、上海通用汽车公司共同出资成立的公司。上海通用汽车公司持有 50% 股权并监管公司运营，通用汽车中国公司及上汽集团各持 25% 的股权	从事冲压、车身、油漆、总装	对原山东烟台车身有限公司兼并重组
2004 年	上海通用东岳动力总成有限公司。上海通用汽车有限公司、上汽集团和通用汽车（中国）公司分别出资份额为 50%、25%、25%	发动机、变速箱	对原山东大宇公司重组
2004 年	上汽通用汽车金融有限责任公司。由联合汽车金融公司（Ally Financial Inc.，前身为 GMAC Inc.）、上海汽车集团财务有限责任公司（SAICFC）以及上海通用汽车三方共同合资组建而成	汽车金融服务，汽车信贷等	合资新建（上海）
2007 年	上海安吉星信息服务有限公司。是通用汽车（中国）公司、上汽集团和上海通用汽车建立的合资公司	汽车信息服务	合资新建（上海）

续表

时间	企业组织成长演化过程	企业业务	嵌入网络方式
2009年	一汽通用轻型商用汽车有限公司。通用汽车（中国）公司和中国第一汽车集团公司分别出资50%成立的合资公司	从事轻型载货车类、轻型客车类研发、出口	合资新建（长春、哈尔滨）
2010年	通用汽车中国前瞻技术科研中心。由通用汽车（中国）科学研究院、车辆工程实验室、先进动力总成工程实验室以及前瞻设计中心四个研究机构共同组成	驱动系统、动力总成及可替代能源、先进材料技术	合资新建（上海）
2012年	上汽通用汽车、泛亚汽车技术中心研发试验中心（广德）。由通用汽车、上汽集团、上海通用汽车以及泛亚汽车技术中心共同投资16亿元	整车及零部件开发	合资新设（安徽广德）

美国通用汽车公司在华跨国公司——通用汽车（中国）公司，在投资进入中国汽车产业和市场网络的方式选择上，比如进入中国汽车消费、整车生产、汽车零部件等主要生产地区如上海、沈阳、柳州、烟台等，采取了合资新建、独资建设、兼并重组等多种方式，在嵌入中国汽车产业网络方式上，既有横向嵌入也有纵向嵌入、混合嵌入。通过这些网络嵌入，通用（中国）与中国当地的金杯汽车、五菱汽车、第一汽车集团等构建股权联结的网络关系，按照优势互补、分工协作的原则整合中国汽车产业网络的研发、人才、营销等网络资源，并且通过获取控股权或者监管公司的运营权利主导公司的发展，成为跨国公司在华子公司嵌入网络迅速演化成长的典型案例。

美国通用（中国）公司作为在华的子公司，其不断在不同地区、不同阶段的成长揭示了子公司网络嵌入演化成长的过程，这主要的几个环节是：

第一，自主建构嵌入网络，形成网络嵌入结构。子公司嵌入网络既是子公司网络化成长的物质前提，也是子公司演化成长的外部环境。子公司嵌入网络的内聚性、网络规模等结构性特征影响网络的资源多寡和网络租金的多少。按照伯特提出的“结构空洞”观点，分散的、低密度的网络更有利于行动者获得异质性的信息和发展机会，当存在结构对等时，网络成员接触所得到的信息就是相同的，所以无法得到结构空洞效益。子公司网络嵌入结构影响着子公司网络利益的获取，并且在母子公司关系中，由于子公司成为母子公司一个重要战略竞争优势的源泉，子公司自主性、自我发展的能力、责任不断提高，子公司嵌入关系、成长过程，很多是自主决定。因此子公司嵌入式的演化成长首先是自主结构自我网络，这个网络包括了通过正式关系和非正式关系形成了子公司内部网络和外部网络。

第二，寻求最优网络位置，获得网络资本利益。如前所述，不同的网络位置和不同网络结构存在着不同的机会和不同的网络资源，子公司嵌入网络结构后，实际上也构建了子公司获取、扩散和整合知识的网络结构，为子公司获取战略性的知识资源、促进企业成长发挥了不可替代的作用（贾生华、邬爱其，2003）。子公司的网络位置影响着子公司网络资本的多寡，进而影响子公司所获得的网络利益。处在不同网络位置的子公司在活性、学习能力和获得网络利益的能力方面都存在差异，处于有利位置的子公司从母公司及其他网络成员获得利益也更多，因为核心网络位置的子公司具有更多的机会接触有价值的信息，为了保持和增加这种利益，子公司将强化与复制这种关系。因此，子公司通过自身的不断寻找和试错、迭代学习，在网络利益最大化动机的驱使下，总是不断地向着核心的网络位置演化。

第三，调整嵌入网络边界，优化子公司网络嵌入规模。子公司在嵌入网络后，与网络成员建立了信任和共享资源的关系，从而降低了子公司环境的不确定性，无论是从交易成本下的企业治理边界，还是将企业能力或知识的集合的观点来考察，企业边界和行为都会发生变化（杨瑞龙、刘刚，2004）。网络嵌入条件下子公司组织边界的模糊性和柔性，就是子公司与网络内部成员的各种网络嵌入关系对于市场交易、内部化二元组织的替代。网络边界包括了母子公司内部网络和子公司和其他企业、中介、政府等组成的外部网络，网络边界从治理机制和协同效应来考察子公司嵌入网络组织结点的数目与地位（孙国强，2004），并寻求和调整子公司两种网络均衡，形成子公司最优嵌入网络规模。

第四，选择和调适最优网络嵌入联结关系。网络嵌入关系是子公司网络嵌入结构的主要维度，决定着子公司的网络嵌入强度、网络嵌入密度和网络嵌入持久度，是影响子公司演化成长过程中活性、积累、能力的主要因素。而子公司网络嵌入的方式、强度等又决定了（陈艳莹、原毅军，2006）子公司嵌入网络规模，特别是影响到子公司对于隐含于组织内部的嵌入性隐性知识等网络资源的识别、吸取。子公司通过选择正式的网络嵌入关系和非正式的网络嵌入关系，以达到网络嵌入关系的强度、密度、方式、时间的最优化。

4.4.2　子公司网络嵌入成长过程阶段

子公司由母公司内部衍生出来而创生，实际上是原来母公司资产和组织基于分工之上的独立分解的过程。从斯密分工理论到杨小凯的分工理论，都强调了分工对生产效率的提升意义；甚至为了效率的提高，企业采取间接“迂回生产”模式虽然延伸了生产链条，但分工带来效率提升依然是一种企业组织制度创新和帕累托改进。在迂回生产方式条件下，母公司部分角色、职能进一步专业化和集中化，并且从母公司内部分离、独立出来，形成一个受母公司影响的独立的自组织，成为具有自发约束、自我激励的责任主体和角色，这就是子公司衍生的初始过程。当然，子公司创生的方式包括了母公司内部自我衍生子公司的方式和外部并购型创立的方式。

子公司创生与衍生可能采取母公司投入资源，通过派出人员、投入技术或设备，甚至是人员本地化等方式，将原来母公司的某些职能移植或在当地设立子公司，例如制造基地型子公司、营销或技术研发型子公司等。在当地成立子公司，也从分工演进和职能的视角，将母公司按企业职能分为若干组织模块（罗铭，2005），当这些组织模块在空间上和法律关系方面形成自主性的异地企业时，这就创生了子公司。初始阶段的子公司的形成，实际上是母公司组织的分离和组织边界对外的扩展。在这个分离过程中，母公司资源、能力不断进行集中化、专业化和扩张、分解，如同细胞分裂，一方面脱离原来内部化、科层化的组织内部，另一方面提升分离部分的自我管理能力和与当地网络联系的功能，为了在当地网络更好地生长和发展，需要通过和商业伙伴和中介机构等建立各种联系，并寻求合适的网络地位，从而使得独立出来的子公司的自我成长成为网络嵌入的演化成长。所以说，子公司网络嵌入成长的第一阶段，是母公司资源向外分解并与外部资源、环境结合为新个体的过程。

从分工视角看，母公司的某些职能分离出来成立子公司，承担母公司授予的任务和角色，又进行独立的自我发展成长，主要的类型包括以下几种：一是与当地知识企业或研发机构合作、合资进行技术开发的研发型子公司；二是与当地市场营销网络进行合作、合资，成立主要职能为拓展市场、规避风险的营销型子公司；三是为提高生产效率、降低制造成本，利用当地廉价劳动力、原料等网络资源成立的生产基地型子公司，例如浙江企业集群里的企业成为许多跨国公司的参股或控股的生产型子公司；五是与当地相关企业、政府机构建立正式的商业关系，或者非正式关系，以获得当地网络资源，为母子公司总体资源获取为导向的资源获取型子公司。

网络嵌入的子公司演化成长，从时间维度的周期看，一般包括了子公司创生、子公司稳定成长、子公司衰落三个过程，子公司的演化成长也是子公司网络结构变化的过程，所以说，子公司网络结构的变动，也是子公司演化成长内在过程的一部分。

子公司网络嵌入下的成长，是子公司网络嵌入结构形成和演变的过程，子公司网络嵌入结构的完整形成和发展包括了网络嵌入识别、网络嵌入结构生成、网络嵌入结构强化、网络嵌入结构稳定、网络嵌入结构退化等一系列阶段。

（1）网络识别阶段

子公司识别网络、网络节点的构成及其特征形成，是子公司网络嵌入成长过程的首要环节。子公司对当地可能具有网络联系的企业和非企业机构进行评估，评估内容包括这些机构的性质、流程、资源、价值观、声誉等，也包括这些当地企业、机构与子公司本身可能的建立的网络关系及其后果。这种子公司网络识别是子公司对当地环境的一种扫描，是子公司嵌入当地网络的自我分析，它决定着子公司网络嵌入与否、网络嵌入方式、网络嵌入时机和网络嵌入的调整，这个过程是在子公司进入当地网络之前和之后都存在的过程，伴随着子公司演化成长的整个过程。

（2）网络嵌入结构生成阶段

子公司对当地网络进行评估后，在母公司对自身的角色、职能分工等控制作用下，完成建构子公司网络嵌入结构，这个过程包括了形成子公司网络规模（即网络成员数量）、网络位置、网络密度（网络成员的差异性），也包括了子公司与网络成员的嵌入联结方式、嵌入强度、嵌入的周期（久度）等。建构网络结构是投资行动，当嵌入网络的收益和未来收益贴现之和大于投入成本，或者，母子公司的整体利益之和大于投入，嵌入结构的行为才会发生，否则，子公司就缺乏动力实施网络嵌入行为。

(3) 网络嵌入结构的强化阶段

子公司网络具有公共品性质，网络利益为网络成员所共享，子公司网络形成也是网络成员“队生产”（team work）形成，其投入和受益是不对称的，网络成员无论是否处于网络中心位置，却没有监督其他成员行为的权力，于是这种“外部性”使得某些网络成员可能进行“搭便车”。这将导致子公司网络结构形成后，只有子公司获得网络嵌入租金才能提升子公司的这种适应环境的能力和竞争优势，才能使子公司网络嵌入结构形成不断地自我传导、复制、反馈、强化和迭代进化。

(4) 网络嵌入结构稳定阶段

子公司网络嵌入行为需要投入，这种投入与收益在时间上不一致，具有一定的时间滞后效应，在数量上也具有因果的模糊性，因此，子公司的网络嵌入结构的形成阶段投入大于当期的网络收益，进入子公司网络嵌入的稳定阶段，进入网络嵌入性均衡阶段。此时，子公司网络嵌入结构的网络特征、网络位置、网络资源、网络嵌入关系等最有利于子公司的成长，子公司主要是维系和稳定网络嵌入结构。

(5) 网络嵌入结构退化阶段

子公司网络结构的要素和功能发生对子公司或母子公司整体利益不利时，网络资源枯竭、网络外资源更为有用，或者子公司获取网络资源的成本大于维持现有的网络结构的利益，或者其他子公司参与网络积极性、参与利益不足时，以子公司为自我出发的这个网络结构就会发生退化。这种退化可能是突然而强烈的，子公司与其他网络成员关系断裂，网络资源突然枯竭；或者缓慢地退出网络中心位置、弱化网络联结等。子公司因此可能重新建构新的网络或者转换网络结构。

4.4.3 子公司网络演化成长主要模式

企业演化成长模式就是企业如何选择成长的方向和路径。对于企业成长模式，贝慈、帕金森等人根据企业经营结构的变化，把企业成长分为上下游扩展的纵向成长和开展新业务领域的多角化成长模式。

我国学者徐金发（1992）通过交易费用理论研究企业垂直一体化

(Vertical integration) 和准一体化 (Quasi - vertical integration) 两种纵向成长方式①，认为垂直一体化企业成长是由资产专用性程度、交易频率和交易的确定性程度所决定的，并且这种成长可以用垂直一体化矩阵和垂直一体化指数 (VIC) 来度量。席酉民 (2003) 通过总结现有的企业集团形成和发展研究后认为②，企业集团的成长包括了规模型成长、纵向成长和多元型成长，其成长的动力是运用内部资源成长和采取并购等外部扩张的形式成长。邬爱其 (2007) 把企业成长分为内部成长、并购成长和网络化成长三种机制，并从网络关系、网络资源两个维度分析了企业集群的成长模式。而毛蕴诗 (2004) 认为"重构是企业成长的永恒主题"，认为企业成长以"战略—结构—过程"为路径的业务流程再造，企业进行战略调整、结构重组、分立分拆、剥离新建等都是公司成长的内容③。

子公司在网络内演化成长的方向，受到子公司战略、网络特征的影响。根据子公司的生产过程特征或生产价值链来区分，子公司嵌入网络的演化成长方向包括了嵌入网络后横向成长、嵌入网络后纵向成长、嵌入网络后多元化成长三种演化成长模式。

(1) 嵌入网络后横向成长

子公司嵌入网络后，通过网络资源的获取，与同一行业、产品相同或工艺流程相同相似的商业伙伴、供应商等建立更加密切的联系，包括更大规模的交易、更丰富的资源交换、更一致的认同、更高频率的交往等，和网络中同行业企业不断地融合发展，比如通过合作、战略联盟、参股甚至控股的方式，实现子公司的规模扩大和资本扩张，并在行业的竞争地位、创新能力不断得以提升。从嵌入网络后子公司的横向成长的结果看，首先是宏观效应，主要是横向成长扩大了市场规模，获取生产的规模效应和学习效应，降低生产成本，并且获取市场垄断地位（见图 4.5）。从嵌入性

① 徐金发著：《企业集团成因论》，同济大学出版社 1992 年版，第 123 - 139 页。

② 席酉民、梁磊、王洪涛等著：《企业集团发展模式与运行机制比较》，机械工业出版社 2003 年版，第 151 - 163 页。

③ 毛蕴诗著：《全球公司重构》，东北财经大学出版社 2004 年 1 版，第 1 - 18 页。该书还通过日本松下电器、韩国三星电子、IBB 公司、GM 公司、首钢集团、联想集团、熊猫集团等案例的评述和分析，阐述了企业重构也是企业成长方式和内容。

的微观角度看，子公司嵌入网络横向扩展，与资产、生产具有同质性的企业建立网络联系，对同一性质的资产和生产的进一步集中和重复交易，不但促进了分工的深化[①]，而且会促进企业在横向上的成长和演化，第一，从企业成长的外在表现看，企业横向成长扩张了企业的规模，首先是表现在企业资产、人员等规模扩张，并且通过生产和销售表现出企业的扩张。由于合并或者集中，子公司所在生产行业的企业数目会不断变动，这也改变了该种产品的市场与行业内企业的边界；第二，改变了子公司的内在性质，主要是改变了子公司的市场竞争地位、企业创新能力、子公司在母子公司集团中的角色和地位和企业管理组织等内在属性，因此子公司不但是成长的而其是演化的如图 4.5[②]，其中虚线表示某子公司 S 与当地网络成员为相同行业的企业，初始是竞争的市场关系，子公司通过网络关系与 a、b 两者进行合作或合资，子公司 S 成为当地网络中龙头大企业。例如 2004 年 10 月，北京燕京啤酒集团公司的子公司福建燕京惠泉啤酒股份有限公司投资 1.3 亿元在江西某市金巢开发区设立子公司——燕京惠泉啤酒（江西）有限公司，在当地政府招商引资优惠政策所形成的良好环境下，公司和当地政府机构、中介组织等建立了良好的关系。虽然一开始与当地啤酒行业存在市场竞争关系，为避免恶性竞争和整合市场资源，在当地政府支持下，燕京惠泉啤酒（江西）公司首先和当地主要啤酒企业建立委托生产关系，在经过三年双方紧密合作关系基础上，燕京惠泉对当地合作企业进行了收购控股，获得了企业资源、资产的扩大和企业生产规模的横向扩张，实现了快速切入江西市场和企业快速成长，2008 年实现年产啤酒 20 万吨产能，在江西啤酒市场的市场占有率迅速提高到 30%[③]。生产基地型的子公司往往和当地企业进行合作或横向购并就是嵌入网络化演化成长的典型模式选择。企业横向演化成长的主要原因是规模效应和协同效应，前者通过规模效应递增和学习效应降低企业单位成本，协同效应则保证企业可以在资源共享、协同市场行为等方面获得更好市场绩效。

---

① 这种分工的深化是边际报酬递增的内生原因。并且随着市场的扩大，迂回生产模式进一步扩大了分工的深化。

② 其中虚线表示子公司与当地节点形成网络，双箭号表示合作关系（含正式和作和非正式合作），单箭号表示股权式关系，下同。

③ 案例来源为笔者 2006 年 5 月 20 日赴燕京惠泉啤酒（江西）有限公司调查整理。

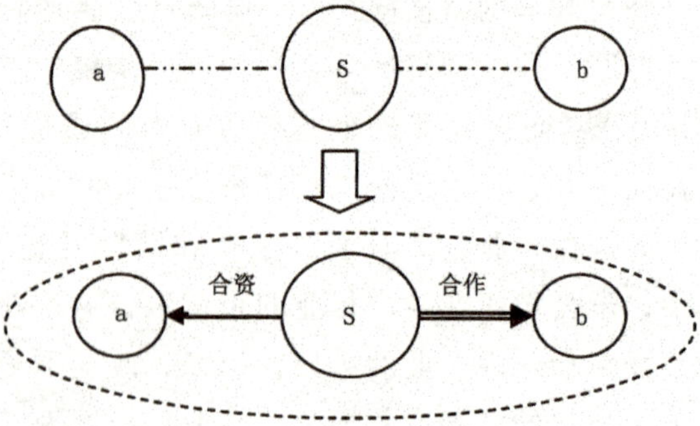

图 4.5　子公司嵌入网络横向成长

（2）嵌入网络后纵向成长

子公司进入当地后，子公司通过资源投入对当地网络中与子公司在产品价值链上的企业、机构进行网络整合，调整网络位置，接近产业链上相关企业或组织，建立更加紧密的嵌入联结，并沿产业链方向纵向演化成长。

如图 4.6，子公司 S 和当地企业 a、b 为产业上下游关联企业，子公司 S 将原来与上下游的零部件等供应商、客户关系，通过网络联结（如长期契约、股权参与）等形成紧密的联系，并可能形成以子公司 S 驱动的产业链成长的格局。

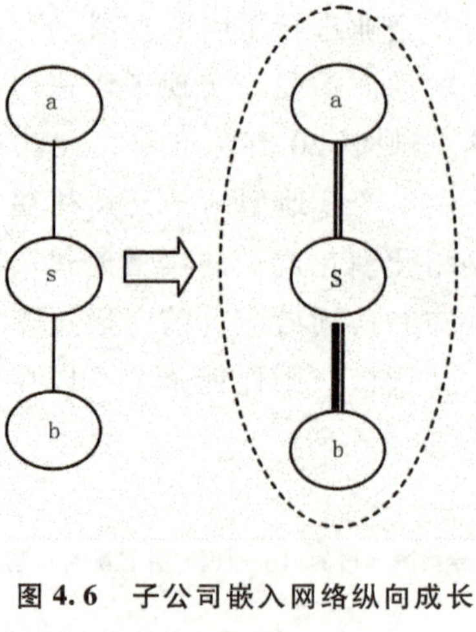

图 4.6　子公司嵌入网络纵向成长

一般而言，子公司上下游关联企业较多，只有那些具有子公司 S 所需要的关键资源、技术或能力的企业，子公司 S 才会主动地投入资源，建立商业网络和非商业网络联系，形成自己纵向成长方式。实践中许多跨国公司子公司或企业集团外地子公司，通过嵌入当地网络，逐渐地与产业链上的关键上下游企业进行合作、合资甚至收购，从而子公司得到快速成长。例如，吉利集团的子公司吉利汽车以低端市场和低价策略赢得市场，低价原因在于成本控制，而控制成本的秘诀在于掌控零部件体系，吉利集体从生产摩托车进入汽车制造领域后，原来的许多摩托车零部件配套厂商也随着吉利共同转为吉利的零部件制造厂商，目前为吉利汽车提供零部件的厂商超过 200 家，其中由吉利集团或吉利汽车控股的供应商超过 50%①。

（3）嵌入网络多元成长

子公司进入当地网络，与当地网络中企业的非关联企业逐渐形成紧密联系，并形成多元化演化成长的关系。子公司嵌入网络后形成多元成长方式，一般是子公司在当地网络中发现了新的商业机会或为了转换子公司主业、分散风险，子公司与当地网络中的非关联企业建立各种网络关系进行扩张成长的过程。如图 4.7 所示，子公司 S 进入当地网络后，与当地网络中非关联企业 a、b、c 等初始并无网络联系，随着子公司 S 的在当地网络中的不断成长扩张，子公司与这些非关联企业 a、b、c 等建立网络联系，并进入这些产业进行多元化网络成长。例如，印尼金光集团 1992 年成立了第一家合资企业——宁波中华纸业有限公司，此后又成立了宁波亚洲浆纸业有限公司、宁波亚洲纸管纸箱有限公司、宁波亚洲纸器纸品有限公司等，形成纸业的系列化纵向成长，而且在宁波投资生产食用油的金光精炼油厂、投资定位于高端商业的新世界百货和从事贸易融资、离岸金融的宁波国际银行。宁波国际银行作为金光集团的金融类子公司，也与当地金融机构进行网络合作，例如宁波国际银行和当地商业银行——宁波商业银行签订业务合作协议，双方将在客户信息的交流与共享、业务的联动与异地支持、管理与人才培训等方面进行合作②。

---

① 笔者根据吉利汽车网站资料整理。

② 案例来源为作者 2006 年 11 月赴宁波市北仑区金光集团子公司金光精炼油等企业调研和金光集团网站资料整理而得。

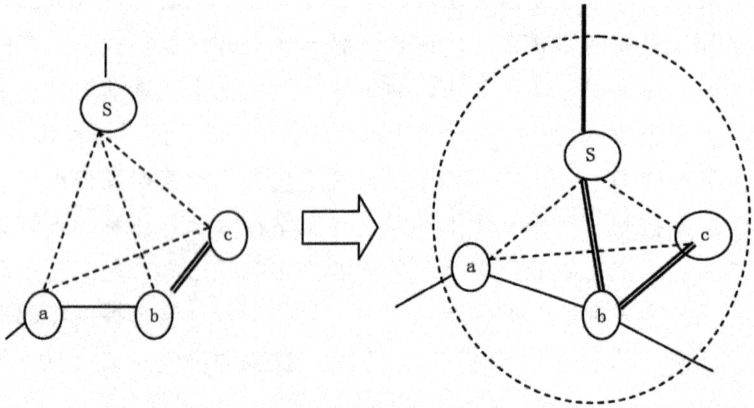

图 4.7 子公司嵌入网络混合成长

4.5 小 结

作者对子公司演化成长概念进行阐述，分析了子公司演化成长的理论含义，接着基于网络嵌入视角，通过网络资本、网络租金的视角分析子公司演化成长的动力。子公司通过网络嵌入关系和位置获取网络资本，这些网络资本最终通过网络嵌入的超额收益表现出来，网络嵌入收益既是子公司网络嵌入行为的动力，也是子公司网络化演化成长的动力。然后，分析了网络嵌入对子公司演化成长模式，从子公司的生产产品特征或生产价值链来看，子公司嵌入网络的演化成长包括了嵌入网络后横向成长、嵌入网络后纵向成长、嵌入网络后多元化成长三种演化成长模式。最后，作者通过元胞自动机理论模型模拟分析了子公司嵌入网络资源吸收，并将子公司演化成长划分为子公司创生阶段、子公司网络嵌入识别、网络嵌入结构生成、网络嵌入结构强化和网络嵌入结构稳定、网络嵌入结构退化等过程。

第 5 章

网络嵌入影响子公司演化成长的过程分析

如前所述，从网络嵌入的视角看，子公司是在网络嵌入的环境下不断演化成长的，因此，研究子公司演化成长，必须研究网络嵌入结构特征、网络嵌入关系特征和母公司控制方式对于子公司演化成长的影响过程。本章的任务在前面第三章、第四章构建的子公司网络结构模型以及子公司演化成长模式的基础上，构建网络嵌入子公司演化成长的影响分析框架，然后根据这个分析框架，分别对网络嵌入结构特征、网络嵌入关系特征和母公司控制对于子公司演化成长影响机制进行理论分析，并依此理论分析提出研究假设。

5.1 网络嵌入影响子公司演化成长的分析框架

对企业成长机理的研究一般都从内部成长和外部成长两方面进行，内部成长研究主要从交易费用理论、能力理论等研究企业成长机制，外部成长研究则从企业并购理论、产业环境等入手。自从格兰诺维特把“嵌入性”概念引入企业理论以后，企业行为、企业组织、企业成长的研究开始运用网络分析方法，并试图通过网络特征、网络嵌入联结来表征企业网络嵌入结构，并分析网络嵌入结构特征与企业成长的关系机制。Hirschman（1977）创立网络联结对企业成长的关系理论，认为网络嵌入的企业能够更容易成功。邬爱其（2007）基于“结构—关系”的分析范式将企业网络分为一级网络和二级网络，研究集群企业与网络特征的关系。本书基于前述分析，将子公司网络嵌入结构分为网络嵌入特征和网络嵌入关系，它们都影响着子公司对网络资本的获取，进而影响子公司成长和性质演变。如何分析网络嵌入结构呢？米切尔（Mitchell，1969）认为网络结构分析包括了网络规模、网络结构、互动关系及网络互动过程四个方面；哈坎森（Hakansson，1987）从网络价值出发，构造了网络行为主体、网络资源和网络活动三者关系的网络模型；米歇尔（Michael，1997）综合考虑了网络关系的形式、内容、程度、规则乃至演变等因素，提出从网络结构要素、网络资源要素、网络规则要素和动态要素的网络结构分析程式。

此外，子公司的演化成长还受到母公司控制的影响，是子公司研发成长的内生变量。德国学者 Schmid & Schurig（2003）认为，跨国公司存在着母公司和由其控制的子公司组成的内部网络、由子公司与当地外部业务伙伴组成的外部网络的两种网络，子公司关键能力受到上述内部网络和外部网络的双重驱动。他们采集 7 个国家 2100 多家跨国公司子公司的调查问卷进行实证研究发现：一是在网络对子公司发展所以需要的关键能力的影响中，母公司是内部网络中最重要的因素，而客户是外部网络中最重要的因素；二是外部网络中的客户和供应商对于子公司发展所需的关键能力的贡献比内部网络中的客户和供应商要大，但是内部网络中的研发机构对于子公司发展所需的关键能力的贡献比外部网络中的研发机构要大。

根据上述分析，本书从前面章节购进的子公司嵌入网络结构出发，从网络结构特征、网络关系特征和母公司控制特征三个维度来分析子公司网络嵌入结构对子公司演化成长的关系（见图 5.1）。

从现有实证分析来看，网络嵌入性成为研究子公司绩效的主要因素（Dyer & Singh，1998；Gulati，Nohria & Zaheer，2000；McEvily & Zaheer，1999；Rowley，Behrens & Krackhardt，2000；Uzzi，1996；Zukin & DiMaggio，1990），Adersson、Forsgen 和 Holm（2002）认为子公司当地网络嵌入性程

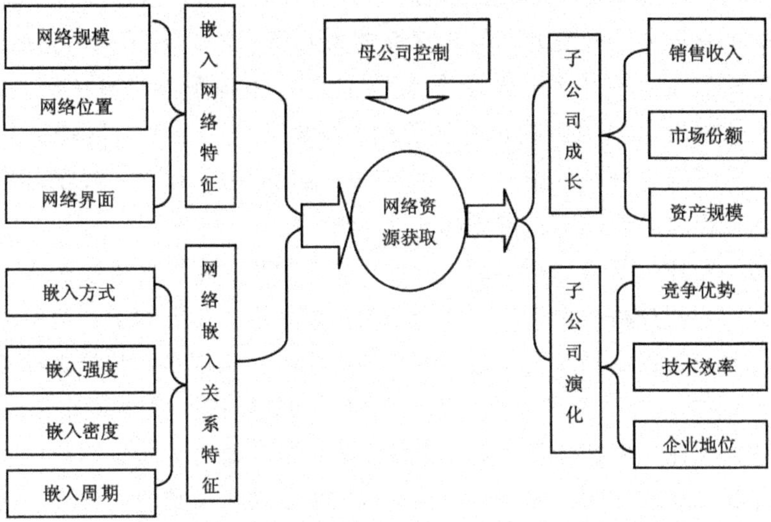

图 5.1 网络嵌入结构与子公司演化分析框架

度与子公司的预期销售增长、市场份额和利润等都正相关。Adersson 和 Forsgen (2000) 进一步认为网络嵌入与子公司的竞争力存在正向推动作用，且子公司的嵌入性与战略决策正相关。而杨桂菊 (2004) 研究了网络嵌入度与子公司角色演化的影响，邬爱其 (2007) 以浙江为例研究了网络特征与集群企业成长之间的机制和关系。张方华 (2010)① 建立了网络嵌入影响企业创新绩效的概念模型，并通过长三角地区 270 家本土企业的问卷调查与结构方程模型分析，发现企业通过对组织网络的关系型嵌入和结构型嵌入能够有效提高外部知识的获取效应，从而对企业的创新绩效存在显著的推动作用。任胜钢、吴娟和王龙伟 (2011) 利用 331 份企业有效样本数据进行统计分析和检验，结果表明：关系强度、网络位置和网络密度均对渐进式创新产生显著正向影响，而对突变式创新产生显著负向影响②。李顺才、李伟和聂鸣 (2011) 等人以 220 家企业为样本，运用

---

① 张方华 (2010) 认为，有效整合社会网络、知识获取和创新绩效三个方面的理论研究，以知识获取为中间变量，构建网络嵌入影响企业创新绩效的概念模型，探究关系型嵌入和结构型嵌入影响企业外部知识获取并进而影响创新绩效的微观机理。参见张方华："网络嵌入影响企业创新绩效的概念模型与实证分析"，《中国工业经济》2010 第 4 期，第 110 - 120 页。

② 任胜钢、吴娟、王龙伟："网络嵌入结构对企业创新行为影响的实证研究"，《管理工程学报》2011 年第 4 期，第 26 - 31 页。

LISREL 模型，对联盟企业网络嵌入性收益的差异来源进行研究，认为企业组织文化的差异化是外部知识保存能力和吸收能力差异化的重要来源，进而影响着企业的网络嵌入性收益①。此外，王国顺（2009）研究表明，网络嵌入性对出口的影响也是显著的，从网络关系强度、网络关系稳定性、网络密度、网络的中心接近性、网络居间性五个维度，提出网络嵌入性对企业出口绩效具有正向影响的。

基于前述的子公司网络嵌入结构，作者建构了子公司网络嵌入与子公司成长演化的分析框架。本书认为子公司网络嵌入特征和子公司网络嵌入关系、母公司控制是影响子公司成长和演化的内生因素，其分析框架如图 5.1。其中网络嵌入特征包括了网络位置、网络规模、网络界面三个方面，我们重点关注这些特征是否对子公司的演化成长具有什么影响效应、影响过程究竟又是如何的。此外，子公司网络嵌入关系包括嵌入方式、嵌入强度、嵌入密度和嵌入周期，反映了子公司嵌入行为对子公司演化成长的作用关系。如前所述，子公司演化成长也包括子公司成长和子公司演化两方面，前者通过销售收入、市场份额和资产规模表示规模方面的扩大成长，后者用竞争优势、技术效率和企业地位来表示子公司成长过程中性质的演变。

5.2 子公司网络嵌入结构特征与子公司演化成长

网络嵌入观点认为，子公司网络嵌入的规模、位置、界面等结构特征，影响着网络资源的丰富程度，也影响着子公司在网络嵌入中获取资源的数量，进而影响着子公司规模的扩大和性质的演变。Andersson 等人通过对中国、瑞士、芬兰等国家的子公司成长的实证研究得出结论：子公司当地网络嵌入尤其是技术嵌入程度与其市场绩效呈正相关（Andersson, 1999），并由此得出结论：子公司周围商业网络的差异是导致子公司绩效

① 李顺才、李伟、聂鸣："联盟企业网络嵌入性收益的差异性来源研究"，《管理工程学报》2011 第 4 期，第 91 - 100 页。

不同的重要成因（Andersson，2000）。网络规模、网络密度、子公司网络中心性则是从宏观的整个网络结构特征来分析对子公司演化成长的影响过程和效应关系。

5.2.1 网络嵌入规模与子公司演化成长

网络规模或网络范围（size）可以定义为嵌入网络的子公司直接相关的关系数目或关系种类的数目（Burt，1983；1998）。从动态的时间看，子公司网络嵌入规模或者网络范围是一个不断地与网络成员相互联系的动态过程，当子公司与其他成员建立了某种网络嵌入联结，子公司嵌入的网络规模就得以扩张。摩农（P. Morone）考察了网络成员通过"逐渐熟悉者的熟人"的模式扩张企业网络规模的过程，认为最优网络规模的形成本质上是一个动态建构过程。

（1）网络嵌入规模调整的动态过程

本书基于摩农网络规模来分析子公司嵌入网络最优规模的动态过程。设一维图的 n 个顶点表示网络中的 n 个节点，连线以 $G(I,\Gamma)$ 表示，其中 $I=\{1,2,...,n\}$ 表示网络单元，$\Gamma=\{\Gamma(i),i\in I\}$ 表示网络单元之间的联系，网络某成员 X 最初的关系对象定义为 Γ_x，也就是 X 能够联系的邻近的点。在任意时刻 t 任何一个网络成员 X 都具有一定水平的存量知识 K_t^x，K 为随机整数。该网络成员可以与邻近的，或者远处的网络成员沟通、互动并彼此熟悉。初始行动网络成员先与其周围的邻近成员熟悉，但随着时间过去，该网络企业可以通过熟人联系，逐渐熟悉后者熟悉的行动企业，从而扩张了行动成员的网络规模。因此，子公司的网络规模是个动态的函数。设某一期子公司网络单元 X 所能交往的子公司成员规模为：

$$\Phi_{x,T}=\Gamma_x+\sum_{t=1}^{T}J_{x,t} \tag{5-1}$$

其中 $J_{x,t}$ 是 t 期 x 的与子公司所有联系的所有网络成员的数量。每对联结关系的关系强度为 $\tau,\tau\in(0,1)$，用于度量网络行动者与其他成员之间的关系强度。一般地，行动者之间的关系不必具有对称性，因为，知识丰富者可能作为知识贮备者发展强关系的目标，而反之不是。模型在某一周期里，所有行动者随机排列，每个行动者都可以与其他交流的成员进行沟通和扩散。某一行动者与其他成员进行互动受个体偏好的影响。行动者

x 与行动者 Y 进行互动的概率为：

$$p^x(y) = \frac{\tau_y^x}{\sum_{i=1}^{\Phi} \tau_y^x} \quad (5-2)$$

网络成员关系可以视为在信任基础上的合作博弈，并从网络关系上得到网络收益，网络最优规模由 Shapley 值决定，它是一种度量网络成员对网络的价值贡献的求解网络最优规模的方法。

令 N 为最大可能包含成员的网络，$n = \{N\}$，即网络 N 的成员企业个数，给定网络 K，$K \subset N, k = \{K\}$，则加入网络企业 I 的 Shapley 值是唯一的支付：

$$\varphi_i(v) = \sum_{K \subset N} \left\{ \frac{(n-k)!(k-1)}{n!} \right\} [v(K) - v(K - \{i\})] \quad (5-3)$$

上式中 $v(K) - v(K - \{i\})$ 是网络 K 由于企业 I 加入后，网络 K 的总价值的增加，$\frac{(n-k)!(k-1)!}{n!}$ 表示最优规模的网络 N 的随机组合中，企业 I 将是下一个加入包含前 $k-1$ 个成员企业的网络的概率。企业 I 的 Shapley 值是对该企业可能形成且包含 I 的网络的边际贡献之和。考虑到企业 I 加入网络 K，可能对网络内企业 j（$j \neq i$）带来损失，因此对 Shpaley 值进行修正①，定义网络值（net value）。令

$$\varphi_i^L(v) = \sum_{K \subset N} \left\{ \frac{(n-k)!(k-1)!}{n!} \right\} \sum_{j=1, j\neq i}^{k=1} (-\Delta p_j) \quad (5-4)$$

$\varphi_i^L(v)$ 度量了企业 I 加入子公司网络对所有成员企业收益的影响，第二项表示企业 I 的进入产生的所有 J 的收益的变化 Δp_j 之和的相反数。因此，网络企业 I 的网络值（net value）为 $\varphi_i(v) - \varphi_i^L(v)$。

（2）网络嵌入规模对于子公司演化成长的影响

子公司网络嵌入规模能够反映子公司可能获取研发创新资源的丰富程度。这种网络关系的异质性，也就是网络伙伴的多样性，对于嵌入网络中的企业成长和获取资源具有正相关的关系。子公司的网络嵌入规模直接影响了子公司可寻求交流的邻居或知识提供者的数量，进而影响隐性知识的传递，也会对子公司建立信用、获得资金和构建客户网络关系产生影响。

① 盛罩翰、肖条均著：《企业集团管理决策的数理分析》，机械工业出版社 2002 年版。

网络中知识扩散的效率与网络成员知识存量的差距直接相关，知识存量的差距反映了网络成员的吸收能力，如果吸收方的和被吸收方的知识水平和能力差异过大，在相当程度上，它会导致知识吸收、转移和扩散的效率低下；推广到整个网络，网络节点知识存量的差异过大，网络的知识扩散效应可能会降低。子公司网络规模大小将从以下几个方面影响子公司成长。

第一，网络规模的大小，影响网络资源的丰富程度，从而影响了子公司成长。网络规模越大，异质性成员和资源越多，有利于子公司获取成长和性质变化所需要的各种资源。

第二，网络规模决定了子公司网络嵌入关系的选择。网络规模影响网络资源的丰富程度，也影响着网络成员的异质性程度；Uzzs（1999）对 1300 家企业调研证明，长期的网络比起短期的网络可以降低成本，较大的网络规模与企业贷款成本正相关。

第三，网络规模的大小影响了母公司管理子公司的方式。子公司网络规模越大，需要应变的网络关系环境就越复杂，与网络成员交流的频率也越频繁，因此，要求子公司具有更多的自主权和自治权，才能在动态网络环境中获取必要的资源和成长机会。这使得母公司的控制更多是通过技术标准、零部件等非行政的控制模式为主。

根据以上分析，本书提出以下假设：

假设 H1：子公司嵌入网络规模与子公司演化成长正相关。

5.2.2　网络嵌入位置与子公司演化成长

(1) 子公司网络嵌入位置的动态过程

网络结构观点认为，由于网络资源在网络系统中非均匀或随机地分布和流动，网络成员在不同的网络位置占有稀缺资源和分配这些资源是结构性的和有差别的。对处于网络中不同位置的各个行动者而言，他们接触资源的路径、获得资源的模式也不同，因此，检验网络结构与企业绩效关系具有重要的战略作用（Gulatiet，2000）。在一个具有不同对称关系的非随机的等级网络中（集中化网络），行动者必须选择和运用恰当的网络位置以获取资源，实现公司成长和演化。

从已有的文献来看，对于网络结构与企业成长的关系依然没有一致的结论（Powell，1996；1999）。网络嵌入的位置用网络中心性（centrality）描述，“网络中心性”（centrality）是指行为企业在网络中相对于其他行为者的位置状况特征。一般而言，网络的中心性又包括三种类型，即程度中心性（degree）、接近中心性（eloseness）、中介中心性（betweenness），分别用于考察企业直接连接的数量，以最低数量的中介接近其他结点的能力以及对其他行为者的控制程度。

随着子公司在网络中位置的不断调整和时间的演变，子公司在网络中的程度中心性、接近中心性、中介中心性和网络特征中心性不断改变，从而使自己享受信息优势和控制利益优势的情况不断改善。如图 5.2 所示，P 为母公司，其子公司 S 嵌入当地网络，与当地网络成员 S1、S2、a、b 和 c 构成了嵌入网络结构，我们研究的焦点子公司 S 通过运动，从上一期位置向网络成员 b、c 和 S2 方向移动和调整，使得子公司与 b、c、S2 三个网络成员的更近，子公司本身的中心性得到加强。这样的运动可能是由于网络资源本身的变化所导致的，如 b、c 和 S2 处对于子公司 S 发展的资源变得更加有利或者 S 移动以后能够更低成本地从 b、c 和 S2 获取资源；也有可能是由于网络节点 a、S1 网络资源正在退化从对 S 的价值下降。此外，子公司 S 通过运动，扩大了网络规模，增加了网络成员 d、e，其中 d 为非正式的网络关系，而 e 为正式的网络关系。

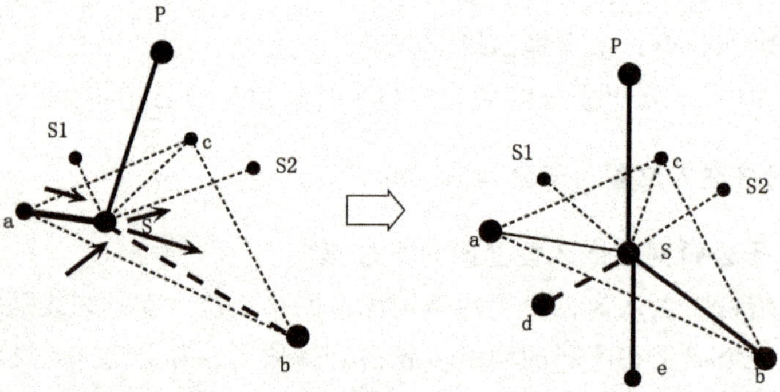

图 5.2 子公司网络嵌入位置动态调整

（2）网络嵌入位置对子公司演化成长影响

通过紧密联结的网络可以获取集体性社会资本（collective social capital）所带来的收益，有助于行动者行为规范的实施和对合作行为的预期。但与此同时，企业又占有许多的结构空洞。所谓结构空洞就是指两个能够提供非重复性网络利益者之间的结构关系（周小虎，2006）。这些结构空洞给它带来的是结构性社会资本（structural social capital）。一方面提供信息利益，结构空洞意味着非多余的联系在获取信息方面能够实现的经济性，从而能够保证企业效率的提高；另一方面，提供控制利益，拥有结构空洞的企业有一种作为信息中介的天然优势，这种优势能够使它获得更多的控制权收益，因此说拥有更多结构空洞的企业更具有竞争优势。

Galaskiewicz（1985）把网络成员的角色划分为网络中心者、网络媒介者、网络边陲者三类：其中网络中心者在网络中属于网络上层组织，影响力大并具有网络主控权；网络媒介者（broker）是网络关系中的枢纽，同一个网络中的其他各个成员的相互沟通和交流，往往通过网络媒介者才获得更好的效率和效果；网络边陲者在网络层级中属于下层地位，由于本身网络能力较弱和不足，只能与网络其他成员联系，对外建立网络关系，以寻求支持。

Burt（1992）认为企业在网络的中心位置，可以享受信息优势（information benefits）和控制利益（control benefits）。信息优势是通过可接近（access）、时效性（timing）和被推荐（referrals）的方式获得的。可接近是指在嵌入网络的中心位置由于路径更短从而更容易获得有价值的信息等网络资源，从而降低了获取网络资源的成本；时效性则表明，越是位于中心位置的企业，越能比其他企业更早得到需要的信息等网络资源；而被推举则是表明在网络中心位置的企业，容易被其他网络成员所信任，获得更多的机会和处于充当“牵线搭桥”的位置。

同时，也存在着相反的研究结论。这些研究表现在两种类型，第一种类型是认为实证研究不能证明网络结构与企业成长存在着显著性的正相关关系。例如，考虑到可能存在的利益分歧，网络中心性可能是对行为者个人的一种约束和限制（Krackhardt，1999）；网络中心性可能会使整个企业出现资源配置低效和缺乏协调；中心企业的某种声誉，如进攻性的声誉，将有损于建立新的联盟，由于单方面的获取信息和知识，或许会导致合作者之间的讨价还价关系的破裂（Hagedoorn & Duysters，2002）。Batjargal（2001）1999 年通过对 56 位企业家跟踪研究，力图解释俄罗斯企业家网络与企业成长之间的关系，他以企业销售变化表示企业成长，以结构性嵌入作为解释变量，其中结构性嵌入用网络异质性、网络成员广度、网络规模等测度，发现结构性嵌入对企业成长没有相关关系。第二类是网络位置对企业的成长关系是动态的，随时间的变化而变化。例如 Schtutjens 和 Stam（2001）研究认为企业成长与网络位置存在着时空变异关系。Senjem

(2002) 等人认为，网络的价值随时间的延续而可能被耗尽，特定的企业嵌入网络后，能够获取的网络意义存在一个最高峰的阀值，封闭的网络资本的价值是有限的。

子公司是嵌入商业网络和非商业网络之中生存和成长的，这些网络由商业企业间和非商业组织的内部资源关系组成（Madhok & Tallman, 1998)。由于资源和能力（比如接近多样化知识与能力等） (Burt, 1992)、资源储存和合作（Uzzi, 1996）等通常都需要组织间联结的网络关系。越是接近网络隐含的资源和能力，对子公司的绩效产生影响作用越大。在相关研究中，网络结构的位置是用中心性来表示的。网络中心性的结构位置优势主要体现于两个方面：控制优势和接近信息优势源的便利性。中心性与网络中的信息流有着密切关联性，尤其是中介中心性，它关系着对网络中信息流的控制情况，中心行为者能够促进行为者之间的交换(Freeman, 1979; Seott, 1991)，也能够通过阻碍或偏压网络中的交流达到控制信息的目的。同时，多数学者认为，占据了内部网络中心位置的个人或团队就更可能接近资源，并由此而获取更多资源优先权。中心程度越高，越有可能建构更广泛的联结关系。研究发现，最有效的领导者更多依靠非正式权力（如专家权力等)，而不是正式权力（如权威） (Argyris, 1971; FrenCh & Raven, 1959; Rahim, 1989)。(Ahujaeta, 2003) 研究也发现了虚拟团队中成员的中心性对职能作用、地位、交流与个人绩效之间的关系具有调节作用。

根据以上分析，本研究提出如下假设：

假设 H2：子公司网络嵌入中心性与子公司演化成长成正相关。

5.2.3 网络嵌入边界与子公司演化成长

企业界面（firm interface）与企业边界（firm Boundaries）是不同的概念，企业边界指企业与市场的边界划分问题。而与企业边界问题的研究文献相比较，企业的界面管理问题研究文献是较少的，界面管理（interface management）更是尚无明确而统一的定义。有的文献定义其为“完成同一任务或解决某一问题，企业之间、企业内部之间和各有关成员之间在信息、物资、财务等要素交流方面的相互作用关系”，如罗曼·柏特里、迈克西米兰和冯·斋德维茨从知识转移的角度探讨过企业从研究到开发过程中的界面管理问题。国内对此研究较多的郭斌、陈劲、许庆瑞等学者认为，“市场、R&D 和制造职能部门之间的跨职能交流和整合问题”即为界面管理，他们将企业界面问题分为界面 I、界面 II、界面 III 三个层次。界面 I 为企业之间的界面，界面 II 为职能、部门之间的界面，界面 III 为职能内部界面，进一步地，上述研究文献的基本观点是，界面问题源于组织因素导致的跨不同组织的交流问题，界面管理就是要资源整合，解决不同组织之间的有效交流问题，强调不同组织间的“沟通”、“联结”关系。界面研究的特点，是从企业技术创新角度，如何通过有效的界面管理，以提高企业的创新绩效，尤其是技术创新效率的提高。这些文献把界面管理区别为三个层次，并且集中研究了界面 II 和界面 III，但是对于界面 I 的研究，仅限于从用户到供应商的纵向关系之间存在的界面，但没有对其他组织形式（如企业网络）的企业界面展开深入研究。子公司网络也是企业组织形式，嵌入于网络的企业（网络节点）由于彼此组织因素等原因，必然存在界面问题。由于企业网络中组织之间的关系与市场关系、内部一体化关系的不同，企业网络界面将有不同于一般企业外部市场关系和内部一体化关系所形成的企业界面。

(1) 子公司网络界面形成及其机制特征

在探讨界面问题形成原因方面，郭斌、陈劲、许庆瑞等对企业内部界面问题以及企业供应链之间的界面问题的产生原因进行了分析，认为“粘性信息”（sticky information）的存在、不同部门之间的缺乏了解、不同部门之间的目标差异导致的界面冲突、个人价值观差异带来的文化冲突等四个方面是产生界面问题的原因。

显然，子公司网络与企业内部部门之间的联结和与企业外部市场的联结具有质的区别，其界面原因也随之有其内在的规定性。那么，子公司网络中的界面产生的原因是什么呢？虽然企业网络组织具有网络外部性、知识共享性、信任等属性，有利于知识的流动和扩散，有利于降低网络节点（即网络组织成员）之间的交易费用，但是，企业界面的问题本质上是企业的异质性导致企业间资源交流的一种关系机制，可以认为，“组织异质性”和“资源交流”是企业界面管理概念的核心问题。因此，网络组织界面的形成有以下四个方面的原因：

网络节点利益的独立性。网络节点（网络中的企业）都是具有自我决策的活性节点，母子公司都是网络中相对独立的自利性节点。网络组织有分工协调和共享外部性的部分利益兼容的机制的特点，但是网络节点依然满足追求利润最大化的经济人假设。网络成员的有限理性不一致，也与整个网络的集体理性不一致，使得网络中节点具有利益上的异质性。例如作为网络节点中的企业与其外部供应商、客户、研发机构、政府机构等，都有追求各自不同的利益目标。即使是在跨国公司或企业集团内部的母子公司之间，母公司和子公司也有各自相对独立的利益函数，所以在母子公司网络中，也存在母子公司之间的利益冲突和管理问题。因此，企业网络节点利益上的独立，各节点在构建网络和维护网络可能会"搭便车"，使网络的外部性受到损失，从而使网络的沟通机制效率降低，产生界面问题。

子公司网络节点的组织异质性。子公司网络组织的形成往往是具有互补性的企业进行价值分工合作的结果。构成网络节点的企业在产业分布、企业战略、企业目的、企业控制、内部结构、企业文化等维度上的差异，形成企业网络节点的组织异质性。网络中企业的异质性表现为企业"心智模式"的不可通约性，包括对知识等资源的吸收能力的差异、知识扩散能力的差异，这必将影响相互之间的连接和沟通，使知识、资源等共享性、互补性的交流受到影响，界面问题因此而产生。

子公司网络节点资源不对称。界面问题是企业间信息、资源流动时表现出来的，因此，网络节点之间的交流、沟通与各节点资源特性有关。在其他情境相同条件下，信息、知识、资本等网络节点资源分布的不对称性，是产生界面问题的一个因素。网络节点资源差异性越大、互补性越强，节点之间沟通的愿望越强，沟通和交流的收益越大，越有利于节点之间的沟通和交流，从而降低网络界面问题的程度。从企业的知识观看，企业知识是企业重要资源，企业的竞争力有赖于企业知识的容量和特性，吸收知识是提高企业竞争能力的重要途径，但是知识的扩散和转移受到多种因素的阻碍，苏兰斯基（Szulanski）把阻碍知识转移的因素称为"知识的内部粘性"，其中包括了知识的公共性程度、隐含性程度、特定情境性等。知识的内部粘性影响着网络节点之间的交换和流动，网络节点间的知识是否可整合为知识分工协作的网络机制，也是网络界面问题的产生原因之一。

子公司网络建构的特性，即网络的联结机制。企业网络是网络组织成员通过某种联结方式建构而成的，是网络节点联结方式的总和。网络节点的各种联结方式以及节点在网络的嵌入性，对网络节点的资源交流起着重要的影响。从联结方式看，契约式联盟和股权式联盟的网络联结方式相比较，后者比前者在利益上、节点组织性质上更具一致性，信息和资源交流更为通畅，界面更“薄”。而在网络的嵌入性方面，嵌入于网络中的企业，其在网络的位置、与网络其他节点的交流频度、交流的强弱，也影响着该节点与网络信息和资源的交流。离网络中心越近、与其他节点的交流频度越高、强度越大，该企业的网络嵌入就越深，于是，信息、资源沟通的阻力越小，界面效应也就越小。

(2) 企业网络界面机制的特征

如上所述，子公司企业网络界面（见图 5.3）问题与网络节点特性、节点之间联结机制、节点间交流的资源的差异有关，可以从企业关系的角度出发，将子公司网络成员之间企业界面分为市场型界面、网络型界面、内部型界面①。网络为市场和企业之间的治理机制，从逻辑上有必要对市场、子公司企业、网络等三种企业关系形成的企业界面关系进行比较，其特点可以用表 5.1 来进行比较：

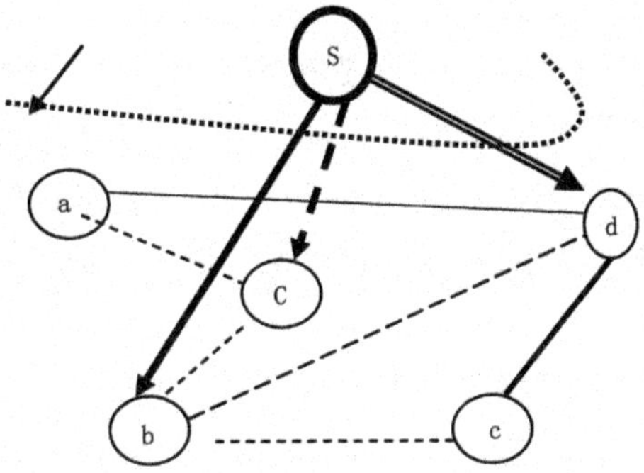

图 5.3　子公司网络界面

如表 5.1 所示，子公司网络组织具有基于信任的网络社会资本、网络外部性和共享信息等特征，使得网络组织成员之间界面的形成有别于基于市场关系和内部化的企业界面。按企业之间的联结机制，越是内部化的、企业组织异质度越小，沟通难度越小，界面也越不显著，界面效应越小；反之则反是。与市场型界面和内部型界面相比，子公司网络型界面在网络

① 市场型界面即为郭斌、陈劲、许庆瑞所定义的界面 I，内部型界面包括郭斌、陈劲、许庆瑞所定义的界面 II 和界面 III。

企业利益的一致性、组织的异质性、联结强度等方面都处于二者之间，因此企业网络界面效应也位于二者之间。

表 5.1　　三种企业网络界面机制的特点比较

	市场型界面	网络型界面	内部型界面
企业利益一致性	低	中	高
企业组织的异质性	高	中	低
企业联结的强度	低	中	高
企业界面效应	大	中	小

（3）网络界面对子公司演化成长的影响

组织因素对企业绩效、特别是企业的创新绩效有重要影响。子公司企业界面作为企业组织因素之一，其特征对子公司的演化成长有重要影响。界面效应就是界面影响企业间信息和资源流动、扩散的粘滞效应，本质上是对企业之间信息资源流动的阻尼。子公司网络界面对子公司演化成长的影响主要表现在以下几个方面：

第一，知识转移的效率。虽然网络组织结构中，网络的共享和外部效应有利于知识特别是隐性知识的传递和扩散，但是由于企业网络存在着的界面效应，导致知识扩散的沉淀、知识流动的衰减、知识扩散路径的扭曲；从而影响网络知识的配置和整合机制，不利于提高企业的创新绩效和核心竞争能力。

第二，企业在网络的位置。作为网络节点的企业在网络中的位置，对企业获取网络资源，如对隐性知识的获取、网络资本的吸收都有重要作用。位于网络的中心位置，企业之间的距离越近，交流越顺畅和频繁，获取网络资源成本和效率越具有竞争优势；反过来，由于网络界面的存在，界面效应影响网络节点（企业）在网络中的地位，界面效应越大，企业越是偏离网络中心。

第三，网络组织的规模。网络组织被认为是无边界组织，网络组织规模指的是网络组织成员多少及其参与的程度。网络界面引起网络内部信息不对称和机会主义行为，影响着网络协调功能，从而影响着网络组织成员参与的多寡和程度。

根据以上分析，本研究提出以下假设：

假设 H3：子公司嵌入网络界面与子公司演化成长反相关。

5.3 子公司网络嵌入关系特征与子公司演化成长

5.3.1 网络嵌入联结与子公司演化成长

在关于网络与企业成长的研究文献中，Brown（1995）认为企业成长与网络水平是有关系的，Ricker（2000）分析了企业成长与网络联结类型的关系，Wison和Appiah－Kubi（2002）对不同的网络联结关系对企业成长的影响进行了系统研究。

（1）子公司网络嵌入联结类型

如前所述，子公司网络的嵌入性关系可以区分成两大类：一类属于关系嵌入（relational embeddedness）；另一类则属于结构嵌入（structural embeddedness）。但是，嵌入网络是需要通过一定的网络嵌入联结获取的，而网络嵌入联结关系包括了正式关系和非正式关系两种联结机制，无论是关系型嵌入或者结构型嵌入，都是通过正式的关系和非正式的关系进行网络嵌入的。

从网络的角度出发，行动者（子公司）并非是“原子式的”在完全自由与竞争性的市场环境中活动，而是彼此之间相互联结、相互影响的。组织环境中最重要的就是它外部联系所构成的，并嵌入其中的社会网络，获取网络嵌入型知识的网络联结包括了股权控制、战略联盟、契约合作和非正式的社会关系（见图5.4）。

联合国贸易与发展会议（UNCTAD）也从另外角度总结了跨国公司子公司与本地企业可能建立的关系纽带。从联结对象性质角度来看，嵌入性结构中的关系纽带可以分为“与商业机构联结关系”和“与非商业机构联结关系”。

（2）子公司网络嵌入联结类型对子公司演化成长的影响

不同的网络嵌入联结对于企业是有着不同的影响绩效的。Burt（1992）认为网络嵌入企业应该考虑网络关系的效率（efficiency）与效能

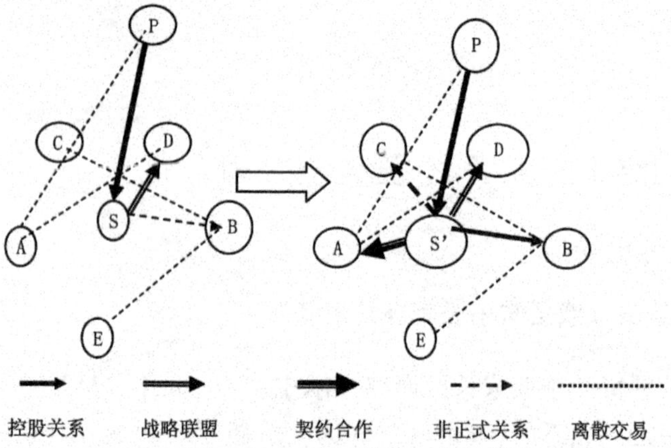

图 5.4 子公司网络嵌入的联结关系类型变化

(effectiveness)。跨国公司子公司或者集团子公司通过所谓战略性联结接近和取得资源，可与资源、知识和能力互补的企业（complementary blocks）联结取得所需资源，或者与能力近似的企业（pooling blocks）共享资源以提升以及强化能力，推动子公司获取规模与范围经济、降低风险、改善竞争地位的综合利益（Porter & Fuller, 1986; Nohria & Garcia - Pont, 1991）。

Lee et al.（2001）提出了企业嵌入网络的四种嵌入联结及其对提升绩效的意义理论模型：第一种网络嵌入联结是与其他网络企业进行战略联盟，建立与供货商、顾客和其他厂商间互补资源的长期关系；第二种网络嵌入联结是为通过创投资金与管理 know - how 的投资，降低创新企业初期经营的风险与资金短缺；第三种嵌入联结是为通过与大学或研究机构进行合作与交流，提供了创新企业技术知识与人力资本；第四种嵌入联结最后通过加入创业企业协会等非正式的组织，与有价值的组织合作并累积长远的社会资本，搜寻和获取新市场趋势与信息。

Chen（1998）以台资企业对外投资为研究对象，通过实证研究探讨了网络联结对企业关于外投资规模和区位选择的影响。他们认为企业网络联结分成企业内部连接及公司间联结，而外部联结关系进一步分成战略性联结（strategic linkage）及关系性联结（relational linkage）。外部联结中，企业战略性联结能够使嵌入网络的公司获取公司本身所欠缺的网络拥有的知识等战略性资源，而关系性联结则是对公司供应者、客户的联结深化。

该研究还发现台资企业较少依靠对外投资以建立企业网络内部联结，但是非常热衷于建立外部网络联结。其中，战略性网络联结对台资企业到美国进行投资有着显著的影响，而关系性联结则对台商到东南亚及中国大陆投资有显著的影响。

因此，嵌入网络的子公司与网络不同的嵌入联结，对于子公司演化成长具有不同的作用，这种网络嵌入联结对于网络子公司成长的作用在于：第一，子公司的关系嵌入作为网络行动者的子公司可以直接通过网络中结点间的相互联系纽带来获取信息收益（Granovetter，1985），并且从互动的频率、感情强度、亲密程度和互惠交换四个维度将关系类型进一步划分为强关系和弱关系两类。强关系观点认为，行动者之间的社会关系越是紧密，企业之间的行动就越是默契，进而影响到企业的行动。第二，网络嵌入的不同联结方式在减少风险存在差异。通过股权、参股等强的网络联结，更有利于企业之间的学习和模仿，提高相互间的信任程度，减少不确定性所造成的风险。当网络环境的不确定性程度越高，网络中企业越可能通过网络联结建立交换关系（Pfeffer & Salancik，1978；Powell，1990），这些联结被视作企业间关系构建的机会，或是降低交易成本的润滑剂（Williamson，1985）。第三，不同的网络联结为子公司获取演化成长的战略资源。专业化知识是企业的战略资源，是企业成长的主要动机。对战略联盟的研究已经证明，通过战略联盟，企业能够更方便、快捷地接近并且获得自身所需要的各种资源和信息，这极大地促进了企业业绩的提高（Gulati，1998）。

根据以上研究分析，本研究提出以下假设：

假设 H4：子公司股权式联结程度与子公司演化成长成正相关。

5.3.2　网络嵌入强度与子公司演化成长

（1）子公司网络嵌入强度的动态过程

格兰诺维特首先提出了网络的关系强度的概念，网络关系强度反映了网络内成员之间行为的力度，其核心是网络成员的沟通质量，网络强度可以通过互动时间、情感强度、亲密程度和互惠内容等方面进行测度的。我们定义子公司进入当地网络中组成嵌入性网络，其网络关系强度就是子公司网络嵌入强度。子公司为获取最优的网络嵌入价值，将调整自己与网络成员的嵌入关系强度。即动态调整子公司与其他网络成员的互动时间、情感强度、亲密程度、互惠内容等，以组成最优嵌入网络结构，并达到获取最大的网络嵌入收益为。子公司网络嵌入强度调整方式有五种：一是网络嵌入关系的强化，二是网络嵌入关系的弱化，三是网络嵌入关系的再生，四是网络关系的断裂，五是网络关系的新建，六是网络嵌入关系的保持。变化和调整的原则是子公司自主地按照自身价值（或母子公司总价值）最大化，其中可能某些单项的嵌入关系会降低子公司网络嵌入收益，但是这种变化会给子公司的其他嵌入关系带来更大的收益，或者这个变化带来的期权价值大于这种嵌入关系变化的收益损失，因此，子公司这种嵌入关系的变化也是合理的。图 5.5 可以表示子公司网络嵌入关系强度的上述六种情形：图中 S 为研究焦点子公司，P 为母公司，与网络成员 B、C、D、E、F、G、H 等构成网络嵌入结构。

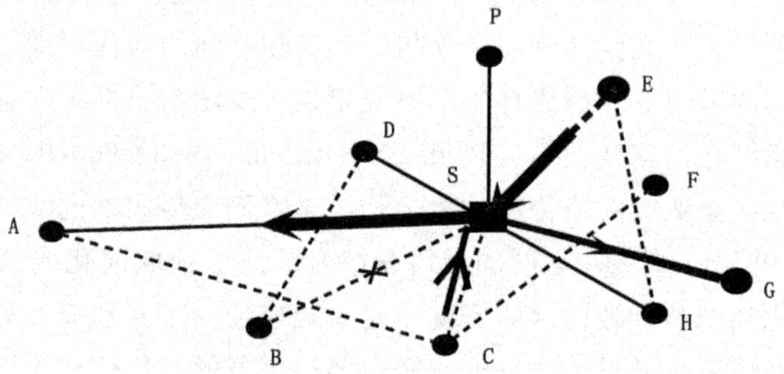

图 5.5 子公司嵌入关系强度类型

嵌入联结关系强化。子公司 S 与网络成员 A 的嵌入关系随着时间逐渐不断增强，由于双方企业通过正式和非正式的网络关系进行互动交流，获取互补性资源和网络利益能够正向激励一方或双方不断地强化双方已有的网络嵌入关系，比如互动频率增加，正式或非正式交易的规模扩大，嵌入联结关系从非正式的情感、人际交往等嵌入联结转换为正式的契约联盟、股权联盟式的嵌入联结关系。典型的例子如跨国公司在本地化过程的子公司不断与当地供应商、媒体等机构不断地强化关系，比如参股供应商、赞助媒体广告等等。

嵌入联结关系断裂。子公司 S 与网络成员 B 的嵌入联结关系断裂，指两者之间原来的各种正式和非正式的嵌入联系受某个突发或脉冲事件的冲击后在短时间内停止、消失和断裂的情形，例如，法律诉讼事件会使这两个网络成员的所有市场交易和社会关系停滞，此外，只要 S 或 B 其中一方的破产清算、被收购或业务重组、重组后业务和原来业务完全不相关联等情况的发生都会导致嵌入联结的断裂。

嵌入联结关系弱化。子公司 S 与网络成员 C 嵌入联结关系的弱化，指的是双方原来的存在的嵌入关系在联系密度、强度、频度和层次上降低，这表现为子公司降低与网络伙伴的股权比例、将长期合同变更为短期和偶然的合同，以及降低人员往来和层次、级别、频率等。嵌入联结关系的弱化往往是嵌入关系的冗余、联结对象资源价值下降等导致的结果。

嵌入联结关系保持。这是指子公司 S 与网络里成员 D、H 继续保持原有的嵌入联结关系的形式、性质和特征。当建立和维持子公司 S 与网络成员之间现有的网络联结关系能够稳定或提高彼此的网络收益，则这种嵌入关系会被双方“锁定”而维系、保持。而且，由于这种持续网络收益的激励作用，这种保持的嵌入联结关系的边际成本会逐渐下降。

嵌入联结关系再生。S 与 E 网络嵌入关系的再生指双方网络联结关系从消失到重新建立的情形。S 和 E 建立网络嵌入联结关系后，当子公司 S 网络联结对象 E 的网络价值下降或嵌入联结的净收益为负值时，双方嵌入联结关系消失、断裂了。当双方出现互补性资源的互惠交流情形，或者对于子公司 S 和网络成员 E 而言，网络联结所获得的收益大于投入的联结成本，建立网络嵌入联结的净现值大于零，双方就会重新建立网络嵌入联结关系。

嵌入联结关系新建。S 和 G 是新建立的网络嵌入关系。S 和 G 原来不存在的网络联结关系，如果网络中 G 企业新出现或者出现新的互补性资源，则子公司 S 会主动地寻求在双方之间建立某种合适的嵌入联结关系。

子公司网络嵌入关系对子公司演化成长的意义如上述分析，子公司嵌入关系的动力来自于子公司网络嵌入价值的最大化。

（2）网络嵌入强度对子公司演化成长的影响

正如前述内容，网络强度反映了网络内成员之间行为的力度，其核心是网络成员的沟通质量，并从互动时间、情感强度、亲密程度和互惠内容方面来测度。有关社会关系强度的研究文献中，强关系的作用效应原理与同类原理一致（Homans，1950；Laumann & Senter，1976；Verbrygge，1979），认为网络社会互动在具有类似属性的成员之间更容易发生。在子公司嵌入网络结构中，如果高频率的互动表示有强关系，则即拥有强关系的企业之间具有一定程度的相似性，在网络交互过程中更倾向于彼此参照并且彼此模仿。强关系的网络成员企业间信息、资本、知识的持续频繁交流，导致了网络成员的资源有一定的均衡性和对称性。因此，林南（1981）认为这种体现双方的合作意愿、共享规范、对等地位和类似的知识积累的网络均衡和对称性使得它社会网络嵌入之间的知识学习、扩散与转化具有较高的效率。李元旭、王宇露（2010）以 123 家跨国公司在华子公司为样本，运用社会网络分析方法和结构方程模型进行实证检验，结果表明海外子公司东道国网络的关系嵌入强度对网络学习效果有显著的正向影响[①]。按照上述维度，较低的互动频率、较短的互动时间、较少的情感内容和较少的互惠内容属于弱关系网络，反之是强关系网络。网络强度高，子公司与发达网络成员沟通互动质量愈高，则对交换的信息更容易理解，知识传递的效果就越好。知识拥有者与接收者之间缺乏良好沟通质量会阻碍知识接收，从而减弱知识传递的效果。

具体到子公司网络嵌入关系对子公司演化成长的作用，可以从以下两个方面来分析：一是改变了子公司网络嵌入关系结构，创新了异质化的网络嵌入关系，将子公司置于网络中更有利的成长位置。二是改变了子公司与网络其他成员的界面关系及其性质，使子公司和其他网络联系得到调整，这种调整后的网络嵌入结构的界面关系有利于子公司演化成长。根据以上分析，本研究提出以下假设：

假设 H5：子公司网络嵌入强度与子公司演化成长成正相关。

5.3.3 网络嵌入密度与子公司演化成长

网络嵌入密度是指子公司在网络内拥有的网络关系数量占网络内所有可能网络联系的比例，反映了子公司网络联系的分布结构特征。嵌入网络密度类似于产业组织集中度的含义，也反映网络中成员间彼此互动的联系程度，即网络成员彼此互动联结的平均水平，网络中的任何一个成员和其他成员的联结关系多表示密度高，反之则反是。

网络嵌入密度对于子公司网络演化成长作用在于：第一，高密度的网络能够促进子公司与其他网络成员的信任与合作，缩短知识获取和传递的

---

① 李元旭、王宇露阐明网络位置对网络成员决策和资源获取的影响，提出了“位置嵌入”概念，由此把社会嵌入的“关系－结构”构成理论发展为“关系－位置－结构”构成理论，参见李元旭、王宇露：“东道国网络结构、位置嵌入与海外子公司网络学习——基于 123 家跨国公司在华子公司的实证”，《世界经济研究》2010 年第 1 期，第 63－70 页。

路径，加快知识流动，更容易发展信任关系、共享规则和共同的行为模式。按照格兰诺维特的理论，相似性的成员容易发展强关系，网络嵌入密度影响企业成长（Powell，1996；1999；杨桂菊，2004；邬爱其，2005）。第二，网络嵌入密度可以对企业行为进行结构化（陈传明，2000），影响企业的资源获取。结构主义 Laumann（1983）等认为，结构化以后的网络成员使得相同的或相近的网络位置的行动者在行为上表现出相似的特征，有利于资源获取和资源的网络交流。Wellmam（1983）研究指出，网络成员规模起着联系其他网络成员的作用，容易得到其他网络成员的支持，其中最重要的是网络隐含的资源。科尔曼（1988）认为，密集的网络促进了网络企业之间的信任和合作，进而便于企业获取更多精选的（fine - graine）、高质量的信息和缄默性知识。李元旭、王宇露（2010）通过以 123 家跨国公司在华子公司为样本，进行实证检验，发现海外子公司东道国网络的关系嵌入密度对网络学习效果有显著的正向影响。根据以上分析，本研究提出以下假设：

假设 H6：子公司网络嵌入密度与子公司演化成长成正相关。

5.3.4　网络嵌入周期与子公司演化成长

网络嵌入周期也称为网络久度，网络嵌入周期是测度子公司自我网络联结从开始到消失的时间跨度，是衡量网络嵌入联结的稳定性和持续性，也是衡量网络关系特征之一。网络关系持续越长，网络成员之间的信息对称性越高、交易信任度越高并且交易成本越低，对于子公司的演化成长具有积极的意义。Uzzi（1990）在对 1300 家企业与银行关系的调研后发现，长期的银行企业网络帮助银行了解更多的企业经济能力和信用信息，从而降低了银行对于贷款的监督成本和签约成本，同时也让企业获得更低成本的信贷资金。也有研究认为网络关系不宜过久，持久的网络关系影响企业的弹性和活性，存在可能被锁定的风险（邬爱其，2007）。

总结之，子公司网络嵌入周期的保持，对于子公司演化成长的作用在于：第一，促进子公司与网络成员的沟通和知识交流。在不确定的环境中，保持持续的网络关系，使得联结、沟通的内容丰富，路径多元化，信息、知识得以更高效率的流动，降低了双方的风险和成本。第二，促进信任，提升声誉。持续的网络交流和互补性资源的交换，对于交往双方都有正向激励作用，促进了双方信任和情感，也提升了子公司的声誉和价值。

第三，有利于形成网络共同的价值观。持续的网络交往和正向激励，使得网络成员形成一种稳定的行动预期和行动规则，即所谓形成一个“圈子”或“商圈”，从而形成一定的网络价值观，提升了网络资本价值。

根据以上分析，本研究提出以下假设：

假设 H7：子公司网络嵌入周期与子公司演化成长成正相关。

5.4 母公司控制对子公司演化成长的影响

5.4.1 母公司控制的基本模式

母子公司是以股权为纽带的企业组织形式，其中母公司对于子公司的控制不但是重要的理论问题更是关键的实践问题。母公司对于子公司的行为控制起关键作用（Doz & Prahalad，1981；Cray，1984；Kogut，1985；Bartlett & Ghoshal，1989；Hedlund & Rolander，1990；Chakravarthy & Doz，1992），对于母公司控制子公司的机制也引起了学术界的广泛讨论（例如 Edstrrm & Galbraith，1977；Doz & Prahalad，1990；Baliga & Jaeger，1984；Egelhoff，1988；Martinez & Jarillo，1989；Bartlett & Ghoshal，1995）。20 世纪 90 年代以来，子公司越来越多成为跨国公司和企业对外投资的普遍组织形式，母公司如何控制子公司的行为依然是个有待解决的关键问题（Jaussaud et al.，2001），如 Geringer 和 Hebert（1989）认为母公司对子公司控制实践决定着母公司和子公司成败。

母子公司控制关系首先是如何管理母公司和子公司之间存在的组织间关系。威廉姆森基于资产专用性概念从交易费用理论出发突破了企业与市场二分法的组织关系区分，认为企业和市场存在着中间网络组织。徐金发（1992）用交易费用理论首先分析了中国企业集团内集团公司（母公司）与子公司之间的关系。

在组织控制的研究方面，组织理论中的控制被定义是为了实现组织目标而对组织活动进行管理的过程（Baliga & Jaeger，1984），控制的本质在于监督和激励被控制者的结果或行为，以实现组织目标。欧奇（Ouchi，

1979）指出，只有二种情况可以观察和监督，即行为和行为的结果，对控制机制的研究也大都建立在这个基础上。控制机制种类划分有很多，其中较为典型的是 Ouchi（1977，1979）提出的三种类型，即输出控制、行为控制和输入控制。Birnbirg（1998）认为就总体上来看，企业组织间的关系控制包括三种形态：①市场控制模式，指组织间的关系比较依赖于市场的运作来控制彼此的关系；②科层控制模式，依赖公司规则与正式职权来管理；③混合模式，即通过结合双方的协调与正式职权来控制双方的关系。那么，在母子公司理论中母公司是如何对其子公司进行控制的呢？对于母公司控制的相关研究理论丰富而多样。

从定义上看，Geringer 和 Hebert（1989）将母公司对子公司的控制定义为“一个实体企业通过权力、权威和一系列科层、文化和信息机制对另外一个实体企业的行为和结果的过程”，从这个定义可以看出，母公司对于子公司其控制，包括了基于股权控股权（包括全资、绝对控股和参股控股）的控制和非股权控制两种控制关系。基于股权的控制关系指母公司在拥有子公司控股权的基础上形成的一种控制，一般通过控股子公司的董事会等公司治理机制将母公司的意愿传递到子公司。基于非股权的控制关系虽然以控股子公司为前提，但具体控制路径是以股权控制基础为基础，形成组织、认识、财务、文化等构成的控制体系，在这一控制体系中，组织控制、人事控制和财务控制是关键。Michael Goold 等（2004）区分了三种母公司管理风格，即战略规划型、战略控制型和财务控制型。Ouchi（1979）认为母子公司管理控制的方式一般分为三大类型，即官僚式控制（bureaucratic control）、市场式控制（market control）和团队式控制（clan control）。

在母公司对子公司的控制机制方面，由于人们越来越认识到母公司于其子公司不仅仅就是基于股权的科层行政控制关系，子公司是具有自主决策、自主发展的独立利益主体，因此母子公司之间的市场交易、平等协商的关系变得越来越重要。Martinez 和 Jarillo（1989）认为跨公司母公司对子公司控制方式是一种“协调机制”（mechanisms of coordination），其发展包括三个阶段：即集中的正式协调机制、集中决策和科层控制、非正式和柔性的协调。并且 Martinez 和 Jarillo（1989）在内容上将母公司控制分为两种类型：第一种类型，称之为“结构化和正式的机制”（structural and formal mechanisms），包括部门化、决策集中、正式化和标准化、计划、产出和行为控制。第二种类型，称为“更加的非正式化和柔性机制”

(more informal and subtle mechanisms)，包括双向关系、非正式化沟通、社会化等协调方式。

如前所述，母公司对于子公司控制关系、控制机制等存在着多样化，所以母公司对子公司的控制手段或方式应当多元化。控制方式的选择应当也综合考虑多种因素，其中对关键的是子公司所在的情境（Schaan，1983；Geringer & Hebert，1989；Martinez & arillo，1989）。Gupta（1991）则提出了母公司对于子公司控制主要包括四方面的控制：（1）结构化机制，主要是垂直控制、横向整合机制；（2）管理者选派，对子公司的管理人员根据能力、性格进行选派；（3）过程控制，通过母子公司内部交流方式、内部同化等；（4）业绩评价和补偿控制，包括了预算决策与评估、奖惩和激励体系等（见表5.2）。

表5.2 母公司控制方式

学者	控制方式	研究方法
Schaan（1988）	关键岗位、正式组织和流程、子公司董事会表决权	实证
Martinez and Jarillo（1989）	社会化（价值观、文化等）、非正式；计划、集中决策、正式组织、非正式控制	概念分析
Gernger and Herbt（1989）	物质资源分配、非资本性资源，子公司员工和经营者培训	概念分析
Gupta and Govindarajan（1991）	双向关系（团队、任务和委员会），对管理者的激励和控制	实证研究
Yan and Gray（1991）	非资本资源控制、知识转移	实证研究
Das and Teng（1998）	外资控制、分享、当地化主导控制	概念分析
Harzing（2000）	母子公司的任务、团队等双向关系	实证研究
Yan and Gray（2001）	股权控制、管理人员外派	实证研究
Legewie（2002）	外派长期的管理人员	概念分析

资料来源：作者整理。

关于企业集团选择什么模式或类型以实现母公司对子公司的控制，理论上代表性的观点主要有以下：

葛晨、徐金发（1999）通过对北大方正、中国华诚集团等管理与控制模式案例分析，将母子公司控制模式分为资本控制型、行政控制型、参与控制型、平台控制型。高志勇、田志龙（2002）跨国公司对子公司的管理和控制模式研究，将母子公司分为控制股权和非控制股权两种模式，分析了基于控制权基础上认为组织控制、人事控制和财务控制方式为主，而对于非控制股权从重要岗位、资源控制、环境控制的方式进行控制。

薛求知、罗来军（2006）以跨国公司对合资企业控制机制为研究对象①，认为跨国公司母公司对合资子公司的控制除了股权控制外，还包括了经理权、技术控制、关键资源控制、融资提供控制等非股权式控制，并尝试提出股权控制和非股权控制之间的互动关系、内部控制、外部控制等问题，并进行一些基本的探讨，为 MNC 母公司对 JV 的控制机制提供一个较为完整的视角。

潘爱玲等（2005）用制度经济学、产权经济学、信息经济学的有关理论，建立了企业集团内部控制的整体框架。陈志军（2006）从交易费用视角，母子公司控制与协调模式可分为三类，即基于母公司直接管理的行政控制型、基于子公司治理的治理型母子公司控制模式、基于子公司治理的管理型母子公司控制模式。而许强（2004）把母公司对子公司的控制分为行政控制、业绩控制和文化控制，并分析这些控制机制对于母子公司知识流动和知识管理的机制。

5.4.2　母公司控制对子公司演化成长的影响过程

如前所述，母公司对于子公司控制有着多视角多层次的分类方法和控制模式。其实，母公司的控制是调节母子公司关系和子公司自主性程度的一个动态过程，整个控制过程通过影响子公司网络嵌入结构特征和嵌入关系特征来影响子公司演化成长的。无论从哪一种视角，母公司对子公司的都是基于股权为纽带的控制，也就是说，母公司对子公司的所有权和子公司的自主经营权是隔离和分离的，在网络条件下，母公司对子公司控制已经从直接行政干预的、内部化的科层管理，转变为网络化、平等的委托代理基础之上的控制方式。威廉姆斯认为，不同的交易活动需要不同的组织

---

①　薛求知、罗来军："跨国公司控制合资子公司的机制探析"，《财贸研究》2006 年第 4 期，第 96－101 页。此外，他们还提出跨国公司母公司对子公司的横向控制和纵向控制的方式，参见薛求知、罗来军："跨国公司对合资子公司的外部控制"，《经济管理》2006 年第 13 期，第 11－14 页。

安排来实现，管理控制作为组织和其成员共同实现组织目标的契约安排，需要根据不同的交易特点来选择不同组织安排和控制模式。对母子公司而言，母公司被视为委托人，授予子公司任务、职责和决策权力来负责管理，如果子公司的管理决策与母公司总部期望的目标不一致时，就会形成代理问题。在集团母子公司中，母公司与子公司的关系也是一种委托——代理关系。代理的前提假设在于：（1）母公司对子公司信息的不完善掌握。（2）母子公司目标的偏差。（3）母子公司对风险的不同偏好①。当代理问题存在时，将产生监督成本、束缚成本及剩余损失（Jensen & Meckilng，1976），这种委托代理依然要克服委托人和代理人之间的信息不对称和目标冲突，抑制子公司（代理人）逆向选择和道德风险问题，设计参与约束和激励相容的制度机制。

假定作为委托人的母公司 P 和作为代理人的子公司 A 之间的信息不对称的，作为子公司的代理人拥有内部信息。作为子公司的努力向量 a 是一维向量，代理人的对母公司控制的响应和努力 a 会影响到产出结果向量 $x \in X$，当然 x 还受其他如市场波动、技术创新和成本变化等一些随机因素的影响与作用，代理人努力程度与产出之间的关系满足

$$P(x = x_i \mid a) = p_i(a)，且 \sum p_i(a) = 1 和 p_i(a) > 0$$

代理人努力的成本是努力的函数 $c(a)$，且 $c' > 0$ 和 $c'' \geqslant 0$。若委托人得到满意的结果后给予代理人支付一种激励 w（货币或其他，如果非货币化的激励也通过货币化估计）。假定当事人的效应函数都是冯·诺依曼—摩根斯坦性质的效应函数，委托人母公司的效应函数为 $v(x,w) = v(x - w)$，子公司作为代理人努力获得的效用为 $u(w,a) = u(w) - c(a)$，U_0 是子公司的保留效用，此外，还假定效用函数都是凹的，而成本函数都是凸的。母公司对于子公司的约束和管理就是选择合理的激励模式使得子公司对于母公司的管理和控制做出选择恰当的回应和努力，一个可行的管理控制必须满足子公司对于管控的参与约束条件，同时给予子公司于激励，做得更好更满足母公司的管控目标会得到更好的回报，即满足激励相容约束条件；因此，在母子公司公司信息不对称的条件下，为抑制代理人子公司的对于管控的偏离和不响应的道德风险，母公司可以通过激励方式强化控

① 陈志军："母公司对子公司控制理论探讨——理论视角、控制模式与控制手段"，《山东大学学报》2006 年第 1 期，第 133 – 140 页。

制效果。根据上述分析，母公司为作为委托人对于子公司的激励模型可以形式化为以下问题：

$$a \in \arg \max_{\{a, w_i(x)\}} \sum_{i}^{n} p_i(a) v[x_i - w(x_i)] \tag{5-5}$$

$$\text{s. t} \sum_{i}^{n} p_i(a) u[w(x_i) - c(a)] \geq U_0 \tag{5-6}$$

$$\sum_{i}^{n} p_i{}'(a) u[w(x_i) - c'(a)] = 0 \tag{5-7}$$

通过拉格朗日方程解得到子公司的一阶条件为：

$$\frac{1}{u'[w(x_i)]} = \lambda + \mu \frac{p'_i(a)}{p_i(a)} \tag{5-8}$$

其中μ是激励相容约束条件的乘子，λ为参与约束条件的乘子。$\frac{p'_i(a)}{p_i(a)}$是似然率的一个抽象形式，当似然率随着努力程度a递增，那么也就是子公司得到的对母公司控制的响应和努力而产生的回报也应该越高。在上述机制下，母公司对于子公司的控制机制才会确保有效性。

在满足委托—代理关系的条件和子公司对于母公司管控的一致性机制的条件下，资本控制只是母子公司关系形成的前提条件，而不是一种控制方式。实践中母公司对子公司的控制程度、控制方式不会仅仅考虑焦点子公司的控制，还需要考虑包括母公司整体战略目标和其他业务、其他子公司在内的母公司整体控制策略，我们称之为母合控制，即母公司对子公司的控制，不仅要为子公司创造价值和机制优势，而且要创造超过其他竞争对手的更多的竞争优势的价值。母合控制含义是源于母合优势（parenting Advantage），母合优势模型是一个用来描述、分析母公司如何（帮助）创造价值的管理架构。Michael Goold 和 Andrew Campbell 在《从企业战略到母合优势》（from corporate strategy to parenting advantage）一文中指出，母公司不只能为其子公司创造价值，还要努力创造其竞争对手（其他的母公司）做不到的更多的价值，他们称之为“母合优势”，随后又进一步提出了四种类型的母合价值创造方法。第一是单独影响（stand - alone influence），也就是母公司控制的每一个子公司被视作独立的利润中心。通过设定基本的业绩目标，母公司对独立的子公司进行业务控制与监督。母合价值来源于母公司针对子公司的战略决策，如人事任命、预算控制及资本投资等。第二是联结影响（linkage lnfluence），通过母公司合理的控制联系，母子公司之间更加密切的合作与协同效应，获得更多的母合价值。第三是中心职能与服务影响（central functions and services）。通过母公司的管理控制，母公司为其子公司提供各种行政、财务、管理服务等基础性支持，产生更大的母合价值。第四是整体发展影响（corporate development）。母合价值产生于母公司通过下属各类子公司及其业务组合，获得错位发展、互补协调的组合优势。母合优势的产生依赖于两个重要的必要条件：一是关于母公司价值创造洞见（也即子公司业务改进机会）的决策即什么应当增加、剥离或出售，它主要由核心区业务标准、行业现状及发展趋势、竞争对手状况等因素决定；二是关于母公司自身资源和技能也即独特的母合特征的决策即它应当如何设计以及如何与业务联结等①。

因此，母合优势理论认为，母公司对其子公司进行母合控制需要考虑三个基本要素：即母公司的特征、业务单位的关键成功要素以及业务单位改善提高的机会即所谓的母合机会。母合优势的创造主要取决于母体的技能和资源同业务的需求是否相符，是否可以支持业务单位创造更多的价值。而且，维持相符是一个动态过程。随着业务需要的变化，母体组织必须不断回顾其行为和业务组合。成功的母合控制是母公司特征与母公司谋求的改进机会之间创造一种契合或匹配关系，并且为下属的子公司提供更多的母合机会，也就是选择一种最合理的控制方式和控制程度，推动子公司的成长演化。

按照母子公司控制的分类逻辑，可以从行政控制、业务控制、人员控制来分析母公司控制对于子公司演化成长的影响关系，这种影响如下：第一，行政控制是基于股权的母公司对子公司较为正式的、规范的控制方式，主要包括了定期的工作检查、会计和预算过程（Yossef，1975）以及企业信息数据管理（Doz & Prahalad，1981）。母公司行政控制程度越高，表明子公司自主性、自治性越低，子公司自我网络嵌入也不稳定，不能构建稳定和持续的最优网络构成关系，而且行政控制可能扭曲网络联结关系，从而对子公司网络演化成长的越不利。第二，母公司业务控制是通过技术、资源供给、零部件生产、市场关联等业务控制子公司的发展，与行政控制不同，业务控制是基于市场和交易的控制，这种控制具有两方面的意义：一方面是稳定业务市场关系，确保了技术、资源或产品等可靠渠

① 黄咏梅：“从母合优势理论看中国企业集团发展”，《宏观经济研究》2007年第11期，第59－64页。

道，形成母子公司利益共同体，有利于母子公司规避风险能力；另一方面，母公司业务控制也会让子公司过度依赖母公司，而且还可能导致母公司为获取母公司的利益而侵害子公司的利益，例如中国上市公司的母公司常常就通过母子公司间商品交易转移价格、关联担保等方式侵害上市公司的利益[①]，给子公司带来大量风险。第三，母公司对子公司人员控制。母公司通过高管人员派遣、子公司管理人员"本土化"选聘等途径转递母公司决策和意图，同时也把子公司管理和经营信息上报母公司；此外，母公司通过员工培训计划、企业文化等方式对子公司控制，形成母子公司共享的行动价值观，这些方面与行政控制、业务控制相比，子公司的资源、业务以及嵌入网络的行动，都具有更多自主性，这能够保持子公司所需要的自我成长的自治性。但是母公司人员控制也存在子公司接受母公司人员、价值观后与子公司嵌入网络不匹配和冲突的"不适应"问题，导致子公司与网络沟通不畅、增加交流互动的时间和成本等问题，从而制约了子公司的演化成长。母公司的控制对子公司影响还表现在控制对信任的相互作用关系上面。Lars Huemer，Gert - Olof Boström 和 Christian Felzensztein（2009）认为母公司对子公司控制具有相互的替代性和互补性，他们分析跨国公司在不同的情境之中，分别采取控制替代信任、信任替代控制、控制和信任互补等不同的母子公司控制方式。

基于上述分析，本书做以下假设：

假设 H8：母公司控制程度与子公司演化成长反相关。

5.5 小　结

子公司嵌入网络结构性特征、子公司嵌入网络的关系特征和母公司对

① 这种上市公司的母公司通过关联交易、关联担保、利润转移等方式侵害上市公司的现象称为"隧道效应"，中国上市公司母公司侵害子公司的案例屡见不鲜，比如三九集团占用三九股份、蓝天股份为蓝天集团巨额担保等等。

子公司控制特征，对于子公司获取网络资源具有重要作用，从而成为子公司演化成长的内生因素和驱动因子。本章建构了子公司嵌入网络与子公司成长演化的分析框架，分析了子公司网络嵌入结构和子公司网络嵌入关系。子公司网络嵌入结构特征包括网络规模、网络位置和网络界面；子公司网络嵌入关系特征包括网络嵌入联结类型、网络嵌入强度、网络嵌入密度和网络嵌入周期；母公司从行政控制、业务控制和人员控制方面对子公司演化出成长施加影响，并在分析上述各方面对于子公司演化成长影响的基础上，提出八个研究假设，力图揭示分析网络嵌入中子公司演化成长的过程机理。

第 6 章

网络嵌入对子公司演化成长影响的实证研究

前面几章通过概念模型的建构和理论演绎分析建立了网络嵌入视角下的子公司演化模型，并讨论了网络嵌入影响子公司演化成长的过程机理的具体内容，得出相关的理论结论（假设）。实证研究需要通过统计和事实对上述结论进行验证。为此，本章运用统计分析，对子公司嵌入与其演化成长进行实证研究。

6.1 实证研究的基本思路

实证研究主要工作是问卷设计和统计分析，其中统计分析是对研究问题的理论结论进行证实或证伪。首先通过主要理论结论及其分解，形成假设的命题，建构实证模型，并在此基础上设计可操作的变量，然后按照调查统计的要求进行问卷调查，收集、整理数据，最后按照一定要求选择相关的统计软件进行计算和检验，得出实证研究的主要结论。

我们首先梳理子公司网络嵌入与子公司演化成长的文献和理论，并结合实地访谈的结果，设计出子公司网络嵌入与子公司演化成长的调查问卷，问卷采用里克特量表的形式，要求被调查对象进行评价和填写（见问卷 Q）。然后用因子分析方法提取表示嵌入网络结构特征、网络嵌入关系特征以及母公司控制的因素。另外，子公司演化成长的测度方面，主要用子公司销售成长、子公司资本扩大、子公司人力资本增加来表示子公司成长；用子公司业务多元化、子公司在母公司内部地位上升、子公司自主性提升、子公司在行业地位提升、子公司创新能力、子公司技术效率等来表示子公司演化。上述指标首先通过问卷调查，在用因子分析提取子公司演化因子后再运用突变级数法得到子公司演化成长的综合性指标。最后，我们用子公司网络嵌入因素作为解释变量，以子公司演化综合指标为被解释变量，运用多元回归模型检验子公司网络嵌入与子公司演化成长的相关关系的结论。

本章主要对以下两个方面进行检验：

一是影响子公司演化成长的网络嵌入因素。驱动子公司网络嵌入因素，包括子公司嵌入的网络特征、子公司网络嵌入关系特征、母公司控制子公司的特征等，都将影响子公司演化成长的方式、路径等。要将上述特征设计为可操作的变量和数据，并对这些相互联系的、复杂的、众多的变量进行一定的处理（本章采取因子分析法），使之更加简化和反映问题的实质。

二是子公司网络嵌入与子公司演化成长的关系。在分析演化成长概念基础上，对其进行操作性定义，并通过突变级数模型评价方法，建立综合的子公司演化成长指数。然后考察相关的控制变量，建立子公司演化成长与子公司网络嵌入之间的回归模型，检验子公司演化成长与子公司网络嵌入之间的内在规律。

6.2 样本选择和问卷设计

6.2.1 样本选择

考虑到样本选择需要反映一致性、针对性的内在规律，实证样本的选择上主要按照以下几个原则进行：

研究对象排除金融公司。因为金融类母子公司、金融控股集团公司，其产品主要是金融服务，金融企业在母公司控制上、政府监管上和企业经营的原则上（安全性、流动性、盈利性）都与工商企业具有本质的不同，因此本研究排除了金融类子公司，研究对象是工商企业的子公司。

子公司包括了分支机构、分公司及其非控股子公司。由于研究问题是子公司演化成长，本研究力图探索包括母公司分支机构（办事处）、分公司、参股公司到控股子公司等各种“子企业”的变化发展过程，因此，子公司不仅限于股权控制意义上的子公司，也包括被母公司以其他方式、获得子公司实际控制权的各类分支机构或下属企业。

子公司包括了外国跨国公司在华子公司和中国企业集团的子公司。国外在华跨国子公司和中国的企业集团是当前中国企业组织存在和成长的主要形态，而且这两种企业存在文化、企业地位等方面差异，因而本研究将对其进行区分。

控制子公司的母公司规模较大、管理规范。子公司由于是一个动态的发展过程，其市场规模、人员资产、业务流程等处于变化过程，但是，作为拥有子公司控制权的母公司必须规模较大、管理规范，才能保证其跨国、跨地域成立分支机构和子公司，并在初期实施有效的管理。没有母公司的控制和管理，子公司将等同于一般企业，从而失去本研究的意义。

6.2.2　问卷设计

（1）问卷调查结构

问卷调查结构分为四个部分[①]：

第一部分：指导语。解释问卷调查的目的和内容、问卷填写的形式、调查的意义。

第二部分：对子公司的基本情况进行调查。包括子公司、母公司的资产、人员、历史、行业等基本信息的调查。

第三部分：对影响子公司网络嵌入的各种因素进行调查。包括了子公

---

① 问卷设计方法参见李怀祖：《管理研究方法论》（第二版），西安交通大学出版社 2004 年版；马庆国著：《管理统计：数据获取、统计原理——SPSS 工具与应用研究》，科学出版社 2002 年版。

司嵌入的网络特征、子公司网络嵌入关系特征、母公司管理子公司的特征等三个方面内容的调查。

第四部分：对子公司网络嵌入与子公司演化成长的关系进行调查。

按照上述原则，调查问卷发放和回收依托了相关政府部门、银行和企业机构等（见附录 C）[①]。为获取问卷资料，作者专门赴深圳、温州、宁波、上海等地进行了企业调研和访谈，并在政府机构、行业协会等帮助下，通过问卷发放、电子邮件等方式发放问卷 300 份，回收问卷 238 份，其中有效问卷 186 份。问卷回收率 79.3%，有效问卷回收率 62%[②]。

（2）问卷优化

问卷的设计是影响实证研究质量的关键因素，为优化问卷设计的质量，提高调查资料的可靠性和有效性，本研究首先是通过对现有文献的梳理，借鉴已有的方法，把相关理论概念、假设转换为可操作定义，初步设计了调查问卷；然后把问卷提交企业高管、专家等讨论和修正；随后，把修改后的问卷对 10 家企业进行试调查，试调查的目的主要是测试和征求企业对问卷的修改意见和建议，然后按反馈建议调整和修正，特别是将过于学术化和专业语言转换为简洁、明了的语言，以提高问卷的可理解程度，提高问卷的有效回收率，提高问卷的可靠性和有效性。

6.3
变量选择和测量

前述理论研究得出共 8 理论假设，本节将主要说明实证分析变量的概念性定义和操作性定义，包括被解释变量、解释变量和控制变量。在变量

---

① 笔者联络相关调研单位和发放问卷，主要通过以下途径：一是通过经信委、发改委等政府部门；二是通过工商联、行业协会等机构；三是银行；四是实地访谈企业。

② 问卷调查和典型企业访谈工作与作者主持的教育部人文社科规划项目（10YJA630232）调研工作有着相关性，因此得到浙江省镇海经济技术开发区管委会、浙江余姚工业新区管委会、浙江省科技厅、宁波市科技局办公室、宁波市外经贸委、宁波市工商联合会等单位的大力支持。

的测量方面，除非有特别地说明，变量都采取 Linkert－5 分制来衡量。

6.3.1　被解释变量的选取和测量

在以往的多数文献中，人们主要用销售额增长、产品产量和种类增加、就业人数增长、机构扩大或者以股票价格表示上市公司总市值的增加等来描述企业成长。因为就单个企业而言，成长几乎总是与规模的扩大以及相应的复杂性的提高相伴，但是，规模指标往往并不直接体现企业成长的本质，更不能代表企业成长的全部内容。由于不同的研究目的、研究视角，人们往往从不同的角度来理解和解释企业成长。巴里·贝星格（Barry D. Baysinger）认为“企业成长”是“通过谨慎的管理决策使得企业资源现值增加”，将管理视为企业成长的前提条件和重要限定因素。彼得·德鲁克（Peter F. Drucker）认为，真正的成长是“在经济绩效和经济效果方面的成长”，即企业对经济及社会的贡献、对资源利用水平和获利能力等的提高。

企业是一个由多种具有不同特性的经营资源构成的集合体，企业成长不仅是这些经营资源的蓄积、扩张过程，而且是其结构调整和特性革新的过程，也是企业能力、企业知识、企业竞争力等变革和成长的过程。所以，企业成长过程是量的成长和质的成长相结合的过程。经营资源数量的单纯增加为量的成长，如销售额的增加、利润的增加、人员的增加等；经营资源的性质、结构和支配主体的革新则定义为质的成长。企业成长是在竞争和企业内部资源推动下的增值和质变过程。企业的生存、成长与企业规模没有必然联系，而主要决定于企业的革新能力，决定于企业对环境的适应能力，这种成长更强调企业的健康持续。企业不仅要追求成长的结果，更要关注在一个较长的时期内由小变大、由弱变强的不断变革，企业成长首先是成长性——由小变大、由弱变强，其次是持续性。因此，企业成长可以用企业规模、企业销售、企业利润、市场占有率等定量指标来表示，也可以用企业产品的多样化、企业竞争力等定性指标来描述（杨忠直，2003）。例如，邬爱其（2007）、罗宣（2008）就用企业销售额增长表示企业成长。

子公司成长主要用子公司销售成长、子公司资本扩大、子公司人力资本增加等指标来表示；用子公司业务多元化、子公司在母公司内部地位上升、子公司自主性提升、子公司技术创新能力、子公司技术效率、子公司为集团公司主要资源来源、子公司在行业地位提升、子公司组织边界扩张等指标来表示子公司演化。通过问卷调查和因子分析法提取子公司演化成长的因子，然后用突变级数法得到其最后的子公司演化成长指标。

6.3.2 解释变量的选取和测量

为了检验子公司网络嵌入与子公司演化成长的关系，我们根据文献研究、访谈问卷等方式选取了三类变量，一是表示子公司嵌入网络特征，主要用子公司网络嵌入规模、网络位置、网络密度、网络界面等表示；二是网络嵌入关系特征，用嵌入方式、嵌入强度、嵌入周期表示；第三，母公司控制特征，从人员控制、文化控制等方面表示（见表6.1）。

表6.1 解释变量的测度方法

变量名称	问题	测度	依据或来源
网络规模	反映子公司建立的关系种类的数量 Q201－Q204	因子分析提取	Burt(1983)、senjem & Reel(2002)、Marsden(1990)、邬爱其(2005)
网络位置	反映子公司在网络中的程度中心性、中介中心性、接近中心性的问题 Q205－Q215	因子分析提取	Wellman(1982)、Freeman(1979)、Burt(1992)、Powell(1999)、邬爱其(2005)、罗宣(2007)
网络密度	子公司与网络成员联结关系的比例 Q324－Q328	因子分析提取	Coleman (1988)、Nahapiet & Ghoshal (1998)、程恩富 (2002)
网络界面	网络内成员的差异与冲突 Q216－Q224	因子分析提取	罗曼·柏里特、迈克西米兰 (2000)；陈劲、郭斌、徐庆瑞 (1998, 1999)
嵌入方式	子公司与网络成员关系类型 Q301－Q306	因子分析提取	Foss(1993)、Rickne(2000)、Wison & Appiah－Kubi,(2002)
嵌入强度	子公司与网络成员交往频率、交往内容 Q308－Q323	因子分析提取	Goranovetter(1973)、Zhao & Aram(1995)、Uzzi(1997)
嵌入周期	反映子公司与嵌入网络交往时间的长短 Q329－Q335	因子分析提取	Dwyer (1980)、Johnson & Raven (1996)、邬爱其(2005)
母公司控制	母公司对子公司控制强度 Q401－Q416	因子分析提取	Doz and Prahalad(1981)、Cray(1984)、Kogut(1985)、Bartlett and Ghoshal (1989)

续表

变量名称	问题	测度	依据或来源
资产规模	企业总资产数量 Q107	问卷测度	1000 万元以下赋值 1，1000 万—3000 万元赋值 2，3000 万—5000 万元赋值 3，5000 万—1 亿元赋值 4，1 亿元以上赋值 5
员工人数	企业员工数量 Q102	问卷测度	200 人以下赋值 1，201—500 人赋值 2，501—1000 人赋值 3，1001—2000 人赋值 4，2000 人以上赋值 5
企业销售	企业销售数量 Q106	问卷测度	500 万元以下赋值 1，500 万—1000 万元赋值 2，1000 万—5000 万元赋值 3，5000 万—1 亿元赋值 4，1 亿元以上赋值 5

6.3.3　控制变量的选取和测量

子公司成长是一个多因素影响的结果，除了上述网络结构特征、网络嵌入关系特征和母公司控制方式的作用以外，一些特定因素对子公司演化成长的过程需要通过实证检验分析其影响程度如何。本研究选取了是否属于外资控制子公司、子公司是否属于制造业和子公司规模作为控制变量进行测度和检验。

（1）是否属于外资企业

子公司的国别因素是否影响子公司绩效，现有研究主要从文化差异、知识转移等角度进行。例如 Gates 和 Egelhoff（1986）认为，母公司的国籍对于子公司知识转移有影响。根据商务部统计，2010 年全国新批设立跨国公司在华外商投资企业 27406 家，同比增长 16.94%；实际使用外资金额 1057.35 亿美元，同比增长 17.44%。本研究将外资独资企业和外资控股子公司归为外资企业，其余国内国有企业、民营企业归为中国企业，用虚拟变量表示，其中 1 表示中国企业，0 表示外资企业。

（2）子公司是否属于制造业

制造类子公司是中国国内子公司的主要形式。中国作为工业大国整体依然是处在工业化过程之中，由于市场空间、人力资源等因素的作用，中国本土企业集团通过“走出去”到海外发展或异地设立子公司方式进行产业转移和扩张，此外，跨国公司通过股权投资在中国设立各种独自或控股子公司进行企业扩张。企业制造是企业价值增值链的中心职能部门，研发、采购和营销、财务等职能都是围绕制造环节开展的，对应的我们将子公司类型分为制造类、研发型、营销型和其他。因此问卷设计中设置三个虚拟变量来检验是不同类型的子公司对演化成长的影响是否存在差异。问卷中关于制造业的虚拟变量如果企业属于零部件和成品制造企业设为1，其余则设为0。

（3）子公司规模

子公司规模是否影响企业成长没有一致的结论。持反对观点的则认为企业规模与企业成长无关。例如吉布莱特定理证明了企业成长与企业规模无关。赞同的观点认为，企业规模是通过影响知识获取和利用、组织间协作、国际化路径等中介变量来影响企业绩效的（Hagedoorn & Schakenraad，1994；Simonin，1997；Sapienza & Almeida，2000）。企业规模及其绩效之间的相关关系变化被认为是企业资源差异导致的，一般而言，规模较大的企业拥有更多的高价值资源和联盟机会，这些资源和机会有助于提高企业的成功率（Kale et al.，2002）。Chang 和 Thomas（1989）认为，企业规模是通过降低企业资金成本和企业运营风险方式来促进企业绩效的提升。Walker 和 Kogut（1994）对生物技术行业比较分析后认为，大企业比小企业构建了更广泛的企业协作联结关系，从而具有更高的成功率。因此，企业规模被作为控制变量，并参照国家规定《中小企业暂行标准》来测度（邬爱其，2007），也有用员工数量来测量的（罗宣，2007），在此我们通过问卷直接测度得到该指标，即以资产规模进行测度。

6.4 变量描述性统计、信度和效度

从收集的有效样本186份行业分布来看，机械设备仪表、家用电器、

电子信息、纺织服装、医药生物制品等行业企业较多，占总有效样本的大多数，这是因为本研究问卷调查取样主要在浙江为主，这与浙江的区域产业特点相吻合（见表6.2）。

表6.2　　样本企业的主要业务所属行业特征

序号	行业	有效样本	占总体比率（%）
1	机械、设备、仪表	38	20.4
2	电子信息	25	13.4
3	医药生物制品	21	11.2
4	家用电器	36	19.4
5	纺织服装	27	14.5
6	金属制品业	18	9.7
7	食品制造业	9	4.8
8	塑料橡胶制品	7	3.7
9	文教体育用品	7	3.7
10	化工及化学制品	12	6.5
11	其他	22	11.8
总计		186	100

从收集的有效样本186份的企业业务类型来看，零部件供应商占41.9%，成品制造企业占34.9%，研发型公司占2.7%，销售型公司为12.4%。零部件供应商和成品制造企业合计占76.8%之多，反映了样本取样地区浙江的专业化协作的企业集群发展的一个显著特征。本章将通过方差分析比较不同的业务类型的子公司其网络嵌入结构特征、网络嵌入关系特征及其演化成长的差异是否有影响（见表6.3）。

表6.3　　样本企业类型

序号	行业	有效样本	占总体比例（%）
1	零部件供应商	78	41.9
2	成品制造企业	65	34.9
3	研发型公司	5	2.7
4	销售型公司	23	12.4
5	其他	15	8.1

6.4.1 变量信度分析

信度表示对于同样的对象运用同样的观察方法得到同样的观察数据的可能性，表示度量结果的重复性，反映研究科学研究的稳定性、等值性和内部一致性。本研究采用 Cronbanchα 来度量信度。其基本原则是，Cronbanchα 是信度度量值，认为同一概念的变量应当有很高的相关性，如相关性较低，应当予以剔除。一般认为信度值 α 大于 0.7 可以接受样本数据的信度（李怀祖，2004）。Nunnally（1978）认为，α 大于 0.9 表明信度非常好，α 在 0.7 到 0.9 之间表明高信度；α 在 0.35 到 0.7 之间表明中等信度；α 小于 0.35 表明低信度。本研究通过 SPSS12.0 对回收样本各变量进行 Cronbanchα 信度测试，得到具体如表 6.4 所示。

表 6.4 变量信度分析表

研究变量	包含项目	信度值	信度等级
子公司网络嵌入规模	4	0.802	高
子公司网络嵌入位置	10	0.765	高
子公司网络嵌入界面	5	0.771	高
子公司网络嵌入关系方式	5	0.709	高
子公司网络嵌入强度	15	0.812	高
子公司网络嵌入密度	5	0.722	高
子公司网络嵌入周期	7	0.697	中
母公司控制强度	12	0.765	高

信度测度分析表明，以上变量 Cronbanchα 值介于 0.802 到 0.697 之间，除了子公司网络嵌入周期稍低之外，其他变量信度值比较高，这表明该量表问卷的信度总体水平比较高，量表和问卷的稳定性和一致性程度比较高。

6.4.2 变量的效度分析

效度是表明变量的科学性和可信程度的，其值越高，说明变量的论证和逻辑性越强。它是指测量工具或手段能够准确测出所需测量事物的程度。效度分为三种类型：内容效度、准则效度和结构效度。内容效度又称表面效度或逻辑效度，是指所设计的题项能否代表所要测量的内容或主题，一般由研究者或专家评判所选题项是否“看上去”符合测量的目的和要求。本研究的问卷设计以及因变量、自变量、控制变量都通过相关文献研究推导，并经过了专家或实务人士评估与修改，因此具有良好的表面效度与内容效度。而在结构效度方面，作者采用运用因子分析法的主成分分析提取因子，以研究变量是否具有良好的结构效度。

衡量是否合适做因子分析，是根据KMO值进行判断：当KMO大于0.9非常适合；KMO在0.8到0.9之间很适合；KMO在0.7到0.8之间适合；KMO在0.6到0.7之间有点适合；KMO在0.5到0.6之间很勉强；KMO在0.5以下不适合（马庆国，2002）。

6.4.3 因子分析原理

因子分析（FACTOR ANALYSIS）的基本原理是浓缩数据，它通过多个实测变量之间的内部依赖关系，转换为少数几个不相关综合指标，因子分析研究众多的变量之间的内部关系，探求其中的内部规律，用少数几个假想的变量（即因子）来表示基本的数据结构。这种分析方法称为因子分析，代表各类信息的综合指标称为因子。这些“假想的变量”能够表示原来众多观察变量的主要信息，并解释这些观察变量之间的相互依存关系[①]。在科学研究中需要对多个变量进行大量观测，收集大量数据以便寻找规律，但是，多变量大样本在为研究工作提供丰富信息的同时，在一定程度上增加了数据采集的工作量，更重要的是增加了问题分析的复杂性。因子分析主要应用在两个方面，第一，是对很多存在较强相关关系的观察变量，由于选取的变量间存在一定相关关系，有可能用较少的综合指标来代表数据的基本结构，并根据专业知识和综合指标所反映的独特含义对其命名。第二，通过因子分析得到少数几个因

---

① 马庆国著：《管理统计：数据获取、统计原理、SPSS工具与应用》，科学出版社2002年版，第316－319页。郭志刚著：《社会统计分析方法——SPSS软件应用》，中国人民大学出版社2004年版，第87页。

子后，进一步把原始观察数据的信息转化为因子的因子值，用这些因子代替原来的观察变量进行回归分析、判别分析和聚类分析等等。本书用SPSS FOR WINDOWS 12.0 中的因子分析作为统计检验工具。因子分析的过程具体如下：在 SPSS12.0 打开 Analayze - Date Reduction - Factor 之后，在 Descriptives 中选择单变量描述统计量（Univariate descriptives）、Extraction 中选择主成分法（Principal components）、因子提取原则为因子特征值大于 1（Eigenvalues over1）、最大收敛迭代次数为 25、采用方差最大旋转（Varimax）、Score 项选择回归法（Regression），最后得出因子分析负荷矩阵。

（1）子公司网络嵌入规模主成分分析

由于子公司网络嵌入规模有着特定的含义，无法直接测度，对子公司嵌入的网络范围进行主成分分析，样本充分性 KMO 值为 0.802，样本分布 Bartlett 球形检验卡方为 2543.35，显著性值为 0.000，表明可以对数据进行因子分析在此基础上进行主成分分析，通过因子旋转，数据处理如表 6.5。表中显示 5 个衡量的变量的主成分分析结果，Q201、Q202、Q203、Q204、Q205 归为因素 1，命名为“网络规模”，其解释的变异量为 72.8%，Cronbanchaα 系数为 0.802，因此子公司网络嵌入规模具有良好的结构效度和一致性。

表 6.5　子公司网络嵌入规模主成分分析表

研究变量	比较项目	因素负荷
子公司网络嵌入规模	Q2 - 01	0.853
	Q2 - 02	0.821
	Q2 - 03	0.803
	Q2 - 04	0.803
	Q2 - 05	0.853
方差解释（%）		72.08

（2）子公司网络嵌入位置主成分分析

表 6.6 中显示了 10 个变量的主成分分析结果，Q206、Q207、Q208、

Q209、Q210 归为因素 1，命名为“网络中介性”；Q211、Q212、Q213、Q214、Q215 归为因素 2，命名为“网络中心性”。这两个因子累计解释的变异量为 70.02%，两个因子的 Cronbanchα 系数为分别为 0.885 和 0.847，因此子公司网络嵌入位置具有良好的结构效度和一致性。表明两个因子的信度符合统计要求，问卷设计内部一致性获得通过。

表 6.6　　子公司网络嵌入位置主成分分析表

研究变量	比较项目	因素负荷	
		因子 1	因子 2
子公司网络嵌入位置	Q2 - 06	0.883	
	Q2 - 07	0.819	
	Q2 - 08	0.822	
	Q2 - 09	0.815	
	Q2 - 10	0.809	
	Q2 - 11		0.862
	Q2 - 12		0.817
	Q2 - 13		0.833
	Q2 - 14		0.819
	Q2 - 15		0.796
方差解释（%）		54.76	15.26
累计解释（%）	70.02		

（3）子公司网络嵌入界面主成分分析

表 6.7 中显示了 9 个变量的主成分分析结果，Q216、Q217、Q218、Q219、Q220 归为因素 1，命名为“网络交流界面”；Q220、Q221、Q222、Q223 、Q224 归为因素 2，命名为“网络冲突界面”。这两个因子累计解释的变异量为 68.22%，两个因子的 Cronbanchα 系数为分别为 0.878 和 0.829，因此子公司网络嵌入界面具有良好的结构效度和一致性，表明两个因子的信度完全符合统计要求。

表 6.7　　子公司网络嵌入界面主成分分析表

研究变量	比较项目	因素负荷	
		因子 1	因子 2
子公司网络嵌入界面	Q2 - 16	0.798	
	Q2 - 17	0.812	
	Q2 - 18	0.803	
	Q2 - 19	0.778	
	Q2 - 20	0.727	
	Q2 - 21		0.752
	Q2 - 22		0.729
	Q2 - 23		0.718
	Q2 - 24		0.693
方差解释（%）		53.83	14.39
累计方差解释（%）	68.22		

（4）子公司网络嵌入关系特征主成分分析

表 6.8 中显示 6 个变量的主成分分析结果，Q301、Q302、Q303、Q304、Q305、Q306 归为因素 1，命名为“网络嵌入关系”，其解释的变异量为 67.77%，Cronbanchα 系数为 0.870，因此子公司网络嵌入关系特征具有良好的结构效度和一致性。

表 6.8　　子公司网络嵌入关系方式主成分分析表

研究变量	比较项目	因素负荷
子公司网络嵌入关系方式	Q3 - 01	0.771
	Q3 - 02	0.832
	Q3 - 03	0.811
	Q3 - 04	0.864
	Q3 - 05	0.793
	Q3 - 06	0.767
方差解释（%）		67.77

(5) 子公司网络嵌入强度主成分分析

表 6.9 显示了 16 个变量的主成分分析结果，Q308、Q309、Q310、Q311、Q312 归为因素 1，命名为“网络嵌入频率”；Q313、Q314、Q315、Q316、Q317 、Q318 归为因素 2，命名为“网络嵌入价值”；Q319、Q320、Q321、Q322、Q323 归为因素 3，命名为“网络嵌入互惠性”。三个因子累计解释的变异量为 64.12%，因此子公司网络嵌入强度具有良好的结构效度和一致性。

表 6.9　　子公司网络嵌入强度主成分分析表

研究变量	问卷项目	因素负荷分析		
		因子 1	因子 2	因子 3
子公司网络嵌入强度	Q3 - 08	0.851		
	Q3 - 09	0.848		
	Q3 - 10	0.829		
	Q3 - 11	0.837		
	Q3 - 12	0.778		
	Q3 - 13		0.840	
	Q3 - 14		0.801	
	Q3 - 15		0.815	
	Q3 - 16		0.831	
	Q3 - 17		0.763	
	Q3 - 18		0.732	
	Q3 - 19			0.832
	Q3 - 20			0.829
	Q3 - 21			0.814
	Q3 - 22			0.746
	Q3 - 23			0.696
方差解释（%）		39.96	14.50	9.66
累计方差解释（%）	64.12			

（6）子公司网络嵌入密度主成分分析

表6.10中显示5个衡量的变量的主成分分析结果，Q324、Q325、Q326、Q327、Q328归为因素1，命名为“网络嵌入密度”，其解释的变异量为69.35%，因此子公司网络嵌入密度具有良好的结构效度和一致性。

表6.10　　子公司网络嵌入密度主成分分析表

研究变量	比较项目	因素负荷
子公司网络嵌入密度	Q3－24	0.870
	Q3－25	0.845
	Q3－26	0.829
	Q3－27	0.803
	Q3－28	0.763
方差解释（%）		69.35

（7）子公司网络嵌入周期主成分分析

表6.11显示了7个变量的主成分分析结果，Q329、Q330、Q331、Q332、Q333、Q334、Q335归为因素1，命名为“网络嵌入周期”，其解释的变异量为70.23%，因此子公司网络嵌入周期具有良好的结构效度和一致性。

表6.11　　子公司网络嵌入周期主成分分析表

研究变量	比较项目	因素负荷分析
子公司网络嵌入周期	Q3－29	0.789
	Q3－30	0.877
	Q3－31	0.851
	Q3－32	0.859
	Q3－33	0.753
	Q3－34	0.807
	Q3－35	0.723
方差解释（%）		70.23

(8) 母公司控制特征主成分分析

表 6.12 显示 16 个变量的主成分分析结果，Q401、Q402、Q403、Q404 归为因素 1，命名为“母公司行政控制力度”；Q405 - Q412 归为因素 2，命名为“母公司业务控制度”；Q413 - Q416 归为因素 3，命名为“母公司人员控制”。三个因子累计解释的变异量为 60.77%，因此母公司控制特征具有良好的结构效度和一致性。

表 6.12　母公司控制特征的主成分分析表

研究变量	比较项目	因素负荷分析		
		因子 1	因子 2	因子 3
母公司控制强度	Q4 - 01	0.789		
	Q4 - 02	0.877		
	Q4 - 03	0.851		
	Q4 - 04	0.859		
	Q4 - 05		0.753	
	Q4 - 06		0.807	
	Q4 - 07		0.723	
	Q4 - 08		0.753	
	Q4 - 09		0.807	
	Q4 - 10		0.723	
	Q4 - 11		0.753	
	Q4 - 12		0.712	
	Q4 - 13			0.807
	Q4 - 14			0.723
	Q4 - 15			0.807
	Q4 - 16			0.723
方差解释（%）		38.35	12.79	9.63
累计方差解释（%）	60.77			

6.4.4 子公司演化成长的测度

如前所述，测量子公司演化成长的变量包括了子公司成长和演化两方面的指标，其中子公司成长包括销售增长、资本增长、人员增长等，而子公司演化是描述子公司质的变化，包括了子公司业务多元化、子公司在母公司地位、子公司角色、子公司自主性、子公司创新能力。子公司性质的改变，最终体现在其产出的技术效率上，笔者对于子公司性质变化用技术效率来测度，因为技术效率是把企业视为一个整体“黑箱”，不考虑其生产函数性质用于测度企业“投入—产出”的效率，是一个普遍用于测度生产单元的相对效率。

（1）子公司技术效率的测度

子公司演化表明企业成长的异质性，异质性表明了企业的成长差异化程度，无论这些差异化什么形式，主要表现在满足一定的特定投入和转化为产出的关系上。因此，这种投入产出的效率可以使用考察异质性量化（哈娜斯奇，2004）①。虽然网络嵌入的差异和企业演化成长相关，其差异主要表现在嵌入性的各指标特征“投入”差异、“产出”差异以及“投入—产出”差异。因此，在上述考察的子公司成长基本范式的框架内，子公司“投入”“产出”的效率反映了子公司的内在资源配置效率和规模效率状况，从而能够揭示和解释子公司内在性质的差异。技术效率是与生产前沿面（或生产可能性曲线）相关的概念，生产前沿面描述在当前技术水平下有效率的投入产出向量，即给定投入和其他产出不变时一种产出的最大值，或给定产出和其他投入不变时一种投入的最小值，即技术有效的投入产出向量集合。

技术有效的生产个体一定位于生产前沿面上，位于生产前沿面下方的生产单位一定是技术无效的。生产个体的实际产出接近其最大值的程度称为该生产个体的技术效率，根据以上的定义，技术效率可以从产出的角度（output orientated）进行测算，描述投入不变条件下实际产出水平与生产

① 约翰·福斯特等主编，贾根良、刘刚译：《演化经济学前沿：竞争、自组织与创新政策》之“第八章　异质性和演化变迁：实证概念、研究成果及未解决的问题”，高等教育出版社2004年版，第234-260页。

前沿的相对距离；也可以从投入的角度（input orientated）进行测算，描述产出不变条件下实际投入水平与生产前沿的相对距离。

技术效率值越大，即实际生产与生产前沿面越接近，生产个体的技术效率水平越高。纯技术效率，测度实际生产点与可变报酬的生产前沿面的相对距离；规模效率测度可变报酬前沿 VRS 与可变报酬前沿 CRS 的相对位置，当规模效率为 1，表明生产个体的生产前沿达到最优规模水平，企业技术效率是纯技术效率和规模效率之乘积，表明一个生产个体技术效率是由纯技术效率和规模效率决定的。技术效率的经济含义也是明显的，如技术效率 0.85 时，投入型技术效率表示在不改变产出水平条件下，可以节约 15% 投入，即可到达最优生产前沿；产出型技术效率则表示在不改变投入水平时，可以提高 15% 的产量，即可到达生产前沿。

为测度研究子公司演化成长，笔者首先通过因子分析方法，得到若干反映子公司演化成长的因子，然后通过 MOODY 矩阵和突变级数方法，对相关因子进行赋权，计算子公司演化成长指数，作为被解释变量。

具体是通过因子分析基础上加权得到子公司演化成长的综合性指标，然后用这个综合性指标作为回归方程的被解释变量。指标权重的确定方法很多，如德尔菲法、层次分析法、熵权法、环比法等等，但这些方法对权重的确定主观性较大或计算过程过于复杂。在此我们运用 MOODY 次序图确定这些不相关的因子之间的重要性排序，用突变多准则评价完成权数确定。

突变理论主要研究势函数，依据势函数将临界点分类，它处理不连续性特征时并不涉及任何特殊的内在机制，这就使它特别适用于研究对内部作用尚未知的系统。势函数中的变量有两类：

①状态变量，反映系统的行为状态；

②控制变量，作为影响行为状态的诸因素。

基于突变理论的突变级数法，汲取了现有层次分析法和模糊评价法的优点，通过对分歧集的归一化处理，最终得到总的突变模糊隶属度函数。由于该方法没有对各指标采用权重，它考虑了各评价指标的相对重要性，把定性与定量相结合，从而减少主观性又不失科学性、合理性，而且计算简易准确，目前在综合评价方面已经得到了广泛应用。

表 6.13 显示 15 个变量的主成分分析结果，Q501 - Q504 归为因素 1，命名为“规模成长因子”；Q505 - Q508 归为因素 2，命名为“地位提升

因子”；Q509 – Q512 归为因素 3，命名为“能力提升因子”；Q513 – Q515 归为因素 4，命名为“技术效率因子”。4 个因子累计解释的变异量为 64.36%，因此子公司演化成长具有良好的结构效度和一致性。

表 6.13　　子公司演化成长主成分分析表

研究变量	比较项目	因素负荷			
		因子 1	因子 2	因子 3	因子 4
子公司演化成长	Q5 – 01	0.753			
	Q5 – 02	0.807			
	Q5 – 03	0.723			
	Q5 – 03	0.753			
	Q5 – 04	0.807			
	Q5 – 05		0.753		
	Q5 – 06		0.807		
	Q5 – 07		0.723		
	Q5 – 08		0.753		
	Q5 – 09			0.753	
	Q5 – 10			0.807	
	Q5 – 11			0.723	
	Q5 – 12			0.753	
	Q5 – 13				0.807
	Q5 – 14				0.723
	Q5 – 15				0.753
方差解释（%）		31.75	14.47	10.89	7.25
累计方差解释（%）	64.36				

（2）子公司演化成长指数：突变级数评价

突变级数法（catastrophe progression method）是一种对评价目标进行多层次对比分解，然后利用突变理论与模糊数学相结合产生突变模糊隶属函数，再由归一公式进行综合量化运算，最后归一为一个参数，即求出总的隶属函数，从而对评价目标进行排序分析的一种综合评价方法。突变级数法的特点是没有对指标采用权重，但它考虑了各评价指标的相对重要性，从而减少了主观性又不失科学性、合理性，而且计算简易准确，其应用范围广泛。笔者引用 MOODY 矩阵来确定各因子重要性排序。

MOODY 矩阵主要是将多个变量进行重要程度排序，这是美国学者保罗·穆迪提出的一种方法，具体方法如图 6.1 所示。

	A	B	C
A		2	1
B	0		
C	1	0	

图 6.1　MOODY 矩阵

在图 6.1 中，假定要对三个变量 A、B、C 进行两两的重要性比较，则在矩阵的相应处填上数字，当变量 A 比变量 B 重要，则在第一行第二列空格处填入 2，A 与 C 同等重要，则在第一行第三列填入数字 1；同时，在第一列第二行填入 0，第一列第三行填入 1。对角线空格不填数字。在所有变量比较并填写数字后，将每一行的数字相加总，总和数字填入该矩阵最右边，然后比较这些和数，和数最大者即为最重要的指标，以此类推。

MOODY 矩阵使用时为防止个别专家打分的主观性，必须有一定数量规模的专家打分，才能保证指标排序的客观性和科学性。本研究在通过因子分析法获取子公司演化成长的因子后，对于规模成长因子、地位提升因子、能力提升因子、技术效率因子排序，然后设计简单的问卷，并通过那些跨国公司、集团公司相关的高管人员、咨询公司研究人员、大学专业课教师等填写，一共收到了 46 份合格的问卷。表 6.14 即是上述调查结果的 MOODY 矩阵。

表 6.14　子公司演化成长因子的调查的 MOODY 矩阵

	规模成长	地位提升	能力提升	技术效率	总和	平均值	重要性排序
规模成长		24 ×2 +12	18 ×2 +11	21 ×2 +15	164	3.57	第一重要
地位提升	10 ×2 +12		14 ×2 +9	19 ×2 +16	123	2.67	第三重要
能力提升	17 ×2 +11	23 ×2 +9		22 ×2 +15	159	3.45	第二重要
技术效率	10 ×2 +15	11 ×2 +16	9 ×2 +15		106	2.30	第四重要

根据 MOODY 矩阵的计算结果，子公司演化成长的重要性排序是“规模成长”、“能力提升”、“地位提升”和“技术效率”。并令上述四个因子分布为 a、b、c、d 根据突变级数的权重计算方法，子公司演化成长指数值 i 为：

$$i = (i_a + b + c + d) \div 4 \qquad (6-1)$$

其中 $i_a = \sqrt{a}, i_b = \sqrt[3]{b}, i_c = \sqrt[4]{c}, i_a = \sqrt[5]{d}$

子公司成长演化指数值可以作为评估比较子公司演化成长的指标，也可作为网络结构特征、网络嵌入关系特征、母公司控制特征对子公司演化成长的多元回归方程的被解释变量。

6.5 子公司演化成长的多元回归分析

为明确揭示子公司网络嵌入结构特征、网络嵌入关系特征和母公司控制程度对子公司演化成长的影响，我们采用多元线性回归的模型进行解释，其方程形式为：

$$y = \beta_0 + \beta_1 x_1 + \beta_2 x_2 + \cdots + \beta_k x_k + \varepsilon \qquad (6-2)$$

其中 y 是被解释变量，β_0 为截距项，β_1，β_2，$\cdots$，β_k 为回归系数，x_1，x_2，$\cdots$，x_k 是解释变量、控制变量以及虚拟变量。

回归方程中被解释变量为子公司演化成长指数，解释变量包括了子公司嵌入网络结构特征、嵌入关系特征、母公司控制等经过因子分析法提取的因子，另外控制变量选取企业资产规模、企业年限、企业是否中资企业或外资企业等三个变量。对企业的类型是否属于制造企业、研发企业、营销企业设置三个虚拟变量进行分析验证从事不同的业务对子公司演化成长的影响差异。

变量进入采取强制进入法。为消除解释变量之间的多重共线性及其残差的异方差问题，同时，对模型进行容忍度、方差膨胀因子、杜瓦检验。最终，模型统计检验结果如下：

子公司成长演化指数的多元线性回归分析。为了清楚地比较分析子公司网络嵌入结构特征、子公司网络嵌入的关系特征和母公司控制对于子公司演化成长的关系，本文分别建立了 3 个回归分析模型，模型回归结果如表 6.15。

表 6.15　　子公司演化成长影响的回归系数表

变量		模型 1	模型 2	模型 3
截距项		5.98	5.98	5.98
控制变量	企业资产	0.137 **	0.112 **	0.095 **
	企业年限	0.123 *	0.105 *	0.081 *
	制造业企业	0.109 **	0.082 **	0.029 **
	研发型企业	0.109	0.067	0.019
	销售型企业	0.116 **	0.096 **	0.047 **
	企业国籍	0.077 **	0.029 **	0.016 **
子公司网络嵌入结构特征	网络嵌入规模	0.082 **	0.072 **	0.058 **
	网络中心性	0.087 **	0.075 **	0.059 ***
	网络中介性	0.061 **	0.048 **	0.037 ***
	网络交流界面	-0.038 **	-0.027 **	-0.016 ***
	网络冲突界面	-0.027 ***	-0.018 ***	-0.012 ***
子公司网络嵌入关系特征	网络嵌入关系		0.227 ***	0.197 ***
	网络嵌入频度		0.089 **	0.057 **
	网络嵌入价值		0.097 **	0.077 ***

续表

变量		模型 1	模型 2	模型 3
子公司网络嵌入关系特征	嵌入互惠性		0.107***	0.097***
	网络嵌入密度		0.076***	0.069***
	网络嵌入周期		-0.037**	-0.028**
母公司控制	行政控制			-0.021***
	业务控制			0.018***
	人员控制			-0.09
R^2 值		0.493	0.568	0.673
调整的 R^2 值		0.465	0.527	0.615
F 值		11.573***	15.978***	21.669***

注：N = 186，* 表示在 0.1 水平下显著，** 表示在 0.05 水平下显著，*** 表示在 0.01 水平下显著。

为了确保上述多元线性回归模型及其结论的科学性，需要检验回归模型是否多重共线性和序列相关性。

多重共线性问题检验。用方差膨胀因子（*VIF*）指数，当 $0 < VIF < 10$，不存在多重共线性；当 *VIF* 大于 10，存在较强的多重共线性。经检验，本研究的回归方差模型的 *VIF* 指数均小于 10，因此，可以判定回归方程不存在多重共线性。

序列相关问题检验。用 Durbin - Watson 值（DW 值）来判断，一般当 DW 值介于 1.5 至 2.5 之间，可以认为方程不存在序列相关。本研究各回归模型的 DW 值均非常接近于 2。因此，可以判定本研究各模型中不存在序列相关问题。

模型一包括了各个控制变量和子公司嵌入网络特征，分析二者对子公司演化成长的影响；模型二在模型一基础上增加了子公司嵌入网络关系特征，揭示控制变量、网络嵌入结构特征、网络嵌入关系特征对从演化成长的关系；模型三又在模型二基础上增加了母公司控制特征。

表 6.15 显示了解释变量对于子公司演化成长的影响。模型三显著性水平达到 0.01 水平，R^2 值达到 0.673，调整后的 R^2 值达到 0.615，同时

模型一和模型二都达到了显著性水平，这说明了子公司网络嵌入结构特征、网络嵌入关系特征和母公司控制特征，都对子公司演化成长有影响。具体分析如下：

6.5.1　网络嵌入结构特征对子公司演化成长影响检验

(1) 网络嵌入规模与子公司演化成长正相关

子公司网络嵌入规模越大，越有利于子公司演化成长。子公司网络嵌入规模愈大，表明子公司嵌入网络成员越多，网络资源越丰富，嵌入网络利益越多，越有利于子公司成长，这个结果与假设（H1）比较一致。网络嵌入规模越大，异质性或同质的企业越多，网络资本越丰富，两者都能给子公司带来网络租金，前者不论是纵向嵌入或者混合嵌入，与子公司资源、生产的互补性的可能性就越大。网络规模的资源包括了物资资源、市场资源、人力资源、金融资源和知识资源等，例如跨国公司在华子公司在选择投资区域时，常常就考虑到其配套的企业，并且通过网络联结锁定这种关系来获取更多的资源，例如通用（中国）公司在华的企业。如果是纵向嵌入，则子公司和网络成员之间形成上下游的分工协作关系，提高企业活动的专业化程度，而专业化程度和分工细化是效率和竞争力的源泉；对于后者，除了行业规模扩大带来行业规模的外部效应之外，通过横向嵌入，则网络内形成产业聚集效应，子公司能够获取产业规模效益。

(2) 网络中心性与子公司演化成长显著正相关

子公司网络嵌入的中心性越大，越有利于子公司演化成长。这表明处于网络中心位置的子公司更能够获得信息和资源，也更能够获得控制利益和被推举的优势，获取网络利益越多，越有利于子公司成长。这个结果与假设（H2）比较一致。从伯特的结构洞理论分析来看，子公司越是处于网络结构中心，则这种网络中心性越具有信息利益和控制利益的优势。子公司通过动态构建网络结构，形成一种区别于市场机制和科层机制的网络治理机制。网络资源的获取与其位置有关系，子公司在从其他企业获取技术、信息、产品标准推广、领导网络变化等方面具有优势，网络中的知识流、信息流、资金流等的获取、扩散在网络中心更容易、更有效率，从而会影响子公司演化的成长的过程。

（3）网络中介性与子公司演化成长显著正相关

子公司网络嵌入的中介性越大，越有利于子公司演化成长。表明处于网络中介位置的子公司容易被子公司网络其他成员所信任，信任能够降低子公司与其他网络成员的交易费用，比如签约、资金拆借等方面的费用；此外，子公司的网络中介性越高，意味着其他网络成员之间的资源流动、冲突等更需要子公司来充当协调的角色，从而更能够获得互补信息和资源以推动子公司演化成长。这个结果与假设（H2）比较一致。

（4）网络界面和子公司演化成长显著负相关

统计检验结果表明，无论是“网络嵌入交流界面”还是“网络冲突界面”，对子公司演化成长都是反向作用的。这表明了嵌入网络界面影响企业间信息和资源流动、扩散的粘滞效应。这种粘滞效应增加了子公司成本，也不利于子公司演化成长。这个结果与假设（H3）一致。子公司网络界面在实践中表现为公司的异质性和冲突，比如产品流程、价值链模式、企业文化、理念、价值观、战略等方面差异所导致的界面存在，当子公司投入成本和资源进行协调和沟通，就会减少子公司演化成长资源；另外，由于界面的存在，子公司网络的不确定性随之增加，这种不确定性带来的网络联结断裂风险，导致子公司不得不寻找其他的网络关系进行替代，这必定制约了子公司演化成长。

6.5.2 网络嵌入关系特征对子公司演化成长的影响检验

（1）网络嵌入关系与子公司演化成长显著正相关

子公司网络嵌入的方式越是股权式的联结关系，越有利于子公司演化成长。这表明以股权关系的网络嵌入联结的紧密性和利益一致性更有利于子公司获取网络资源和进行共享互惠，从而更有利于子公司的演化成长。这个结果与假设（H4）比较一致。在子公司网络联结关系类型中，股权联结具有更多利益一致性，股权的激励和约束作用，使得具有股权联结关系的双方在交易价格、产品标准、产量节奏、企业间融资、人力资源等方面的流动转移、协同共享更加稳定和有效。例如，上海通用汽车为保障汽车微型轴承按标准、按时间的供应，就与供应商——浙江宁波更大集团公司进行参股合资，随着双方供应链关系的互惠互利良性发展，当宁波更大集团公司增资扩股时，上海通用增加了投资以提高持股比例，以进一步通过股权关系稳定本公司的零部件供应，促进上海通用汽车公司的成长发展。

(2) 网络嵌入频度与子公司演化成长显著正相关

子公司网络嵌入的联结关系互动的频率越高，越有利于子公司演化成长。这表明了子公司与网络其他成员的高频率的互动表示有强关系，则拥有强关系的企业之间具有一定程度的相似性，在网络交互过程中更倾向于彼此参照并且彼此模仿，也表明了网络成员企业间信息、资产、知识的持续频繁交流对子公司与其他网络成员建立信任关系，抑制机会主义行为，降低交易费用，从而有利于子公司成长。这个结果与假设（H5）比较一致。子公司网络嵌入频度越高，子公司重复的交易、交流关系能够导致学习效应，降低了交易的成本。此外，网络嵌入关系的周期性迭代能够复制、扩散网络信任和网络声誉，为子公司获取更多的声誉、信任资本，促进子公司朝信任和声誉积累的方向进行成长演化。

(3) 网络嵌入价值与子公司演化成长显著正相关

子公司嵌入的网络价值越大，越有利于子公司演化成长。子公司网络嵌入目的在于获取网络中互补性的资源，这种资源越有价值，越能够引导子公司嵌入方式、嵌入关系等向子公司嵌入强度较高的方向调整和变化，以获得更大的网络利益，也就越有利于子公司的演化成长。这个结果与假设（H5）比较一致。子公司成长是需要资源的，而在各种资源对子公司成长的价值的作用是不均衡的，其中互补性的资源对于子公司演化成长更有效，而重复和冗余的资源，如冗余的人力、信息和知识反而会阻碍子公司成长。

(4) 网络嵌入关系的互惠性与子公司演化成长显著正相关

子公司网络嵌入的关系越是互惠的，越有利于子公司演化成长。互惠性是网络的基本特征，网络中流动的资源、知识信息越是互补的和互惠的，对于子公司及其存在网络联结关系的网络成员双方的激励作用越大，子公司就能够更有效地从网络里获取成长所需的互补性网络资源，以促进本身的演化成长。这个结果与假设（H5）比较一致。子公司建立网络嵌入结构，也就是与网络成员建立一种区别于交易竞争的新型“竞争合作”的关系，这有助于双方进行互惠的分工合作，以获取“1 + 1 大于 2”协同的效应。随着社会、经济、技术的快速发展，降低子公司风险和确保子公司生产、技术等全面柔性，通过互惠性的网络嵌入关系是企业成长的主要方式之一。

(5) 网络嵌入密度与子公司演化成长显著正相关

子公司网络嵌入密度反映了子公司网络成员的平均联结的水平，网络密度越高，表明子公司网络的互动联结水平、网络价值越高，越有利于子公司演化成长。这个结果与假设（H6）比较一致。子公司嵌入网络后，高密度的网络能够促进子公司与其他网络成员的信任和与合作，缩短知识获取和传递的路径，加快知识流动，更有效地发展信任关系、共享规则和进行共同行为，有利于子公司成长。反之，如果子公司构建网络密度小，意味着子公司网络成员联结松弛，网络资源、网络信任等网络结构特征变量较低，网络互惠性、价值性较低，从而对于子公司成长演化作用较小。

(6) 网络嵌入周期与子公司演化成长显著负相关

子公司网络嵌入周期表明了网络的稳定性和持久性。实证结果表明，子公司网络嵌入周期越长，越不利于子公司演化成长。这个结果与假设（H7）不一致。原因可能是应当考虑子公司嵌入网络周期的不同阶段对于子公司演化成长具有不同作用。当子公司嵌入网络处于初期和中期时，子公司与网络成员的网络资源互补性越强，能够获取的网络资源对子公司成长越有利；随着嵌入网络时间越长，网络资源的同质化程度提高，互补性下降；这时企业网络界面效应也开始显现，这将会导致子公司网络嵌入价值边际下降而不利于子公司的演化成长。从企业实际看来，许多企业在合作初期能够进行很好进行，随着合作时间的长久，互补性性下降，冲突增加，最后不能不分道扬镳。

6.5.3 母公司控制特征对子公司演化成长的影响检验

(1) 母公司行政控制与子公司演化成长显著负相关

母公司对于子公司行政控制程度越高，越不利于子公司演化成长。这个结果与假设（H8）一致。表明母公司行政控制程度越高，子公司自主性、自治性就越低，不利于子公司成长。Andreas Schotter 和 Paul W. Beamish.（2011）就认为母公司对于子公司的控制方式中，通过行政的控制方式，往往使得子公司忽视复杂环境的快速变化从而对市场变化反应迟钝，而且导致子公司自主经营、自我激励、自我约束功能下降，从而子公司成长演化功能存在缺陷。

（2）母公司业务控制与子公司演化成长显著正相关

母公司对于子公司业务控制程度越高，越利于子公司演化成长。表明母公司的业务控制有利于稳定子公司业务市场关系，确保技术、资源或产品等具有稳定和持续的可靠渠道，这有利于子公司规避风险能力，有助于子公司在母子公司利益共同体的情境之下的演化成长。这个结果与假设（H8）不一致。从子公司业务看来，由母公司统一零部件配送、统一品牌和营销、建立技术创新中心等，有利于母子公司对市场销售、技术创新等进行集约化经营。从创新和知识流动看，母公司对母公司、子公司进行统一调配资源进行技术创新是可取的方式（Devi R. Gnyawali，Manisha Singal & Shaohua Carolyn Mu，2009），例如美国微软公司在全球建立数个支撑全球子公司的研究中心就是例证。中国很多企业公司都在母公司建有集团财务中心甚至设立财务公司，对集团所有资金进行集中调配，也是典型的例子。对于子公司而言，某些如资金、销售、创新等业务被母公司所统一控制，但是，从母子公司资源利用来看，与单个子公司自我独立建立销售网络、研发创新等相比，由母公司集中控制这些业务能够产生规模效率、协同效应和范围经济，从而提高资源的配置效率，从而促进了专业化子公司的演化成长。

（3）母公司人员控制与子公司演化成长关系不显著

母公司对于子公司人员控制程度对于子公司演化成长不显著。假设（H8）没有得到全部检验。分析其原因，人员控制对子公司成长演化是多样的（Christopher Williams.，2009），如 Anette Björkman 和 Rebecca Piekkari（2009）认为母子公司之间的“语言”对子公司控制有影响。

6.5.4　控制变量对子公司演化成长的分析

探讨控制变量对于子公司演化成长影响程度，拥有这些因素的影响没有提出假设及其影响的方向，因此统计分析属于探索性质。

(1) 企业资产

表6.15显示，企业资产和子公司演化成长存在正相关，显著性水平 $P<0.05$，这表明企业的资产是企业网络嵌入和演化成长的物质基础，有利于企业规模扩大和质量演进。企业资产是子公司构建网络的物质基础，资产越大，则有利于提高网络嵌入规模、网络嵌入中心性、网络嵌入中介性等，推动企业嵌入网络演化成长。

(2) 企业年限

表6.15显示，企业年限和子公司演化成长存在正相关，显著性水平 $P<0.1$，可能的原因是，企业存续时间越长，积累的企业资源越多越丰富，企业构建网络能力也越强，也越能够促进企业网络化演化成长。

(3) 是否属于制造业企业

从表6.15可以看出，子公司企业属于制造业企业和子公司演化成长正向相关，显著性水平 $P<0.05$，可能的原因是，制造业企业必须和相关供应商和客户建立网络嵌入结构才能稳定原材料供应和客户网络，也只有这样才能降低成本、防范风险和扩大市场占有率，从而促进企业演化成长。

(4) 是否属于研发型企业

表6.15结果也说明，子公司企业是否属于研发型企业和子公司演化成长关系不明显。可能的原因是，研发型企业之间、研发型企业与机构及上下游企业之间的各种网络联系缺乏，事实上，作为技术和知识市场的生产者和供应商，很多研发导向的企业为独占研发创新成果，或者担心知识外溢、知识产权侵权、技术模仿等，都不愿意和同行企业或上下游企业进行各种股权参与、技术研讨、人际交往等网络联系，例如，近年来，跨国公司在华子公司出于垄断技术、抑制技术外溢等目的，越来越趋向与设立独资化企业的现象有力地佐证了这个结论。

(5) 是否为营销型企业

从表6.15可以看出，子公司企业属于营销型企业和子公司演化成长正向相关，显著性水平 $P<0.05$，可能的原因是，营销型子公司作为承担

跨国公司或者企业集团中直接市场扩张的任务，网络嵌入关系的意义比其他类型的企业更为重要。

(6) 是否属于中国企业

表6.15也表明，子公司企业为中国企业比外资企业嵌入网络演化成长更为显著，显著性水平 $P<0.1$。可能的原因是，在中国经济快速发展过程中，各地出现了各种专业化协作基础上的企业集群，大量企业在空间聚集围绕一个产品制造形成进行上下游的专业化分工合作的企业集群，这些集群企业通过参股、战略联盟、人际关系等进行网络联系，特别是中国传统文化的注重“圈子”、“关系”的人际关系更导致中国企业倾向于建构商业网络和社会网络，以获得各种资源和利益进行演化发展。

6.6 小　结

本章首先阐述了实证研究的思路和方法，对于子公司嵌入网络结构特征、网络嵌入关系特征和母公司控制特征的变量测度，都是在问卷调查基础上通过因子分析法提取相应的因子，被解释变量则是通过因子分析法提取后通过突变级数法测度综合性的子公司演化成长指数。通过上述实证方法，建立多元回归模型检验和讨论了网络嵌入结构特征、网络嵌入关系特征和母公司控制特征对于子公司演化成长的作用关系。

第7章

结论与展望

社会财富的生产者是企业。随着全球经济一体化、信息化的高速发展，企业不断地适应市场环境、技术环境和社会环境，不断地通过组织重构而演化成长。在企业成长过程中，跨国公司和我国大多数企业集团都采取了母子公司组织方式，子公司是企业扩张的主体和承担者，而且是跨国公司和集团公司对外投资、承担开拓海外角色的主体，子公司不但受母公司影响，而且具有自我发展、自我约束的企业自主性和独立性。子公司在扩张的过程中，不仅仅表现为销售的增长、资产扩大、人员增加等外部性特征，而且，还表现在核心竞争能力的提升、企业角色转变、企业地位的改变、企业技术效率提高等反映企业性质变化特征，因此，子公司的发展，是一种外部规模扩展和内部性质变化的演化过程。总结和提炼子公司发展的实践经验，并从理论上分析其机制，对于促进中国企业可持续发展，对更有效地管理跨国公司和集团公司，都具有客观必要性。

当前企业组织环境不断网络化，这个网络不仅是商业网络而且是社会网络，子公司演化发展是嵌入于网络中的演化成长。现有对子公司的研究，多集中关注子公司成长、母子公司控制模式、子公司角色等方面。本书在对现有的子公司研究文献归纳评述的基础上，认为子公司不但是成长的而且是演化的，子公司发展是一种规模和性质结合的演化成长。因此本书以子公司作为研究对象，将子公司在网络嵌入中的演化成长机制作为研究主题，以揭示其中存在的影响因素和动力机制。本章首先对全书前述研究进行总结，然后，分析研究的理论价值和实践意义，最后分析研究的不足，提出以后进一步研究的方向。

7.1 主要结论

基于全球和中国社会经济发展网络化的背景，本书从网络嵌入和演化的视角，对子公司嵌入网络演化成长的机制进行理论研究和实证研究。首先从网络理论入手提出了子公司嵌入网络结构的理论模型，认为子公司网络嵌入结构特征包括了嵌入网络结构特征和嵌入关系特征两方面。子公司嵌入网络结构特征和嵌入网络关系特征是子公司演化成长的基础和动力，此外，母公司控制也是从内部影响、制约子公司演化成长的内生变量。子公司在嵌入网络后，网络规模、网络位置、网络界面等网络特征以及嵌入网络的方式、网络强度、网络密度等网络关系特征影响着子公司嵌入网络资源的获取。网络嵌入租金是网络嵌入的专用性特征所衍生的，也是子公司网络演化成长的内生动力。在这个内生动力驱动下，子公司不断地获取网络资源、调整网络位置和角色和锁定有利网络关系。在嵌入网络利益驱动下，子公司通过嵌入网络进行纵向成长、横向成长和多元化成长等演化成长，并其通过实证研究和案例分析，得出以下主要结论：

第一，子公司成长不但是规模的扩张，而且是质量和性质的演化。无论是古典经济学关于产量增加的企业成长含义，还是制度经济学关于企业是市场的替代、契约的扩展的定义，以及资源学派、能力学派关于企业成长是资源扩展、能力成长的定义，都只是从某一角度揭示了企业成长过程。可是从企业生命周期来看，企业成长是一个演化成长的过程，因此，子公司演化成长是指子公司在与子公司的网络环境交互适应过程中，通过搜寻、选择等活动，并基于企业惯例出发的成长、遗传和变异，从而使企业在“质”和“量”上变化的动态过程。其中关于演化成长的定义从质的变化和量的成长两方面来定义，即用质的变化表示子公司“演化”特征，而量的变化实际上是从“产出”的角度来表示企业“成长”特征。子公司演化成长用销售额增加、产品增加、机构扩大、资产增加、公司市值等规模概念描述，同时，企业成长总是企业规模扩大伴随着企业复杂性提高，是企业组织边界扩大、结构演进、创新能力、核心竞争力能力提高等企业内在规定性的演变。网络嵌入中的子公司成长，也满足演化成长的基本特征。子公司演化成长具有基于其企业惯例的成长、演化成长是自组织行为和路径依赖三个方面的特征，此外，子公司的演化成长还受到母公司控制的影响。

第二，子公司网络嵌入结构是以嵌入性为基础的网络结构，是子公司与母公司、其他子公司和当地商业伙伴等通过嵌入性联结关系形成的网络组织；是这个网络中成员之间的正式和非正式关系的总和，子公司网络嵌入结构的核心在于网络位置、网络联结关系。从网络分析框架来看，子公司网络嵌入结构由网络成员、资源要素、结构要素构成，子公司演化成长特征是网络嵌入环境下的成长。子公司演化成长的实质就是子公司在子公司网络利益最大化动机的驱使下，不断地调整自身在网络中的位置，调整子公司与网络成员的联结关系，并通过自身的学习积累资源和能力，在增加网络资本的过程中，持续地复制、重构网络关系。子公司通过网络关系的资本化，获得网络利益，积累了自身的资源和能力，由此使得子公司地位、子公司组织属性、子公司竞争优势得以不断变化成长。

第三，在网络环境下，子公司网络嵌入租金是子公司演化成长的动力。子公司是嵌入于一定的网络之中的，因此，嵌入性网络资本对于子公司演化成长的作用是子公司通过网络嵌入关系和网络位置表现出来的，它将为子公司带来网络嵌入的超额利益，即网络嵌入租金，并成为子公司行动和成长演化的主要动力。嵌入性网络资本对子公司演化成长的作用表现在如下方面：减少子公司演化成长的不确定性、促进子公司成长所需的资源的流动和获取、节约子公司成长的资源投入和行动成本以及推动子公司本地网络化成长的组织惯例形成。

第四，子公司在网络内演化成长的方向，受子公司战略、网络特征的影响。从子公司的生产过程特征或生产价值链来区分，子公司嵌入网络的演化成长方向包括了嵌入网络后横向成长、嵌入网络后纵向成长、嵌入网络后多元化成长。从元胞自动机结构视角看，子公司演化是一个网络资源不断吸收和资源折旧的扩散过程，考虑网络资源的自我积累、网络溢出吸收、资源流失和退化三个作用因子进行自动细胞机仿真模拟，结果表明，嵌入网络的子公司的扩散成长是一个受吸收网络资源能力、资源折旧和企业资源自主率影响的扩散和演化过程，子公司的演化成长扩散与企业对网络资源的吸收率成正比、与企业资源自主能力成正比、与企业的资源折旧率反相关。

第五，子公司网络嵌入关系具有期权选择的性质，可视为一种实物期权。子公司网络嵌入关系是一个与网络成员动态合作博弈的过程。从嵌入行为的投入和收益来看，子公司的网络嵌入行为具有实物期权博弈的性质。由金融期权演变而来的实物期权，是以期权概念定义实物资产的选择权，也就是企业在对外进行投入资本时，能根据决策时不确定的因素来改变行为的权利，即企业持有在未来某一段时间内进行某项经济活动的权利，如延迟、放弃、转换、扩展等。根据子公司网络嵌入期权特征，子公司网络位置、未来嵌入联系的确立和变化，将是子公司现实利益和未来期望利益的贴现之和驱动的结果。

第六，子公司的演化成长与子公司嵌入网络结构特征相关。子公司网络嵌入规模、嵌入位置嵌入界面决定了子公司演化成长的方向和过程。第一，从子公司嵌入网络规模看，网络规模或网络范围是指子公司在网络内拥有的网络关系数量，这能够反映子公司获取研发创新资源的富裕程度。这种网络关系的异质性，也就是网络伙伴的多样性，对于嵌入网络中的企业成长和获取资源具有正向相关的关系。子公司嵌入网络规模直接影响了子公司可寻求交流的邻居或知识提供者的数量，进而影响到隐性知识的传递，也影响到子公司在网络中建立信用、获得资金和维护客户关系。第二，由于网络资源的非均匀分布和随机流动，网络成员在不同的网络位置占有稀缺资源和分配这些资源是结构性的和有差别的。子公司嵌入网络位置越是接近中心的，子公司越容易获取资源，信息流动也越通畅，也就越有利于子公司演化成长。当子公司在网络中的位置不断调整时，其程度中心性、接近中心性、中介中心性和网络特征中心性等不断发生改变，从而使自己的享受信息优势和控制利益优势不断变化。第三，从子公司网络嵌入界面看，嵌入于网络的企业（网络节点）由于差异化的组织因素等原因，必然存在界面问题。由于企业网络中组织之间的关系与市场关系、内部一体化关系的不同，因此，企业网络界面将有不同于一般企业外部市场关系和内部一体化关系所形成的企业界面，子公司网络界面影响知识转移的效率、网络的中心性、网络规模，从而影响子公司成长。

第七，子公司的演化成长与子公司嵌入网络关系特征有关。网络嵌入方式、网络嵌入强度、网络嵌入密度三要素影响着子公司的成长演化。首先，从子公司网络嵌入方式看，网络嵌入方式的差异会导致不同的子公司网络嵌入关系结构，也引致了异质化的网络嵌入关系，推动子公司移动到网络中更有利的成长位置，并改变子公司与网络其他成员的界面关系及其性质，使子公司和其他网络联系得到调整，这种调整后的网络嵌入结构的界面关系有利于子公司演化成长。其次，从子公司网络嵌入强度看，较低的互动频率、较短的互动时间、较少的情感内容和较少的互惠内容属于弱关系网络，反之是强关系网络。网络强度愈高，子公司与其他网络成员沟通互动质量愈高，则对交换的信息更有效地理解，知识传递的效果就越好。最后，从子公司网络嵌入密度看，子公司网络嵌入高密度的网络能够促进信任与合作，缩短知识获取和传递的路径，加快网络知识等资源的流动。

第八，子公司的演化成长与母公司对子公司的管理和控制模式有关。母公司对子公司的控制方式主要是以组织控制、人事控制和财务控制为主，而对子公司的非股权控制方式则从重要岗位、资源控制、业务控制等方面进行控制，母公司对子公司的控制方式越是集权控制，子公司演化成长越低效缓慢。

7.2 理论价值和实践意义

7.2.1 理论价值

以往子公司研究主要从子公司控制、子公司角色等进行，对于网络环境下子公司演化成长的研究未能系统和深入。本书尝试建立“网络嵌入——子公司演化成长”的理论框架，分析子公司演化成长的机制，并通过案例和实证进行验证，得到一般性的规律和有益启示。本研究在以下三个方面具有一定的理论价值：

第一，建立子公司网络嵌入演化成长的理论模型。在系统地梳理文献和对子公司实践调研的基础上，本研究认为子公司成长不但是规模扩张，而且是质量的演变，子公司成长实际上叠加了规模和质量的双重变化，演化成长才能反映子公司发展的内涵和实质。因此，子公司演化成长表现为子公司基于其企业惯例的成长，演化成长具有自组织行为和路径依赖的特征，此外，子公司的演化成长还是受母公司控制下的成长。第一，为了探讨网络嵌入对子公司演化成长的动力机制和过程路径，建立了“网络嵌入——子公司演化成长”的理论模型，第二，基于网络嵌入、网络资本和网络租金的视角分析子公司演化成长的动力。企业的行为是为获取利益最大化的，企业通过技术创新、组织创新、流程再造、人力资源等等资源配置和运用活动，寻求获取经济租金的机会。子公司通过网络嵌入关系和位置获取网络资本，这些网络资本最终通过网络嵌入的超额收益表现出来，这个网络嵌入收益，既是子公司网络嵌入行为的动力，也是子公司网络化演化成长的动力。

第二，分析和揭示了子公司网络嵌入演化成长的机制过程。根据前述的子公司网络嵌入结构，本书建构了子公司嵌入网络影响子公司成长演化的分析框架，认为子公司网络嵌入特征、子公司网络嵌入关系和母公司控制是影响子公司成长和演化的内生因素。网络位置、网络规模、网络界面等网络嵌入结构特征影响着子公司演化成长的过程和结果。此外，子公司网络嵌入关系从嵌入方式、嵌入强度和嵌入密度三个维度反映了嵌入行为对子公司演化成长的作用关系。子公司为了获取最优的网络嵌入价值，将不断调整自己与网络成员的嵌入关系强度。子公司嵌入强度调整方式包括：一是网络嵌入关系的强化，二是网络嵌入关系的弱化，三是网络嵌入关系的再生，四是网络关系的断裂，五是网络关系的建立，六是为了嵌入关系的保持。上述调整的原则是最大化子公司自身价值，其中某些单项的嵌入关系的变化可能降低了子公司网络嵌入收益，但是这种变化会给子公司的其他嵌入关系带来更大的收益。

第三，通过问卷和统计分析识别了网络结构特征、网络关系特征、母公司控制特征对子公司演化成长的影响因素和过程，并通过实证研究，检验网络结构特征因素、网络关系特征因素和母公司特征因素与嵌入网络的子公司演化成长的相关关系，为进一步的深入研究提供了支持。

7.2.2 实践意义

随着中国经济国际化和工业化的深入发展，我国跨国公司和集团公司数量越来越多。2011 年全国新批设立外商投资企业 27712 家，同比增长 1.12%，大多数都是跨国公司在华子公司，因此子公司演化成长对于促进中国经济国际化、提升利用外资水平、提高企业管理水平具有重要意义。

第一，子公司应当通过网络嵌入的方式进行发展和扩张。自 20 世纪 90 年代以来，随着知识经济时代的来临，全球化、信息化、网络化带来企业组织的深刻变革，企业与企业、企业与市场、企业与环境之间的边界、关系日益模糊和复杂化，这些变化要求子公司不断具有适应当地市场变化的柔性，从而要求子公司更加自主地通过网络化的组织变革来适应上述变化。例如，企业关系不断地从纵向控制向扁平化的横向关系变化，战略联盟、虚拟企业（V.C）、供应链网络、产业综合体等企业网络化演化成长形态不断出现，呈现出方兴未艾的蓬勃发展趋势。

第二，网络嵌入的子公司要通过整合网络组织、调整网络位置以实现自身的最优化成长。一方面，子公司在网络结构中的位置、子公司与网络企业之间的关系决定了网络组织给它带来的网络嵌入租金的大小，另一方面，网络组织成员之间的组织异质性程度也决定着网络界面效应大小。为了实现网络最优化的成长，一是可以通过组织网络化整合，如通过股权式战略联盟、收购方式进行内部化，改变和优化企业在网络中的位置，提高企业在网络中嵌入性深度；二是通过增加企业的网络交互频度，输入更多的可用于交流的异质性资源，从而获得更加中心性的位置，吸纳更多的互补性网络资源；三是通过股权联结将企业网络界面转化为职能内部界面或者强化社会网络联系使资源流动在企业之间沟通阻尼减少，提高沟通效率和效果。

第三，发挥网络激励机制作用，推动子公司嵌入网络的演化成长。建构和完善网络激励机制，在抑制网络企业“搭便车”的行为的同时，发挥网络声誉机制、信任机制的激励和约束作用，促进子公司嵌入网络投入与收益、风险合理地匹配，实现子公司嵌入网络的演化成长路径最优化。

7.3 研究展望

7.3.1 研究的局限

从理论和实践看，子公司在网络视角下的演化成长都是十分复杂的。一方面是现有系统性研究文献较少，调研和收集资料困难较多，尽管笔者围绕此研究主题做了许多不懈努力，并取得了一定的理论发现，但受笔者知识结构、研究能力及研究条件等客观因素限制，本书的研究不但仅仅是个起点，而且还存在着许多的不足，这些不足集中在以下几方面：

第一，研究内容方面。从研究内容看，笔者只选择了子公司嵌入网络的主导路径进行了探讨，一些子公司演化模式被忽略。子公司演化不但有子公司扩张，而且还存在着子公司退化、子公司重构的问题，这也是子公司演化成长的现象，需要进一步研究；也没有进一步深入和具体分析子公司演化过程中惯例、基因传递和变异问题。

第二，统计研究方面。在样本数据收集方面，尽管笔者花费了大量的精力对调查问卷进行发放与回收，获得有效问卷的数量也基本满足了样本量的要求，但样本抽样的随机性不够，虽然通过统计检验进行了一定控制，并且样本企业涉及较多的行业及不同规模、地域与时间年限，但这可能在一定程度上降低了样本的代表性。在未来的研究中应采取更加随机的方式进行抽样，使样本具有更好的代表性。此外，调查问卷对象全部是来自浙江、江苏、广东等地的企业，因此，本研究收集的数据可能带有一定的地域特征，这也在一定程度上妨碍了研究结论的普遍性。

在变量测度方面，本书采用 5 点量表的主观测量方法对网络嵌入性、母公司控制、企业绩效以及环境动态性等变量进行测量，尽管在研究中对变量的测度进行了信度与效度的检验，但是主观评价方法仍可能影响收集的数据的可靠性与准确性，这可能影响研究的结果。在以后的研究中，应该用更加客观的方法对上述变量进行测度，这样作出的研究可能更加精细，研究的结论就会更具有可靠性与可重复性。

关于其他影响因素的控制。本研究对企业所在地域、企业规模、企业年限、企业所在行业等可能影响企业战略选择与绩效的因素进行了控制，但可能还存在其他因素对企业战略选择与绩效的影响，网络嵌入性影响企业绩效的中介变量可能不仅仅只有企业的差异化战略，这就需要在以后的研究中，通过更为深入的理论研究以及探索性的案例研究，识别其他影响因素及中介变量，并将其纳入模型进行研究，以建立更为完善的理论模型。

7.3.2 进一步研究的展望

本书写到这里，对于子公司在嵌入网络中如何成长演化的问题，应该说仅仅是阶段性的初步研究，但是无论是从实践上看还是理论上看，子公司的演化成长中一些问题，如子公司重组和退化现象都是经常地存在的，有些是外部如金融危机对实体经济的传导和冲击所引起的，有的是环境稳态下企业自身的不适应所引起的，无论嵌入网络的子公司出现重组或者是退化情形，都可以视为子公司网络化演化成长出现了分岔。因此，本书没有完成的研究问题包括子公司演化成长过程中的重构、退化等企业演化分岔过程机理，这种重构、退化与网络嵌入关系、网络结构、母公司控制存在什么关系，其相互作用的过程机理，都需要进一步地深化研究。

另外，本研究的视角是以子公司自我为中心来研究子公司如何网络化演化成长，但是，如果进一步考虑到子公司是复合地嵌入母子公司网络和当地网络之形成的双重网络之中，这个双重网络如何对子公司的演化成长发挥作用的，以及从母公司母合优势的角度分析子公司是如何成长演化的，考察和分析这些问题会使嵌入网络的子公司成长演化的研究进行得更为完整。

最后，实证和案例研究方面，由于受样本数据收集等限制，研究的实证模型构建、变量测度、样本选择方面都有待于进一步优化，以降低误差偏离，使得模型、变量和数据更加具有典型性和一般性意义。当前管理学研究的工具手段更加丰富，各种仿真软件的出现和案例跟踪研究更具有可能性，为解释和验证子公司网络成长演化现象提供了更多的途径，也更有可能得到更有价值的创新性结论。

附　录

附录一　网络嵌入的子公司演化成长调查问卷

问卷编号：

尊敬的先生/女士：

您好！非常感谢您花宝贵的时间来填写这份问卷。本问卷的主要目的是调查了解影响企业子公司成长的网络因素和成长过程。问卷用于学术研究，不用涉及任何商业目的和用途，同时为您提供的信息保密。如果您对本研究感兴趣，我们将会把最终的调查研究的结果用邮件的方式发给您，与您共享！

通讯地址：__________　　　　Email：__________

联系电话：__________　　　　联系人：__________

请您根据企业的实际情况进行评价。您在选择时，请在认同处打"√"即可。

第一部分　企业基本情况

1. 企业成立年限

□ 3 年以下　□ 3 年—5 年　□ 6 年—10 年　□ 10 年以上

2. 企业员工人数：

□ 员工人数≤200 人　□ 200 人＜员工人数≤500 人

□ 500 人＜员工人数且≤1000 人　□ 1000 人＜员工人数且≤2000 人

□员工人数＞2000 人

3. 企业的股权性质：

☐ 国有企业　☐ 合资企业　☐ 民营企业　☐ 外国独资企业
☐ 其他

4. 企业所在行业：

☐ 机械、设备、仪表　☐ 电子信息　☐ 医药生物制品
☐ 化工及化学制品　☐ 家用电器　☐ 纺织服装
☐ 金属制品业　☐食品制造业　☐ 塑料橡胶制品
☐ 文教体育用品　☐ 其他

5. 企业类型：

☐ 零部件供应商　☐ 成品制造商　☐ 研发型公司
☐ 销售型公司　☐ 其他

6. 公司去年销售额：

☐ 销售额≤500 万元　☐ 500 万元<销售额≤1000 万元
☐ 1000 万元<销售额≤5000 万元　☐ 5000 万元<销售额≤1 亿元
☐ 1 亿元<销售额≤3 亿元　☐ 销售额>3 亿元

7. 公司资产规模

☐ 资产规模≤1000 万元　☐ 1000 万元<资产规模≤－3000 万元
☐ 3000 万元<资产规模≤5000 万元　☐ 5000 万元<资产规模≤1 亿元
☐ 资产规模>1 亿元

8. 您所担任的工作职位：

☐ 基层管理人员　☐ 中层管理人员　☐ 高层管理人员
☐ 其他

第二部分　子公司网络嵌入结构特征评价

1	2	3	4	5
完全不符合	基本不符合	不能肯定	基本符合	完全符合

Q2－01	与企业网络联系的企业很多	1	2	3	4	5
Q2－02	与企业网络联系中介机构很多	1	2	3	4	5
Q2－03	与企业网络中的政府机构部门、行业多	1	2	3	4	5
Q2－04	子公司网络中机构比较多样化	1	2	3	4	5

续表

1	2	3	4	5
完全不符合	基本不符合	不能肯定	基本符合	完全符合

Q2 - 05	子公司网络中科研机构、大学联系多很多	1	2	3	4	5
Q2 - 06	子公司能够很方便地接近网络资源	1	2	3	4	5
Q2 - 07	子公司经常协调其他网络成员的冲突	1	2	3	4	5
Q2 - 08	子公司处于网络的中心位置	1	2	3	4	5
Q2 - 09	网络其他企业经常需要通过子公司获取信息	1	2	3	4	5
Q2 - 10	网络其他企业经常需要通过子公司获取技术	1	2	3	4	5
Q2 - 11	网络其他企业经常需要通过子公司获取产品标准	1	2	3	4	5
Q2 - 12	网络其他企业获取资源经常需通过贵公司	1	2	3	4	5
Q2 - 13	子公司在网络获取资源方面往往具有优先优势	1	2	3	4	5
Q2 - 14	子公司在网络中具有一定的领导权	1	2	3	4	5
Q2 - 15	子公司在网络中往往协调其他成员的关系	1	2	3	4	5
Q2 - 16	子公司与网络成员信息不对称比较严重	1	2	3	4	5
Q2 - 17	子公司的网络内资源流动依然有障碍	1	2	3	4	5
Q2 - 18	子公司与网络其他企业组织存在差异性	1	2	3	4	5
Q2 - 19	子公司与企业网络成员协调有难度	1	2	3	4	5
Q2 - 20	子公司与企业网络成员技术差异较大	1	2	3	4	5
Q2 - 21	子公司网络成员存在交流冲突	1	2	3	4	5
Q2 - 22	子公司网络成员存在认知冲突	1	2	3	4	5
Q2 - 23	子公司网络成员存在文化冲突	1	2	3	4	5
Q2 - 24	子公司与其他网络成员存在市场冲突	1	2	3	4	5

第三部分　子公司网络嵌入关系特征评价

1	2	3	4	5
完全不符合	基本不符合	不能肯定	基本符合	完全符合

Q3－01	子公司与行业内横向关系很紧密 （绝对控股为5，相度控股为4；参股为3，契约合作为2，没有关系为1）	1	2	3	4	5
Q3－02	子公司与供应商关系很紧密 （绝对控股为5，相度控股为4；参股为3，契约合作为2，没有关系为1）	1	2	3	4	5
Q3－03	子公司与中介关系很稳定 （长期合作为5，经常合作4；偶然合作3，很少合作2，没有合作为1）	1	2	3	4	5
Q3－04	子公司与金融机构关系稳定 长期合作为5，经常合作4；偶然合作3，很少合作2，没有合作为1）	1	2	3	4	5
Q3－05	子公司与科研机构和高校连接关系很强 长期合作为5，经常合作4；偶然合作3，很少合作2，没有合作为1）	1	2	3	4	5
Q3－06	子公司与客户关系很强 （绝对控股为5，相度控股为4；参股为3，契约合作为2，没有关系为1）	1	2	3	4	5
Q3－07	子公司多数网络横向成员联系频率高	1	2	3	4	5
Q3－08	子公司与多数纵向网络成员联系频率高	1	2	3	4	5
Q3－09	子公司与网络内多数中介机构联系频率高	1	2	3	4	5
Q3－10	子公司与网络内多数高校和科研机构联系频率高	1	2	3	4	5
Q3－11	子公司与集团公司或跨国公司内部成员联系频率高	1	2	3	4	5
Q3－12	子公司与网络成员经常讨论交流行业发展	1	2	3	4	5
Q3－13	子公司与网络成员分享和讨论技术发展信息	1	2	3	4	5

续表

1	2	3	4	5
完全不符合	基本不符合	不能肯定	基本符合	完全符合

Q3－14	子公司能够与网络成员分享和交流管理经验	1	2	3	4	5
Q3－15	子公司共享的信息对于企业市场开发有帮助	1	2	3	4	5
Q3－16	子公司共享的信息对于企业技术研发有帮助	1	2	3	4	5
Q3－17	子公司共享的信息对于企业管理很有帮助	1	2	3	4	5
Q3－18	子公司与网络成员相互能够相互信任	1	2	3	4	5
Q3－19	子公司与网络成员互动能够带来互惠	1	2	3	4	5
Q3－20	子公司网络嵌入有利于得到产品和市场信息	1	2	3	4	5
Q3－21	子公司网络嵌入利于双方得到技术研发信息	1	2	3	4	5
Q3－22	子公司网络嵌入有利于双方得到管理知识	1	2	3	4	5
Q3－23	子公司多数网络横向成员联系多	1	2	3	4	5
Q3－24	子公司与多数纵向网络成员联系多	1	2	3	4	5
Q3－25	子公司与网络内多数中介机构联系多	1	2	3	4	5
Q3－26	子公司与网络内多数高校和科研机构联系多	1	2	3	4	5
Q3－27	子公司与集团公司内部或跨国公司内部成员联系多	1	2	3	4	5
Q3－28	子公司与行业内企业保持时间持续长	1	2	3	4	5
Q3－29	企业与供应商联系保持经常联系	1	2	3	4	5
Q3－30	企业与客户保持经常联系	1	2	3	4	5
Q3－31	子公司与网络中介联系保持时间持续长	1	2	3	4	5
Q3－32	企业与行业协会、商会联系时间长	1	2	3	4	5
Q3－33	企业与研究机构和高校保持经常联系	1	2	3	4	5
Q3－34	企业与媒体和广告机构保持经常联系	1	2	3	4	5

第四部分　母公司对子公司控制强度

1	2	3	4	5
完全不符合	基本不符合	不能肯定	基本符合	完全符合

Q4－01	母公司要求子公司上报财务报表的频率	1	2	3	4	5
Q4－02	母公司要求子公司提供销售收入、销售费用等信息的频率	1	2	3	4	5
Q4－03	要求贵公司提供产品生产数量、产品质量、新产品开发等信息的频率	1	2	3	4	5
Q4－04	母公司派人对贵公司定期工作检查的频率	1	2	3	4	5
Q4－05	对贵公司工作流程的规范化程度	1	2	3	4	5
Q4－06	对贵公司产品设计和制造的标准化控制程度	1	2	3	4	5
Q4－07	对预算和资金使用的控制程度	1	2	3	4	5
Q4－08	母公司对于子公司原料控制力度	1	2	3	4	5
Q4－09	母公司对子公司零配件管理力度	1	2	3	4	5
Q4－10	母公司对子公司物流配送的控制力度	1	2	3	4	5
Q4－11	对贵公司产品市场和品牌的管理力度	1	2	3	4	5
Q4－12	子公司对技术标准控制力度	1	2	3	4	5
Q4－13	对贵公司董事会的控制程度	1	2	3	4	5
Q4－14	子公司公司主要管理人员（正、副总经理、财务总监、总工程师）由母公司派遣的比重	1	2	3	4	5
Q4－15	召集子公司公司管理人员到母公司的培训强度	1	2	3	4	5
Q4－16	贵公司受集团公司企业文化（战略目标、价值观等）的影响程度	1	2	3	4	5

第五部分　子公司成演化特征评价

1	2	3	4	5
完全不符合	基本不符合	不能肯定	基本符合	完全符合

Q5-01	企业嵌入网络后促进了销售增加	1	2	3	4	5
Q5-02	企业嵌入网络后促进了市场占有率	1	2	3	4	5
Q5-03	企业总资产增长比较快	1	2	3	4	5
Q5-04	企业员工和机构都增加	1	2	3	4	5
Q5-05	企业技术人才、营销和管理人员增加	1	2	3	4	5
Q5-06	企业在行业总地位提升	1	2	3	4	5
Q5-07	企业在集团公司内部地位提升	1	2	3	4	5
Q5-08	企业在网络中的中心地位更重要	1	2	3	4	5
Q5-09	企业能够主导行业的技术标准	1	2	3	4	5
Q5-10	企业核心竞争力提高	1	2	3	4	5
Q5-11	企业技术创新能力提高	1	2	3	4	5
Q5-12	企业从单一功能增加为多功能	1	2	3	4	5
Q5-13	企业管理能力提高	1	2	3	4	5
Q5-14	企业随着规模扩大，生产效率提升	1	2	3	4	5
Q5-15	企业投入产出效率提高	1	2	3	4	5
Q5-16	企业合理利用和配置资源效率提高	1	2	3	4	5

问卷到此结束，再次感谢您协助我们完成这次调查！

附录二　子公司嵌入网络演化成长 MATLABAL 程序

au = 2；　　% 定义企业的网络资源自主投资

otf = 1；　　% 定义企业的资源外溢

abs = 0. 1；　% 定义企业对网络资源的吸收率

p = 0. 1；　　% 定义企业的资源折旧

p2 = 0. 1；　% 定义企业资源优势消失的概率

tau0 = 0. 1；% 定义当企业的资源存量达到阈值 3 时开始有能力吸收网络资源

N = 200；　　　% 定义方形状态矩阵的行数

s = zeros（N）；% 生成状态矩阵 s

s（N/2：N/2 + 1，N/2：N/2 + 1）= 1；% 初始化状态矩阵

l = 3 * s；　　% 初始化企业的资源存量

Ii = imshow（1 - s）；　% 显示状态矩阵

dx = [- 1，- 1，- 1，0，0，1，1，1]；　% 用相对位移生产邻近坐标，dx 用于生成行位置

dy = [- 1，0，1，- 1，1，- 1，0，1]；　% 用相对位移生产邻近坐标，dy 用于生成列位置

ti = title（'t = 0'，'fontsize'，14）；% 实时显示时间

for k = 1：60；

[x，y] = find（s > 0. 5 & l > tau0 + 0. 5）；% 找出达到吸收阈值的企业

po = zeros（N）；% 临时矩阵，用于标记找出的空位

for n = 1：length（x）；

xt = x（n）；　% 提取达到阈值企业的位置（行位置）

yt = y（n）；　% 提取达到阈值企业的位置（列位置）

xt = xt + dx；　% 计算近邻的位置（行位置）

yt = yt + dy；　% 计算近邻的位置（列位置）

```
    xt (yt<0.5 | yt>N+0.5) = [];    %除去边界以外的近邻
    yt (yt<0.5 | yt>N+0.5) = [];    %除去边界以外的近邻
    yt (xt<0.5 | xt>N+0.5) = [];    %除去边界以外的近邻
    xt (xt<0.5 | xt>N+0.5) = [];    %除去边界以外的近邻
    ind=sub2ind ([N, N], xt, yt);   %转化为索引坐标
    cc=find (s (ind) <0.5 & po (ind) <0.5);    %找出近邻中的
空位
    ra=randperm (length (cc));    %产生一个随机序列
    ra (2: end) = [];    %删去第二个以后的元素
    po (xt (ra), yt (ra)) =1; %标记空的位置
end
s (po>0.5) =1;%把选出的空位设置为接受资源的企业
l=tau+l* (1-p) +otf*abs;%资源值累加
r=rand (N);%生成随机矩阵，控制企业的资源优势消失
s (r<p2) =0;%资源优势消失的企业状态置0
l (r<p2) =0;%资源优势消失的企业值置0
set (Ii,'cdata', 1-s);%更新显示矩阵
set (ti,'string', ['t=', num2str (k)]);%更新显示时间
pause (0.2);%暂停一下显示动画效果
sc (k) =sum (sum (l==1)) /sum (s (:));
end
figure; plot (sc);
xlabel ('time','fontsize', 14,'fontname','time new roman');
ylabel ('{\itL}_3/{\itN}_{tatal}','fontsize', 14,
'fontname','times new roman');
```

参 考 文 献

[1] Adler, P. S. & Seok – Woo Kwon. Social capital: Prospects for a new concept. Academy of Management Review, 2002, 27 (1), 17 – 40.

[2] Alan M. Rugman & Alain Verbeke. Subsidiary – Specific Advantages in Multinational Enterprises. Strategic Management Journal, 2001, 22 (3), 237 – 250.

[3] Alex, C. & Rekha, R. Innovation and firm growth in high – tech sectors: A quantile regression approach. Research Policy, 2008, 37, 633 – 648.

[4] Alex, C., Rekha, R. & Federico Tamagni. Growth processes of Italian manufacturing firms. Structural Change and Economic Dynamics, 2011, 22, 54 – 70.

[5] Allan , M. & Robin Holt. Knowledge, learning and small firm growth: A systematic review of the evidence. Research Policy, 2007, 36, 172 – 192.

[6] Almeida, P. Knowledge Sourcing by Foreign Multinationals: Patent Citation Analysis in the U. S. Semi – conductor Industry. Strategic Management Journal, 1996, 17 – 155.

[7] Almeida, P., Song, J. & Grant, R. Are firms superior to alliances and markets? An empirical test of cross border knowledge building. Organization Science, 2002, 13 (2), 147 – 161.

[8] Andersson, U. Subsidiary network embeddedness: integration, control and influence in the multinational corporation. Ph. D. dissertation, Department of Business, Uppsala University.

[9] Andersson, U. & C. Pahlberg. Subsidiary influence on strategic behavior in MNCs: An empirical study. International Business Review, 1997

(6), 319 -334.

[10] Andersson, U. & Forsgren, M. Using Networks to Determine Multinational Parental Control of Subsidiaries. International Marketing Reader, 1995.

[11] Andersson, U. & Forsgren, M. Subsidiary embeddedness and control in the multinational corporation. International Business Review, 1996, 5, 487 -508.

[12] Andersson, U. & Forsgren, M. Subsidiary embeddedness and integration in the multinational corporation. International Business Review, 1997.

[13] Andersson, U. & M. Forsgren. Subsidiary embeddedness and control in the multinational corporation. International Business Review, 1996, 5, 487 -508.

[14] Andersson, U. & M. Forsgren. In search of centre of excellence: Network embeddedness and subsidiary roles in multinational corporations. Management International Review, 2000, 40, 329 -350.

[15] Andersson, U., M. Forsgren & U. Holm. The Strategic Impact of external networks: subsidiary performance and competence development in the multinational corporation. Strategic Management Journal, 2002, 23, 979 -996.

[16] Andreas, S. &PaulW. Beamish. Performance effects of MNC headquarters - subsidiary conflict and the role of boundary spanners: The case of headquarter initiative rejection. Journal of International Management, 2011, 17, 243 -259.

[17] Anette, B, Rebecca Piekkari. Language and foreign subsidiary control: An empirical test. Journal of International Management, 2009, 15, 105 -117.

[18] Anne -Wil H., Niels Noorderhaven. Knowledge flows in MNCs: An empirical test and extension of Gupta and Govindarajan' s typology of subsidiary roles. International Business Review, 2006, 15, 195 -214.

[19] Anoop, M., Carl Liu. A coevolutionary theory of the multinational firm. Journal of International Management, 2006, 12, 1 -21.

[20] Araujo, L., Rezende & Sergio. MNC and the internationalization process: a relational approach. International Business Review, 2003, 12, 719

-737.

[21] Aulakh, P. S. , Kotabe, M. & Sahay, A. Trust and performance in cross - border marketing partnerships: A behavioral approach. Journal of International Business Studies, 1996, 27 (5), 1005 - 1032.

[22] Barney, J. B. Strategic factors markets: expectations, luck and business strategies. Management Science, 1986, 32, 31 - 41.

[23] Barney, J. B. Firm resources and sustained competitive advantage. Journal of Management, 1991, 17 (1), 99 - 120.

[24] Bartlett, C. A. , Ghoshal, S. Managing across Boarders: New Organizational Responses. Sloan Management Review, 1987, 43 - 53.

[25] Bartlett, C. A. & Ghoshal, S. Managing Across Borders: The transnational solution. Harvard Business School Press, 1989.

[26] Bartlett, C. A. & Ghoshal, S. Global strategic management: Impact on the new frointers of strategy research. Strategic Management Journal, 1991, 12, 5 - 16.

[27] Bert M. S. , Gaby Sadowski - Rasters. On the innovativeness of foreign affiliates: Evidence from companies in The Netherlands. Research Policy, 2006, 35, 447 - 462.

[28] Birkinshaw, J. M. , J. Morrison. Configurations of strategy and structure in multinational subsidiaries. Journal of International Business Studies, 1996, 26 (4), 729 - 794.

[29] Birkinshaw, J. , Holm, U. , Thilenius, P. , & Arvidsson, N. Consequences of perception gaps in the headquarters - subsidiary relationship. International Business Review, 2000, 9, 321 - 344.

[30] Birkinshaw, J. , Morrision, A. J. Configurations of strategy and structure in multinational subsidiaries. Journal of International Business Studies, 1996, 26 (4), 729 - 794.

[31] Birkinshaw, J. , N. Fry. Subsidiary initiatives to develop new markets. Sloan Management Review, 1998, 51 - 61.

[32] Birkinshaw, J. & N. Hood. Multinational corporate evolution and subsidiary development. MacMillan Press Inc, 1998.

[33] Birkinshaw, J. & N. Hood. Multinational subsidiary evolution: Ca-

pability and charter change in foreign – owned subsidiary companies. Academy of Management Review, 1998, 3, 773 – 795.

[34] Birkinshaw, J., Hood, N. & S. Jonsson. Building firm – specific advantages in multinational corporations: The role of subsidiary initiative. Strategic Management Journal, 1998, 19.

[35] Birkinshaw, J., Hood, N. & Young, S. Subsidiary entrepreneurship, internal and external competitive forces, and subsidiary performance [J]. International Business Review, 2005, 14, 227 – 248.

[36] Bodo B. Schlegelmilch & Tina Claudia Chini. Knowledge transfer between marketing functions in multinational companies: a conceptual model. International Business Review, 2003, 12, 215 – 232.

[37] Bolino, M. C., Turnley, W. H., & Bloodgood, J. M. Citizenship behavior and the creation of social capital in organizations. Academy of Management Review, 2002, 27 (4), 505 – 522.

[38] Burt, R. S. Models of network structure [J]. Annual Review of Sociology, 1980, 6, 79 – 141.

[39] Burt, R. S. The contingent value of social capital. Administrative Science Quarterly, 1997, 42, 339 – 365.

[40] Burt, R. S. The gender of social capital. Rationality and Society, 1998, 10 (1), 5 – 46.

[41] Burt, R. S. The network structure of social capital. Research in Organizational Behavior, 2000, 22, 345 – 423.

[42] Cantwell, J. Technical Innovations in Multinational Corporations. London Basil Blackwell, 1989.

[43] Cantwell, J. A. & Mudambi, R. MNE competence – creating subsidiary mandates. Strategic Management Journal, 2005, 26, 1109 – 1128.

[44] Chang – Yang Lee. A theory of firm growth: Learning capability, knowledge threshold, and patterns of growth. Research Policy, 2010, 39, 278 – 289.

[45] Cheng – Hua Tzeng. An evolutionary – institutional framework for the growth of an indigenous technology firms: The case of Lenovo computer. Technology in Society, 2011, 33, 212 – 222.

[46] Christoph,. D. & Jens G.. Multinational corporations, inter – organizational networks and subsidiary charter removals. Journal of World Business, 2010, 45, 206 – 216.

[47] Christoph L. & Markus K. Coordinating Growth Initiatives in Multi – Unit Firms. Long Range Planning, 2010, 43, 6 – 32.

[48] Christopher Williams. Subsidiary – level determinants of global initiatives in multinational corporations. Journal of International Management, 2009, 15, 92 – 104.

[49] Coleman, J, S. Social Capital in the Creation of Human Capital. American Journal of Sociology, 1988, 94, 95 – 120.

[50] Contractor, F. J., Kumar, V., Kundu, S. & Pedersen, T. Reconceptualizing the firm in a world of outsourcing and offshoring: The organizational and geographical relocation of high value company functions. Journal of Management Studies, 2010, 10, 1467 – 6486.

[51] Daniel Tolstoy & Henrik Agndal. Network resource combinations in the international venturing of small biotech firms. Technovation, 2010, 30, 24 – 36.

[52] Das, T. K. & Teng, B. S. Between trust and control: developing confidence in partner cooperation in alliances. Academy of Management Review, 1998, 23 (3), 491 – 512.

[53] Devi R. Gnyawali, Manisha Singal & Shaohua Carolyn Mu. Knowledge ties among subsidiaries in MNCs: A multi – level conceptual model. Journal of International Management, 2009, 15, 387 – 400.

[54] Ding, D. Z. Control, conflict and performance: a study of U.S. – Chinese joint ventures. Journal of International Marketing, 1997, 5 (3), 31 – 45.

[55] Doz, Y., Bartlett, C. & C. K. Prahalad. Global competitive pressures and host country demands: Managing tensions in MNCs. California Management Review, 1981, 23, 63 – 73.

[56] Doz, Y. L. & C. K. Prahalad. Patterns of strategic control within multinational corporations. Journal of International Business Studies, 1984, 55 – 72.

[57] Dyer, J. H. & Chu, W. The role of trustworthiness in reducing transaction costs and improving performance: Empirical evidence from the United States, Japan, and Korea. Organization Science, 2003, 14 (1), 57 – 68.

[58] Dyer, J. H. & Singh, H. The relational view: Cooperative strategy and sources of inter - organizational competitive advantage. Academy of Management Review, 1998, 23 (4), 660 - 679.

[59] ED. Delany. Strategic Development of the Multinational Subsidiary through Subsidiary Initiative - taking. Long Range Planning, 2000, 33, 220 - 244.

[60] Edward, M. R.. Multinational corporations - the emerging research agenda. Journal of Strategic Information Systems, 1996, 5, 129 - 147.

[61] Forsgren, M., Holm, U. & J. Johanson. Division headquarters go abroad - A step in the internationalization of the multinational corporation. Journal of Management Studies, 1995, 32, 475 - 491.

[62] Forsgren, M., Pahlberg, C. Subsidiary influence and autonomy in international firms. International Business Review, 1992, 1 (3), 41 - 51.

[63] Freeman, L. C. Centrality in social networks. Social Networks, 1, 215 - 239.

[64] Freeman, L. C., Borgatti, S. P., White, D. R. Centrality in valued graphs: a measure of betweenness based on network flow. Social Networks, 1979, 13, 141 - 154.

[65] Friedkin, N. E. Information flow through strong and weak ties in intraorganizational social networks. Social Networks, 1982, 3, 273 - 285.

[66] Friedkin, N. E. Theoretical foundations for centrality measures. American Journal of Sociology, 1991, 96, 1478 - 1504.

[67] Geringer, J. M. & Frayne, C. A. Human resource management and international joint venture control: a parent company perspective. Management International Review, 1990, 30, 103 - 120.

[68] Geringer, J. M, Hebert, L. Control and performance of international joint ventures. Journal of International Business Studies, 1989, 20, 235 - 254.

[69] George Z. Peng. FDI legitimacy and MNC subsidiary control: From legitimation to competition. Journal of International Management, 2012, 18, 115 - 131.

[70] Ghoshal, S. & Bartlett Christopher, A. The Multinational Corporation as an Inter - organizational Network. The Academy of Management Review, 1990, 15 (4).

[71] Ghoshal, S. & C. Bartlett. Creation, adoption and diffusion of innovations by subsidiaries of multinational corporations. Journal of International Business Studies, 1988, 365 - 387.

[72] Ghoshal, S,. C. Bartlett. The multinational corporation as an inter - organizational network. Academy of Management Review, 1990, 15, 603 - 625.

[73] Glaister, K. W. Dimensions of control in UK international joint ventures. British Journal of Management, 1995, 6, 77 - 96.

[74] Granovetter, M. The strength of weak tie. American Journal of Sociology, 1973, 78, 1360 - 1380.

[75] Granovetter, M. Economic action and social structure: the problem of embeddedness. American Journal of Sociology, 1985, 91, 481 - 510.

[76] Gulati, R. Alliances and Networks. Strategic Management Journal, 1998, 19.293 - 317.

[77] Gulati, R. Network Location and leaning: The Influence of Network Resources and Firm Capabilities on Alliance Formation. Strategic Management Journal, 1999, 20, 397 - 420.

[78] Gulati, R., N. Nohria & A. Zaheer. Strategic Networks. Strategic Management Journal, 2000, 21, 203 - 215.

[79] Gupta, A. K. & V. Govindarajan. Knowledge flows and the structure of control within multinational corporations. Academy of Management Review, 1991, 16, 768 - 792.

[80] Gupta, A. K. & V. Govindarajan. Organizing for knowledge flows within MNCs. International Business Reviews, 1994, 3 (4).

[81] Halinen, A. Relationship Marketing in Professional Services, A Study of Agency - Client Dynamics in the Advertising Sector. Routled, 1997.

[82] Halinen, A. & Trmroos, J. A. The meaning of time in the study of buyer - seller relationships. In Business Marketing: An Interaction and Network Approach. Kluwer Academic Publishers, Boston, 1995, 493 - 529.

[83] Hao Ma. Determinants of strategic options in multinational market competition. Journal of International Management, 1999, 5, 93 - 113.

[84] Harzing, A. W. Managing the Multinationals, An International Study of Control Mechanisms. Edward Elgar Publishing, Cheltenham UK,

1999, 432.

[85] Hedlund, G. The Hypermodem MNC – a Heterarchy? Human Resource Management, 1986, 25, 9 – 35.

[86] Hedlund, G. & Rolander, D. Action in Heterarchies: New Approaches to Managing the MNC. Managing the Global Firm, Routledge, 1990, 15 – 46.

[87] Henrik Dellestrand. Subsidiary embeddedness as a determinant of divisional headquarters involvement in innovation transfer processes. Journal of International Management, 2011, 17, 229 – 242.

[88] Huff, L. & Kelley, L. Levels of organizational trust in individualist versus collectivist societies: A seven – nation study. Organization Science, 2003, 14 (1), 81 – 90.

[89] Imed, E. & Jean – Claude Cosset. Diversification strategy and capital structure of multinational corporations. Journal of Multinational Financial Management, 2001, 11, 17 – 37.

[90] Jacques, J. & Johannes Schaaper. Control mechanisms of their subsidiaries by multinational firms: A multidimensional perspective. Journal of International Management, 2006, 12, 23 – 45.

[91] Jan, H. F. Real call options to enlarge foreign subsidiaries – The moderating effect of irreversibility on the influence of economic volatility and political instability on subsequent FDI. Journal of World Business, 2011, 46, 517 – 526.

[92] Jarillo, J. C. On strategic networks. Strategic Management Journal, 1988, 9, 31 – 41.

[93] Jarillo, J. C. & J. I. Martinez. Different roles for subsidiaries: The case of multinational corporations in Spain. Strategic Management Journal, 1990, 11, 501 – 512.

[94] J. Buckley & M. Casson. The Future of Multinational Enterprises, London. Journal of Law and Economics, 1976, 112 – 118.

[95] Jianyun T. & W. Glenn Rowe. The liability of closeness: Business relatedness and foreign subsidiary performance. Journal of World Business, 2012, 47, 288 – 296.

[96] Julian, B. & Jonas Ridderstråle. Fighting the corporate immune

system: a process study of subsidiary initiatives in multinational corporations. International Business Review, 1999, 8, 149 - 180.

[97] Julie, M. Hite & William, S. Hesterly. The evolution of firm networks: from emergence to early growth of the firm [J]. Strategic Management Journal, 2001, 22, 275 - 286.

[98] Junfeng Zhang, Scott, H. Anthony Di Benedetto, Richard A. Lancioni & Arvind Phatak. What contributes to the enhanced use of customer, competition and technology knowledge for product innovation performance? A survey of multinational industrial companies' subsidiaries operating in China. Industrial Marketing Management, 2009, 38, 207 - 218.

[99] Kaufmann & Soenke R.. Managing conflict of interests between headquarters and their subsidiaries regarding technology transfer to emerging markets - a framework. Journal of world business, 2005, 40, 235 - 253.

[100] Kirsten F. J. & Phillip C. Nell. MNC organizational form and subsidiary motivation problems: Controlling intervention hazards in the network MNC. Journal of International Management, 2012.

[101] Kogut, B. & U. Zander. Knowledge of the firm and the evolutionary theory of the multinational corporation. Journal of International Business Studies, 1993, 24, 625 - 645.

[102] K. S. ,. & Brent B. Allred. Does 'the China Option' influence subsidiary technology sourcing strategy? Journal of International Management, 2009, 15, 169 - 180.

[103] Larissa R.. Subsidiary roles and reverse knowledge transfer: An investigation of the effects of coordination mechanisms. Journal of International Management, 2011, 17, 97 - 113.

[104] Lars H. , Gert. B. , & Christian Felzensztein. Control - trust interplays and the influence paradox: A comparative study of MNC - subsidiary relationships. Industrial Marketing Management, 2009, 38, 520 - 528.

[105] Ling Hu. A Research on the Mechanism of Strategic Management Knowledge Transfer from MNC Headquarters to Chinese Subsidiaries. Energy Procedia, 2011, 13, 9954 - 9962.

[106] Lord, M. D. & Ranft, A. L. Organizational learning about new in-

ternational markets: exploring the internal transfer of local market knowledge. Journal of International Business Studies, 2000, 31 (4), 573 -589.

[107] Lucio C., Alessandra C., & Stefano Paleari. Firms' growth: Does the innovation system matter? Structural Change and Economic Dynamics, 2009, 20, 211 -220.

[108] Luo, Y., Shenkar, O. & Nyaw, M. K. A dual parent perspective on control and performance in international joint ventures: lessons from a developing economy. Journal of International Business, 2001.

[109] Macharzina, K. & Engelhard, J. Paradigm shift in international business research: From partist and eclectic, approaches to the GAINS paradigm. Management International Review, 1991, 31, 23 -43.

[110] Marcela Miozzo & Mo Yamin. Institutional and Sectoral Determinants of Headquarters subsidiary Relationships: A Study of UK Service Multinationals in China, Korea, Brazil and Argentina. Long Range Planning, 2012, 45, 16 -40.

[111] Malnight, T. W. Globalization of an ethnocentric firm: An evolutionary perspective. Strategic Management Journal, 1995, 16, 119 -141.

[112] Malnight, T. W. The transition from decentralized to network - based MNC structures: An evolutionary perspective. Journal of International Business Studies, 1996.

[113] Martinez, J. I. & Jarillo, J. C. The evolution of research on coordination mechanisms in multinational corporations. Journal of International Business Studies, 1989, 20 (3), 489 -514.

[114] Martinez, J. I. & J. C. Jarillo. Coordination demands of international strategies. Journal of International Business Studies, 1991, 22, 429 -444.

[115] Mascarenhas, B. The Coordination of Manufacturing Interdependence in Multinational Companies. Journal of International Business Studies, 1984, 91 -106.

[116] Mathew Hughes & Robert E. Morgan. Deconstructing the relationship between entrepreneurial orientation and business performance at the embryonic stage of firm growth. Industrial Marketing Management, 2007, 36, 651 -661.

[117] McEvily, B., Perrone, V. & Zaheer, A. Trust as an organizing

principle. Organization Science, 2003, 14 (1), 91 - 103.

[118] Mehmet D., Marina A., & Ekrem Tatoglu. Survival of Japanese subsidiaries in the Middle East and North Africa. Journal of World Business, 2011, 46, 411 - 425.

[119] Micheline G., & Reinhilde Veugelers. Innovation strategies, process and product innovations and growth: Firm - level evidence from Brazil. Structural Change and Economic Dynamics, 2011.

[120] Miner, A. S. Seeking adaptive advantage: evolutionary theory and managerial action. Evolutionary Dynamics of Organizations. Oxford University Press, 1994, 76 - 89.

[121] Mjoen, H. & Tallman, S. Control and performance in international joint ventures. Organization Science, 1997, 8 (3), 257 - 274.

[122] Mohan, T., Adrian W. & Dhara Shah. Internationalization and HRM strategies across subsidiaries in multinational corporations from emerging economies - A conceptual framework. Journal of World Business, 2012, 47, 251 - 258.

[123] Moore, K. & J. Birkinshaw. Managing knowledge in global service firms: Centers of excellence. Academy of Management Review, 1998, 12, 81 - 92.

[124] Nohria, N. & Ghoshal, S. Differentiated fit and shared values: alternatives for managing headquarters subsidiary relations. Strategic Management Journal 1994, 15 (6), 491 - 502.

[125] Nohria, N. & Ghoshal, S. The Differentiated Network: Organizing Multinational Corporations for Value Creation. Jossey - Bass Business & Management, 1997.

[126] Omar R. Malik. Adapting to market liberalization: The role of dynamic capabilities, initial resource conditions, and strategic path choices in determining evolutionary fitness of Less Developed Country (LDC) firms. Journal of International Management, 2008, 14, 217 - 231.

[127] Ouchi, W. G.. The relationship between organisational structure and organisational control. Administrative Science Quarterly, 1997, 22 (1), 95 - 112.

[128] Pamela S., Patrick Gibbons & Joseph Coughlan. Developing sub-

sidiary contribution to the MNC – Subsidiary entrepreneurship and strategy creativity. Journal of International Management, 2010, 16, 328 – 339.

[129] Paulo N. FigueIredo. Industrial Policy Changes and Firm – Level Technological Capability Development: Evidence from Northern Brazil. World Development, 2008, 36 (1), 55 – 88.

[130] Pavlos D., Ioanna Liouka & Stephen Young. Regional location of multinational corporation subsidiaries and economic development contribution: Evidence from the UK. Journal of World Business, 2009, 44, 180 – 191.

[131] Penrose, E. T. The Theory of the Growth of the Firm. 1959.

[132] Petersen, K. J., Frayer, D. J. & Scannel, T. V. An empirical investigation of global sourcing strategy effectiveness. The Journal of Supply Chain Management, 2000, 36 (2), 29 – 38.

[133] Phillip C. Nell, Bjorn Ambos & Bodo B. Schlegelmilch. The MNC as an externally embedded organization: An investigation of embeddedness overlap in local subsidiary networks. Journal of World Business, 2011, 46, 497 – 505.

[134] Philip K.. Competence – creating overlaps and subsidiary technological evolution in the multinational corporation. Research Policy, 2011, 40, 673 – 686.

[135] P. J. Williamson. Related Diversification, core competencies and Corporation Performance. Strategic Management Journal, 1994, 15, 149 – 165.

[136] Portes, A. Social capital: Its origins and application in modern sociology. Annual Rev. Sociol, 1998, 22, 1 – 24.

[137] Povan, K. G. The federation as an inter – organizational Management Review, 1983, 8 (1), 79 – 89.

[138] Prahalad, C. K. & Y. L. Doz. An approach to strategic control in MNCs. Sloan Management Review, 1981, 22, 5 – 13.

[139] Prahalad, C. K. & Y. L. Doz. Managing interdependencies across businesses. The Multinational Mission. New York: The Free Press, 1987.

[140] Pugh, D. S., Hickson, D. J., Hinings, C. R. & Turner, C. Dimensions of organisation structure. Administrative Science Quarterly, 1968, 13 (1), 65 – 105.

[141] Rachel B., Olivier Brossard. The variety of ICT adopters in the in-

tra - firm diffusion process: Theoretical arguments and empirical evidence. Structural Change and Economic Dynamics, 2007, 18, 409 - 437.

[142] Raghunathan, S. Impact of information quality and decision maker quality on decision quality: A theoretical model and simulation analysis. Decision Support Systems, 1999, 26 (4), 275 - 286.

[143] Ragman, A. & Verbeke, A. Subsidiary - specific advantages in multinational enterprises. Strategic Management Journal, 2001, 22 (3), 237 - 250.

[144] Rita S., Ronald Wennersten, Eduardo B. L. Oliva & Walter Leal Filho. Strategies for competitiveness and sustainability: Adaptation of a Brazilian subsidiary of a Swedish multinational corporation. Journal of Environmental Management, 2009, 90, 3708 - 3716.

[145] Robert H., Inter - firm network policies and firm performance: evaluating the impact of initiatives in the United Kingdom. Research Policy, 2001, 443 - 458.

[146] Roman I., & Holger M. Mueller. Early - stage financing and firm growth in new industries. Journal of Financial Economics, 2009, 93, 276 - 291.

[147] Ross Brennan. Evolutionary economics and the markets - as - networks approach. Industrial Marketing Management. 2006, 35, 829 - 838.

[148] Roth, K. International configuration and coordination archetypes for medium - sized firms in global industries. Journal of International Business Studies, 1992, 533 - 549.

[149] Roth, K. & S. O. Donnell. Foreign subsidiary compensation strategy: An agency theory perspective. Academy of Management Journal, 1996, 39 (3), 678 - 703.

[150] Schaan, J. L. Parent Control and Joint Venture Success: the Case of Mexico. PhD - Thesis, University of Western Ontario, 1983.

[151] Schaan, J. L. How to control a joint venture even as a minority partner. Journal of General Management, 1988, 14, 4 - 16.

[152] Sharon F., Hang - yue Ngo & Raymond Loi. The adoption of high performance work systems in foreign subsidiaries. Journal of World Business, 2012, 47, 106 - 113.

[153] Sharon O. Donnella & Timothy Blumentritt. The contribution of for-

eign subsidiaries to host country national competitiveness. Journal of International Management, 1999, 5, 187 - 206.

[154] Simeon N.. Small Firm Growth in Developing Countries. World Development, 2009, 37 (9), 1453 - 1464.

[155] Simone A., & Mishael Milaković. Does classical competition explain the statistical features of firm growth? Economics Letters, 2008, 101, 272 - 274.

[156] Snejina M., & Zaidah Mustaffa. Subsidiary knowledge flows in multinational corporations: Research accomplishments, gaps, and opportunities. Journal of World Business, 2012, 47, 383 - 396.

[157] Stewart, J. M. Empowering multinational subsidiaries. Long Range Planning, 1995, 28, 63 - 73.

[158] Szulanski, G. Exploring Internal Stickiness: Impediments to the Transfer of Best Practice within the firm. Strategic Management Journal, 1996, 17, 27 - 44.

[159] Tain - Jy Chen, Homin Chen & Ying - Hua Ku. Resource dependency and parent - subsidiary capability transfers. Journal of World Business, 2012, 47, 259 - 266.

[160] Taggart, J. H. Autonomy and procedural justice: A framework for evaluating subsidiary strategy, Journal of International Business Studies, 1997, 28 (1), 51 - 76.

[161] Taggart, J. H. Strategy shift in MNC subsidiaries. Strategic Management Journal, 1998, 19 (7), 663 - 681.

[162] Taggart, J. M. Autonomy and procedural justice: A framework for evaluating subsidiary strategy. Journal of International Business Studies, 1997, 43 - 65.

[163] Taggart, J. M. & N. Hood. Determinants of autonomy in multinational corporation subsidiaries. European Management Journal, 1999, 17, 226 - 236.

[164] Teece, D. J. Technology Transfer by Multinational Firms: The Resource Cost of Transferring Technological Know - How. Economic Journal, 1977, 87, 42 - 61.

[165] Teece, D. J. Transaction cost economics and multinational enterprise. Journal of Economic Behavior and Organization, 1986, 7, 21 -45.

[166] Teece, D., G. Pisano & A. Shuen. Dynamic Capabilities and Strategic Management. Strategic Management Journal, 1997, 18, 509 -533.

[167] Thompson, J. D. Organizations in Action. New York: McGraw Hill, 1967.

[168] Tsai, W. Social capital, strategic relatedness and the formation Intra - organizational linkages. Strategic Management Journal, 2000, 925 -939.

[169] Thorelli, H. B. Networks: Between markets and hierarchies. Strategic Management Journal, 1986, 7, 35 -51.

[170] Tony E. & Anne Tempel. Explaining variation in reverse diffusion of HR practices: Evidence from the German and British subsidiaries of American multinationals. Journal of World Business, 2010, 45, 19 -28.

[171] Tony F., Julian Birkinshaw & Scott Ensign. Centers of Excellence in multinational corporations. Academy of manangment and Academy of International Business Conference, 1999.

[172] Torben P., B. & Deo Sharma. Knowledge transfer performance of multinational companies. Working Paper, 2000.

[173] Tsai, W. Social capital, strategic relatedness and the formation of intra - organizational linkages [J]. Strategic Management Journal, 2000, 21, 925 -939.

[174] Tsoukas, H. The firm as a distributed knowledge system: A constructionist approach. Strategic Management Journal, 1996, 17, 11 -25.

[175] Ulf Andersson, ingmar Bjokman & Mats Forsgen. Managing subsidiary knowledge creation: the effect of control mechanisms on subsidiary local embeddedness. Journal of World Business, 2005, 14, 521 -538.

[176] Ulf Andersson & Mats Forsgren. In search of centre of excellence: Network embeddedness and subsidiary roles. Management International Review, 2000, 40, 4 -29.

[177] Ulf Andersson, Mats Forsgren & Torben Pedersen. Subsidiary performance in multinational corporations: the importance of technology embeddedness, International Business Review, 2001, 10 (1).

[178] Uzzi, B. The Sources and Consequences of Embeddedness for the Economic Performance of Organizations: The Network Effect. American Sociological Review, 1996, 61, 674 -698.

[179] Uzzi, B. Social structure and competition in interfirm networks: The paradox of embeddedness. Administrative Science, 1997, 42, 35 -67.

[180] Vachani, S. Global diversification's effect on multinational subsidiaries' autonomy. Journal of International Business Studies, 1999, 8, 535 -560.

[181] Varkey K. Titus Jr. , Jeffrey G. Covin & Dennis P. Slevin. Aligning strategic processes in pursuit of firm growth. Journal of Business Research, 2011, 64, 446 -453.

[182] Victor P. Lau, Mihaela N. Dimitrova, Margaret A. Shaffer, Tzvetan Davidkov & Desislava I. Yordanova. Entrepreneurial Readiness and Firm Growth: An Integrated Etic and Emic Approach. Journal of International Management, 2012, 18, 147 -159.

[183] Walter, J. Collaboration within and between firms: Network structures, decision processes, and their impact on alliance performance. Dissertation of Doctor Degree, the University of St. Gallen, 2005.

[184] Wann - Yih Wu & Ching - Yi Lin. Experience, environment, and subsidiary performance in high - tech MNEs. Journal of Business Research, 2010, 1301 -1309.

[185] Wernerfelt. B. A Resource - based View of the Firm. Strategic Management Journal, 1984, 17.

[186] Wenpin Tsai. Social capital, Strategic Relatedness and the Formation of Intra - organizational Linkages. Strategic Management Journal, 2000, 21, 925 -939.

[187] Wellman, B. Network analysis: Some basic principle. Sociological Theory, 1983.

[188] Wenger, E. Communities of Practice: Learning, Meaning, and Identity. Cambridge University Press, 1998.

[189] Wernerfelt, B. A resource - based view of the firm [J]. Strategic Management Journal, 1984, 5 (2), 171 -180.

[190] White, R. & Poynter, T. Strategies for foreign - owned subsidiar-

ies in Canada. Business Quarterly, 1984, 48 (4), 59 - 69.

[191] White, R. E. & T. A. Poynter. Organizing for World - Wide Advantage. Managing the Global Firm, 1990, 95 - 113.

[192] Wilkinson, LR & Young, L. C. On cooperating: Firms, relations and networks. Journal of Business Research, 2002, 55 (2), 123 - 132.

[193] Williamson, O. E. Markets and hierarchies, Analysis and antitrust implications: A study in the economics of internal organization [M]. New York: Free Press, 1975.

[194] Williamson, C. E. Transaction - cost economics: The governance of contractual relations. Journal of Law and Economics, 1976, 3 - 61.

[195] Williamson, O. E. The Economic Institutions of Capitalism: Firms, Markets, Relational Contracting. New York: The Free Press, 1985.

[196] Wilson, D. Strategic management of value - creating networks. ISBM Report, 8 - 1999.

[197] Wu, W. P. & Leung, A. Does a Micro - Macro Link Exist Between Managerial Value of Reciprocity, Social Capital and Firm Performance? The Case of SMEs in China. Asia Pacific Journal of Management, 2005, 22, 445 - 463.

[198] Yair Levi. A New look at the Embeddedness/Disembeddness Journal of socio - Economic, 26 (2), 159 - 179.

[199] Yang, M. Gifts, favors and banquets: The art of social relationships in China. Cornell University Press, 1994.

[200] Young, S., Hood, N. & Peters, E. Multinational enterprises and regional economic development. Regional Studies, 1994, 28 (7), 657 - 677.

[201] Yuanyuan Wang & Jing You. Corruption and firm growth: Evidence from China. China Economic Review, 2012, 23, 415 - 433.

[202] Yue Wang & Chung - Sok Suh. Towards a re - conceptualization of firm internationalization: Heterogeneous process, subsidiary roles and knowledge flow. Journal of International Management, 2009, 15, 447 - 459.

[203] Zahra, S. A. & Garvis, D. M. International Corporate Entrepreneurship and Firm Performance: The Moderating Effect of International Environmental Hostility. Journal of Business Venturing, 2000, 15, 469 - 492.

[204] 安娜·格兰多里著，刘刚等译. 企业网络：组织和产业竞争力 [M]. 北京：中国人民大学出版社，2005.

[205] C. 格鲁特尔特，范·贝斯特纳尔. 黄载曦等译. 社会资本在发展中的作用 [M]. 西南财经大学出版社，2004.

[206] 陈莉平. 嵌入社会网络的企业竞争优势探源 [J]. 经济管理，2005 (7)：51-58.

[207] 陈劲，张方华. 社会资本与技术创新 [M]，杭州：浙江大学出版社，2002.

[208] 陈艳莹，原毅军. 治理机制与企业网络规模：嵌入性视角的研究 [J]. 中国工业经济，2006 (9)：102-108.

[209] 陈志军. 母公司对子公司控制理论探讨——理论视角、控制模式与控制手段 [J]. 山东大学学报，2006 (1)：33-40.

[210] 崔浩，武常岐. 跨国公司海外子公司的发展和演化——基于海外子公司特有竞争优势的综述 [J]. 山东大学学报（社科版），2009 (4)：83-89.

[211] 程乐砚. 企业成长模式的适应性调整——基于演化理论的表述 [J]. 中国矿业大学学报（社会科学版），2005 (6)：36-62.

[212] 董广茂，李垣. 战略联盟失败的博弈分析：协调失败的视角 [J]. 系统工程，2005 (8)：36-41.

[213] 丹尼尔·雷恩著. 管理思想的演变 [M]. 北京：中国社会科学出版社，2002 年.

[214] 范方志，邓敏，张少林，张立军. 跨国公司的模糊边界：现象、成因及其理论贡献 [J]. 科研管理，2004 (3)：106-110.

[215] 葛京. 跨国公司演进的知识观 [J]. 南开管理评论，2002 (3)：39-55.

[216] 葛京，席酉民. 多国企业组织结构理论及其演进 [J]. 外国经济与管理，2001 (5)：2-9.

[217] 郭劲光. 网络嵌入：嵌入差异与嵌入绩效 [J]. 经济评论，2006 (6)：29-30.

[218] 郭俊华. 并购企业知识资本协同理论研究 [M]. 上海：华东师范大学出版社，2004.

[219] 郭培民. 基于企业资源论的母子公司性质及管理策略研究

[D]. 浙江大学博士学位论文, 2001.

[220] 高茜, 马扬. 海外子公司网络嵌入理论及其启示 [J]. 华东经济管理, 2004 (5): 88-89.

[221] 郭志刚. 社会统计分析方法——SPSS 软件应用 [M]. 北京: 中国人民大学出版社, 2004.

[222] 高志勇, 田志龙. 跨国公司对子公司的管理和控制模式研究 [J]. 南开管理评论, 2002 (4): 28-31.

[223] 胡晓阳, 企业控制权的理论解释与实证分析 [M]. 北京: 经济科学出版社, 2005.

[224] 胡祖光, 章丹. 网络嵌入性对技术创新网络形成结构的影响——基于中国企业的分析 [J]. 科学学研究, 2010 (8): 45-50.

[225] 姜彦福, 金景泰, 张久春, 吴重山. 跨国公司海外子公司的能力演化过程研究——以跟随韩国现代汽车来华的韩国零部件供应商为例 [J]. 中国工业经济, 2009 (10): 150-161.

[226] 杰克·J. 弗罗门. 经济演化——探究新制度经济学的理论基础 [M]. 北京: 经济科学出版社, 2003.

[227] 贯平. 企业动态联盟 [M]. 北京: 经济管理出版社, 2003.

[228] 贾生华, 邬爱其. 企业成长的知识结构模型及其启示 [J]. 科研管理, 2003 (3): 83-89.

[229] 姜彦福等. 跨国公司海外子公司的能力演化过程研究 [J]. 中国工业经济, 2009 (10): 150-155.

[230] 库尔特·多普菲, 贾根良等译。演化经济学纲领与范围 [M]. 北京: 高等教育出版社, 2005.

[231] 李朝明, 鲁桐. 温州民营企业跨国经营调查 [J]. 经济理论与经济管理, 2003 (1): 70-74.

[232] 李国学. 资产专用性投资与全球生产网络的收益分配 [J]. 世界经济, 2009 (8): 3-12.

[233] 李红艳等. 社会资本与技术创新扩散 [J]. 科学性研究, 2004 (3): 33-37.

[234] 李怀祖. 研究方法论 [M]. 西安交通大学出版社, 2004.

[235] 李敏. 论社会资本的有机构成及其功能 [J]. 中国工业经济, 2009 (8): 81-85.

[236] 李顺才，李伟，聂鸣. 联盟企业网络嵌入性收益的差异性来源研究 [J]. 管理工程学报，2011 (4)：91－100.

[237] 李元旭，王宇露. 东道国网络结构、位置嵌入与海外子公司网络学习——基于123家跨国公司在华子公司的实证 [J]. 世界经济研究，2010 (1)：63－70.

[238] 李自杰等. 基于知识属性的合资企业动态演进研究 [J]. 经济评论，2009 (2)：114－119.

[239] 李志青，社会资本技术扩散和可持续发展 [M]. 上海：复旦大学出版社，2005.

[240] 李维安. 网络组织发展新趋势 [M]. 北京：经济科学出版社，2003.

[241] 李文秀，赵浩兴. 跨国公司子公司网络嵌入模式探讨 [M]. 华东经济管理，2004 (2)：88－89.

[242] 梁琦. 产业聚集论 [M]. 北京：商务印书馆，2004.

[243] 林竞君. 网络、社会资本与集群生命周期研究——一个新经济社会学的视角 [M]. 上海：上海人民出版社，2006.

[244] 林金忠. 企业组织的经济学分析 [M]. 中国商务出版社，2004.

[245] 林润辉. 网络组织与企业高成长 [M]. 天津：南开大学出版社，2004.

[246] 罗家德. 社会网分析讲义 [M]. 北京：社会科学文献出版社，2005.

[247] 罗彪，赵美翠，余杰杰. 子公司异质性表现及其成基于跨国公司视角 [J]. 首都经贸大学学报，2010 (3)：102－110.

[248] 罗珉，冯俭. 组织新论：网络经济条件下的组织管理新范式 [M]. 成都，西南财经大学出版社，2005.

[249] 罗仲伟. 网络组织的特性及其经济学分析 [J]. 外国经济与管理，2000a，22 (6)：25－28.

[250] 罗宣. 基于知识结构的跨公司公司子公司成长战略研究 [J]. 国际贸易问题，2006 (11)：87－91.

[251] 骆品亮. 虚拟研发组织的治理结构 [M]. 上海：上海财经大学出版社，2006.

[252] 刘明霞，徐珊. 跨国子公司对企业特定优势形成模式的影响分

析 [J]. 中国软科学，2002 (9)：65 - 70.

[253] 刘雪锋. 网络嵌入性影响企业绩效的机制案例研究 [J]. 管理世界，2009 (增刊)：3 - 15.

[254] 刘东. 企业网络论 [M]. 北京：中国人民大学出版社，2003.

[255] 刘军，王询. 特殊主义文化环境中组织内部关系的几个问题 [J]. 中国工业经济，2002 (7)：64 - 71.

[256] 马庆国. 管理统计 [M]. 北京：科学出版社，2002.

[257] 毛蕴诗. 全球公司重构——案例研究与中国企业战略重组 [J]. 大连：东北财经大学出版社，2004.

[258] 毛蕴诗，欧阳桃花，戴勇. 中国优秀企业成长与能力演进：基于案例的研究 [M]. 北京：中国财政经济出版社，2005 (8)：34 - 39.

[259] 慕继丰，陈方丽，冯宗宪. 企业网络结构的效率 [J]. 科研管理，2002 (9)：81 - 87.

[260] 慕继丰，冯宗宪，陈方丽. 企业网络的运行机理与企业的网络管理能力 [J]. 科研管理，2001 (10)：21 - 25.

[261] 乔根·W. 威布尔. 王永钦译. 演化博弈论 [M]. 上海：上海三联书店，2006.

[262] 任胜钢，吴娟，王龙伟. 网络嵌入结构对企业创新行为影响的实证研究 [J]，管理工程学报，2011 (4)：26 - 31.

[263] 任胜钢. 基于跨国公司视角的集群研究新进展 [J]. 外国经济与管理，2004 (1)：19 - 24.

[264] 任胜钢. 集群对跨国公司竞争优势的影响 [J]. 国际贸易问题，2004 (9)：78 - 81.

[265] 任声策，陈力，沈伦钧，宣国良. 跨国公司在华子公司角色演化：理论及案例分析 [J]. 南开管理评论，2009 (12)：143 - 147.

[266] 陶凤鸣，孟卫东，杨涛. 跨国公司海外子公司管理层人员选择的影响因素研究 [J]. 管理工程学报，2009 (3)：30 - 36.

[267] 申恩平，宝贡敏等. 生产基地外移间既有供应关系的海外重建 [J]. 中国工业经济，2005 (4)：119 - 122.

[268] 宋纪宁. 跨国公司在华子公司撤资动因实证分析 [J]. 当代财经，2010 (5)：71 - 78.

[269] 孙国强. 网络组织中合作结点的数目与地位 [J]. 山西财经大

学学报，2004（1）：77－80.

[270] 宋华.企业战略联盟中关系性租金的形成［J］.经济科学，2000（2）：26－32.

[271] 司训练.知识生产网络的进化研究［M］.北京：经济科学出版社，2007.

[272] 邬爱其.集群企业网络化成长机制［M］.北京：中国社会科学出版社，2007.

[273] 邬爱其.产业演进与企业成长模式适应性调整［J］.外国经济与管理，2003，51－56.

[274] 吴光飙.企业发展的演化理论［M］.上海：上海财经大学出版社，2004.

[275] 王国顺.企业理论：契约理论［M］.北京：中国经济出版社，2005.

[276] 王国顺.企业理论：能力理论［M］.北京：中国经济出版社，2005.

[277] 王国顺，刘若斯.网络嵌入性对企业出口绩效影响的实证研究［J］.系统工程，2009（6）：54－62.

[278] 王珏，林肇宏，熊立.跨国公司子公司自主权决定因素及其技术贡献研究—基于369家在华外资企业的实证研究［J］.管理世界，2010（5）：184－186.

[279] 魏丽娜.从一般管理到母合优势：多元化管理逻辑的演变［J］.经济管理，2006（7）：27－31.

[280] 王晓辉.浙江省企业走出去存在的问题及对策［J］.商业经济，2004（1）：36－38.

[281] 闵成基，杨震宁，王以华.权力依附关系和关系嵌入对知识流入的影响——以跨国公司在华子公司为例［J］.科学学研究，2010（3）：421－430.

[282] 武立东，黄海昕.企业集团子公司主导行为及其网络嵌入研究：以海信集团为例［J］.南开管理评论，2010（6）：37－43.

[283] 吴先明.跨国公司治理［M］.北京：中国商务出版社，2005.

[284] 吴中南.中国企业跨国经营与“走出去”战略［J］.管理世界，2004（2）：139－140.

[285] 谢洄薪，李荣. 中国企业全球学习的国外攻略：从本土嵌入到全球布点的网络编织与能力成长 [J]. 科学学与科学技术管理，2009 (3)：170-176.

[286] 徐金发. 企业集体成因论 [M]. 同济大学出版社，1992.

[287] 许强，陈劲. 基于网络结构的母子公司组织关系 [J]. 外国经济与管理，2001 (3)：35-39.

[288] 许强. 基于知识的母子公司管理模式 [D]. 浙江大学博士学位论文，2003.

[289] 薛求知. 全球学习效应：跨国公司行为新解释 [J]. 复旦大学学报（自科版），2001 (2)：184-189.

[290] 薛求知，罗来军. 跨国公司控制合资子公司的机制探析 [J]. 财贸研究，2006 (4)：96-101.

[291] 薛求知，侯仕军. 海外子公司定位研究：从总部视角到子公司视角 [J]. 南开管理评论，2005，Vol.8 (4)：60-66.

[292] 薛求知，阎海峰. 跨国公司新组织形态：网络组织 [J]. 世界经济文汇，2001 (1)：54-57.

[293] 薛求知，杨飞. 跨国公司战略联盟的新走向及其动因研究 [J]. 世界经济文汇，1999 (5)：46-50.

[294] 薛求知，罗来军. 跨国公司对合资子公司的外部控制 [J]. 经济管理，2006 (13)：1-14.

[295] 席酉民，葛军，杨莉，李武. 跨国集团管理 [M]. 北京：机械工业出版社，2002.

[296] 席酉民，梁磊，王洪涛. 企业集团发展模式与运行机制比较 [M]. 北京：机械工业出版社，2002.

[297] 席酉民，盛朝涵，肖条军. 企业集团管理决策的梳理分析 [M]. 北京：机械工业出版社，2002.

[298] 袁安照著，企业联盟——规制结构导论 [M]. 上海：上海人民出版社，2002.

[299] 杨桂菊. 跨国公司子公司角色演化机制研究 [D]. 浙江大学博士学位论文，2004.

[300] 约翰·福斯特，J. 斯坦利·梅特卡夫. 演化经济学前沿竞争、自组织与创新政策 [M]. 北京：高等教育出版社，2005.

[301] 阎海峰，王端旭. 现代组织理论与组织创新 [M]. 北京：人民邮电出版社，2003.

[302] 阎海峰，鲁直. 社会资本：认识网络组织的一个新视角 [J]. 华东理工大学学报（人文社科版），2001（3）：38-45.

[303] 杨清，刘思峰. 中国跨国公司成长的客观条件分析 [J]. 中国软科学，2003（9）：80-84.

[304] 杨瑞龙，刘刚. 企业的异质性假设和企业竞争优势的内生性分析 [J]. 中国工业经济，2002（1）.

[305] 杨瑞龙，刘刚. 不确定和业理论的演化 [J]. 江苏社会科学，2004（5）：1-7.

[306] 杨忠直. 企业生态学引论 [M]. 北京：科学出版社，2003.

[307] 易法敏. 关系租金与组织调适：网络嵌入视角的诠释 [J]. 经济理论与经济管理，2009（8）：67-72.

[308] 余建英，何旭宏. 数据统计分析与 SPSS 应用 [M]. 北京：人民邮电出版社，2003.

[309] 于伟，谢洪明，蓝海林. 跨国公司母公司对 IJVs 的控制：研究现状与展望 [N]. 管理学报，2008（3）：456-462.

[310] 张春霖，企业组织与市场体制 [M]. 上海：上海三联书店，1996.

[311] 张方华. 网络嵌入影响企业创新绩效的概念模型与实证分析 [J]. 中国工业经济，2010（4）：110-120.

[312] 张文松. 企业战略能力研究 [M]. 北京：科学出版社，2004.12.

[313] 张正堂，吴志刚. 企业集团母子公司管理控制理论的发展 [J]. 财经问题研究，2004（6）：87-93.

[314] 赵福厚. 跨国公司子公司发展中四大流派理论成因分析 [J]. 现代财经，2004（3）：7-12.

[315] 赵福厚. 跨国公司子公司关系中自治权的确定研究 [J]. 南开管理评论，2004（7）：106-111.

[316] 赵景华. 跨国公司子公司成长与发展的战略机制研究 [J]. 东岳论坛，2001（6）：34-45.

[317] 赵景华. 跨国公司海外子公司的三个理论流派比较研究 [J].

南开管理评论，2001 (6)：74 – 77.

[318] 曾国军. 当地化、一体化：子公司战略角色的文献述评 [J]. 现代管理科学，2005 (10)：47 – 49.

[319] 郑江淮. 企业理论：演进经济学的观点评述 [J]. 经济评论，2001 (2)：24 – 27.

[320] 郑江淮. 企业家行为的制度分析. 北京：人民出版社，2004.

[321] 周小虎. 企业社会资本与战略管理——基于网络结构观点的研究 [M]. 北京：人民出版社，2006.

[322] 周勤. 企业纵向关系论——纵向关系的产业组织分析 [M]. 北京：经济科学出版社，2004.

[323] 朱森，陈劲. 社会资本与企业技术创新业绩的关系探讨 [J]. 科技进步与对策，2003 (5)：9 – 11.

[324] 朱顺林，徐金发. 企业网络界面机制及其管理的探析 [J]. 技术经济，2007 (1)：88 – 92.

[325] 甄志宏. 从网络嵌入性到制度嵌入性——新经济社会学制度研究前沿 [J]. 江苏社会科学，2006 (3)：65 – 69.

后 记

近年来，因为承担了多个有关中国企业“走出去”海外发展的研究项目，笔者实地调研了许多集团公司（母公司）或其子公司，发现无论是跨国子公司还是本国企业的异地子公司，一方面受母公司控制在母公司体系中承担一定的任务，另一方面又在异地或东道国与当地企业或机构建立各种类型的商业或社会联系，以获取资源并不断成长壮大。如果把这个有趣的实践问题抽象出来，那就是在母公司控制下的一个嵌入异地网络或东道国网络的子公司演化成长问题。

为此，经过多年学习，笔者力图从网络嵌入、母公司控制和企业演化来解释子公司的成长过程机理。企业理论纷繁复杂，要从繁杂的头绪中厘清概念、理出核心问题及其过程逻辑，真如在“理论的丛林”中寻找突围之路。从初有念头到最后书稿的完成，虽然时断时续，但依然收获了集山泉为溪流之快乐。本书的写作，首先是得益于笔者在浙江大学念博士期间对母子公司理论学习的积累，也得益于笔者所承担的教育部人文社科规划项目等课题的启发，这些都引发了笔者怀着浓厚的兴趣探求网络嵌入与子公司的成长演化的内在关系，当然期间也颇感各种挑战性之压力。自然，辛苦敲键盘不仅仅收获了“终于完工”的欣慰，由于功力不济和资料不足，也留下许多遗憾。书中存在的不足之处请读者批评指正，也期待以后的研究能够加以深化。

本书的完成和出版，我要真诚地感谢许多老师、朋友给予的种种帮助。中国财政经济出版社经济理论中心主任周桂元老师为书稿出版付出了辛勤的劳动，与他的多次交流让我受益匪浅；此外，本书的调查访谈、数据的收集得到了政府部门和企业界朋友的帮助和支持，中国非公有制经济人士统战研究基地提供了出版资助，在此一并致以深深的谢意。当然，家人无私的帮助和温馨的关切，更是难以言表的。感恩之余，惟有不忘初志，继续努力前行了。

朱顺林

2016 年 10 月 6 日

于宁波大学